Balbina Bäbler
Archäologie und Chronologie

Einführung Archäologie

Herausgegeben von
Gregor Weber

Balbina Bäbler

Archäologie und Chronologie

Eine Einführung

2. Auflage

Die Deutsche Nationalbibliothek verzeichnet diese Publikation
in der Deutschen Nationalbibliografie;
detaillierte bibliografische Daten sind im Internet über
http://dnb.d-nb.de abrufbar.

Das Werk ist in allen seinen Teilen urheberrechtlich geschützt.
Jede Verwertung ist ohne Zustimmung des Verlags unzulässig.
Das gilt insbesondere für Vervielfältigungen, Übersetzungen,
Mikroverfilmungen und die Einspeicherung in und Verarbeitung
durch elektronische Systeme.

2., durchgesehene Auflage 2012
© 2012 by WBG (Wissenschaftliche Buchgesellschaft), Darmstadt
1. Auflage 2004
Die Herausgabe des Werkes wurde durch die Vereinsmitglieder
der WBG ermöglicht.
Satz: Setzerei Gutowski/schreiberVIS, Bickenbach
Einbandgestaltung: schreiberVIS, Bickenbach
Gedruckt auf säurefreiem und alterungsbeständigem Papier
Printed in Germany
Besuchen Sie uns im Internet: www.wbg-wissenverbindet.de

ISBN 978-3-534-25537-5

Elektronisch sind folgende Ausgaben erhältlich:
eBook (PDF): 978-3-534-73305-7
eBook (epub): 978-3-534-73306-4

Inhaltsverzeichnis

Vorwort 9

A. Relative Chronologie 11

  I. Stratigraphie 11
    1. Wie entsteht eine Stratigraphie? 11
    2. Forschungsgeschichte 13
    3. Geschlossene Schicht/geschlossener Fundkomplex 15
    4. Inverse Stratigraphie. Störungen 16
    5. Seriation 17

  II. Stil 19
    1. Veränderungen von Objekten 19
    2. Das Konzept der stilistischen Entwicklung 22
      a) Probleme der Methode 24
    3. Die „Gleichzeitigkeit des Ungleichzeitigen" 25
      a) Stilpluralismus 28
      b) Bewusste Rückgriffe 29
    4. „Massenproduktion" 32
    5. Darstellungen und Reflexe historischer Ereignisse in der Kunst 34
      a) Mythen als Metaphern historischer Ereignisse 35
      b) Theaterszenen auf Vasen 36
    6. Historische Ereignisse als Auslöser von Stilwandel und Stilentwicklung 38
      a) Griechen und Perser 38
      b) Griechen und Römer 39
    7. Originale und Kopien 40
    8. Die Einteilung der Stilentwicklung in Epochen 42

B. Absolute Chronologie und „chronologisches Netz" 47

  I. Einleitung 47

  II. Naturwissenschaftliche Methoden 50
    1. Dendrochronologie 50
    2. Die Radiokarbon-Datierung (^{14}C-Methode) 51
    3. Thermolumineszenz 54
    4. Andere Methoden 55

  III. Antike Chronologiesysteme 56
    1. Griechisch 56
      a) Olympiaden 56
      b) Archontenlisten 57
      c) Marmor Parium 57
    2. Römisch 58

    a) Konsullisten und Epochendatum 58
    b) Ären 59
  3. Umrechnung in die christliche Zählung 59

IV. Griechische Keramik im Vorderen Orient (Geometrische und Archaische Zeit) 61
  1. Megiddo 61
  2. Tel Abu Hawam 62
  3. Samaria 63
  4. Hama 64
  5. Tyros 64
  6. Tarsos 65
  7. Ashkelon, Tel Miqne-Ekron, Tel Batash-Timnah und Meshad Hashavyahu 66
  8. Smyrna 68
  9. Daphnai 69
  10. Sardeis 70
  11. Griechische Kolonien in der Kyrenaika 70
  12. Folgerungen 71

V. Gründungsdaten griechischer Kolonien und ihre Bedeutung für die Chronologie der korinthischen Keramik 72

VI. Archaische Zeit in den griechischen Kerngebieten 83
  1. Vasenmalerei: Frühattische Keramik 83
    a) Panathenäische Preisamphoren 83
    b) Verbindungen und Fundvergesellschaftungen 85
    c) Exkurs: Die Apries-Amphora 86
  2. Fest datierte Architektur außerhalb Athens 88
    a) Der ältere Artemistempel von Ephesos 88
    b) Die Bauten in Delphi 91
  3. Das spätarchaische Athen 97
    a) Die Altarstiftungen des jüngeren Peisistratos 97
    b) „Leagros kalos" 98
  4. Die persische Zerstörung Athens und ihre Folgen 101
    a) Der „Perserschutt" auf der Akropolis 101
    b) Die Athener Agora 102
    c) Der Marathontumulus 103
    d) Der Neubau der Stadtmauer im Kerameikos 105
    e) Folgerungen und Fragen 106

VII. Die Francis-Vickers-Chronologie 108

VIII. Klassische Zeit 113
  1. Fest datierte Genera chronologischer Zeugnisse 113
    a) Urkundenreliefs 113
    b) Panathenäische Preisamphoren 115
    c) Amphorenstempel 116
    d) Ostraka 117

	e) Münzen	118
	f) Schleuderbleie	119
2.	Wichtige datierte Monumente	120
	a) Perserkriege und Zeit danach	120
	b) 5. und frühes 4. Jahrhundert v. Chr. I: Delphi und Olympia	124
	c) 5. und frühes 4. Jahrhundert v. Chr. II: Athen	127
	d) Späteres 4. Jahrhundert v. Chr.	133
	e) Weitere Monumente	136

IX. **Hellenismus** 138
    1. Historischer Hintergrund 138
    2. Probleme der Chronologie der Epoche 139
    3. Fundgattungen und Einzelmonumente mit sicherer Datierung 141
       a) Herrschermünzen und -porträts 141
       b) Stiftungen, Weihungen, Siegesanatheme hellenistischer Herrscher 143
       c) Hâdra-Hydrien 144
       d) Das Grabluxusgesetz des Demetrios von Phaleron 145
    4. Datierte Denkmäler (Übersicht mit Beispielen) 146

X. **Römische Zeit** 160
    1. Einleitung 160
    2. Fest datierte Denkmäler (Übersicht mit Beispielen) 160
       a) Kaisermünzen und -porträts 160
       b) (Kaiserliche) Bautätigkeit 163
       c) Grabmäler 174
       d) Keramik (Terra Sigillata) 175
       e) Ziegelstempel 177
       f) Wandmalerei 178
       g) Holzkonstruktionen 180
    3. Spezifische Zeugnisse der Spätantike 181
       a) Regierungsjubiläen (Decennalien, Quinquennalien) 181
       b) Konsulardiptycha 185
       c) Kirchen 187

C. Schluss: Vom Sinn und Zweck der Chronologie 191

Bibliographie 195

Index 201

Abbildungsverzeichnis 204

Vorwort

Die Anregung zu diesem Buch verdanke ich meiner Arbeit an dem Artikel „Zeitrechnung" für den Neuen Pauly (DNP 15/3, 2003, 1163–1171). Damals fiel mir auf, dass bezüglich der Fragen und Probleme der Chronologie der Klassischen Archäologie ein gewisser Widerspruch existiert: Einerseits gibt es bereits zahlreiche Spezialbeiträge zu chronologischen Einzelproblemen, die jedoch in verschiedenen und teilweise entlegenen Publikationen verstreut und in verschiedenen Sprachen erschienen sind (s. die Bibliographie). Wer sich nicht gerade für den behandelten Detail-Aspekt des Problems, ein bestimmtes Monument oder eine bestimmte Ausgrabung interessiert, fühlt sich verständlicherweise weniger angesprochen. Die Diskussion einzelner solcher Datierungsfragen hilft Studierenden, die eine allgemeine Einführung in das Thema und einen Überblick über die damit verbundenen Fragen und Probleme suchen, nicht viel weiter.

Andererseits nämlich wird das Thema Chronologie in allgemeinen Einführungen und Überblicksdarstellungen der Klassischen Archäologie in der Regel nur kurz und zusammenfassend abgehandelt, und Schwierigkeiten werden meist mit Stillschweigen übergangen. Paul Bahn hat diese im Hinblick auf eines der im vorliegenden Buch besprochenen Probleme mit dem entwaffnenden Satz erledigt „Das Gute an kurzen Einführungen ist, dass nicht genug Raum vorhanden ist, solchen Komplikationen nachzugehen" (Paul Bahn – Mary Beard – John Henderson, Wege in die Antike, Stuttgart 1999, 23). Eine Ausnahme bildet Biers 1992; mein Ziel war, etwas dieser Einführung Vergleichbares in deutscher Sprache und mit ausführlicherer Behandlung der Einzelprobleme zu schaffen.

Die Chronologie, die eigentlich eine der Grundlagen der Klassischen Archäologie ist, hat erstaunlich wenig allgemeine Diskussion erfahren; eine etwas breitere Debatte wurde im Grunde nur einmal, durch den Versuch von E. D. Francis und M. Vickers, das ganze System umzukrempeln, angestoßen.

Diese widersprüchliche Situation hängt vielleicht damit zusammen, dass letztlich auch die schärfsten Kritiker keine überzeugende Alternative zur traditionellen Chronologie zu bieten vermochten, und selbst neue Forschungsrichtungen in der Archäologie, die Zeitrechnung und Datierung ohnehin als falschen Ansatz ablehnen, doch das traditionelle System benutzen. Eine Folge davon, dass man stillschweigend Konventionen benutzt und tradiert, ist aber, dass zunehmend in Vergessenheit gerät, worauf sie eigentlich beruhen. Es ist erstaunlich und bisweilen leicht beunruhigend, wie oft inzwischen von „unabhängigen" archäologischen Daten die Rede ist, obwohl das ganze Gerüst für diese Daten von den in der antiken Literatur überlieferten Ereignissen gebildet wird. Diese Situation wird nicht verbessert durch die oft mangelnde Kommunikation zwischen philologisch-historischer und archäologischer Forschung.

Das vorliegende Buch soll daher die Lücke zwischen den derzeit schon existierenden diversen 'Einführungen in die Klassische Archäologie' und der Speziallliteratur zu schließen versuchen. Es sollte Einführung und Arbeitsinstrument für Studierende sein und eine Möglichkeit bieten, sich einen Überblick über das Thema, seine Geschichte und Probleme, seine

Möglichkeiten und Grenzen zu verschaffen. Es soll aufgezeigt werden, worauf Datierungen beruhen, und wie man damit umgehen kann. Wenn die Arbeit Kritik und Widerspruch hervorruft, umso besser für die Chronologie.

Großen Dank schulde ich Dr. Martina Erdmann und Dr. Harald Baulig von der Wissenschaftlichen Buchgesellschaft sowie dem Herausgeber der Reihe Prof. Gregor Weber und Prof. Gustav Adolf Lehmann (Göttingen) für gute Ratschläge. Bei der Beschaffung von Abbildungen waren mir Dr. Michael Krumme (Deutsches Archäologisches Institut Athen), Mrs Jan Jordan (American School of Classical Studies at Athens), das Hirmer Fotoarchiv (München), Mme Anne Lesage (Musée du Louvre, Paris) und Mr Alan Scollan (British Museum, London) behilflich. Mein größter Dank gilt meinem Ehemann, Prof. Heinz-Günther Nesselrath (Göttingen), der sich trotz übermäßiger eigener Arbeitsbelastung stets die Zeit nahm, meine Manuskripte zu lesen, und während mehrerer Monate mit großer Geduld ein von morgens bis spät abends von chronologischen Fragen bestimmtes Leben ertrug.

Göttingen, Februar 2004 Balbina Bäbler

A. Relative Chronologie
I. Stratigraphie

Das Wort Stratigraphie ist zusammengesetzt aus dem lateinischen *stratum* (Boden) und dem griechischen *graphein* (schreiben) und bedeutet die Beobachtung und Interpretation von Erd- und Kulturschichten, die an den von Menschen genutzten und besiedelten Orten entstanden. Die Erkenntnis, dass sich Erde und anderes Material in Schichten (Strata) ablagert, ist eine der Grundlagen für die relative Chronologie der Klassischen Archäologie. Die relative Chronologie ist das grundlegende Prinzip, mit dem das Alter von Funden im Verhältnis zueinander bestimmt wird.

1. Wie entsteht eine Stratigraphie?

Vergängliches Material wie Holz oder ungebrannte Lehmziegel, aus denen bis zum weitverbreiteten Gebrauch von römischem Zement die meisten Gebäude in der Antike gebaut wurden, veschwindet im Laufe der Zeit fast spurlos. Aber selbst große Steinbauten können verschwinden, wenn sie aufgegeben werden und in späteren Zeiten als „Steinbruch" für andere Bauten dienen. Auch natürliche Bodenerosion, vor allem in hügeligen Gegenden, lagert allmählich Erde über menschengemachte Strukturen. Manchmal tragen zusätzlich Naturereignisse dazu bei, dass die Überreste antiker Städte und Monumente in der Erde verschwinden, wie zum Beispiel die Verlagerung eines Flussbettes oder die Veränderung der Küstenlinie: So senkt sich zum Beispiel die westliche Küstenlinie Siziliens langsam aber stetig, so dass die antike Verbindungsstraße zwischen der auf einem Inselchen unmittelbar vor der Küste gelegenen phönizischen Kolonie Motye (Mozia), die noch bis ins 19. Jahrhundert mit Eselskarren befahrbar war, heute zwar noch sichtbar ist, aber unter Waser liegt. Dramatischer sind die Folgen der Veränderungen des Wasserspiegels des Schwarzen Meeres: In archaischer Zeit (7./6. Jh. v. Chr.), das heißt während der großen Kolonisation der Schwarzmeerküsten (vor allem durch Milet) lag aufgrund der so genannten „Phanagorischen Regression" der Meeresspiegel 4–5 m tiefer als heute. Der umgekehrte Vorgang setzte wohl bereits im 1. Jahrhundert v. Chr. ein und überschwemmte zahlreiche der griechischen Siedlungen in Küstennähe. Wahrscheinlich liegt daher die in der Literatur gut bezeugte und lokalisierte, aber bis heute nicht gefundene Stadt Phasis an der östlichen Küste des Pontos Euxeinos (im heutigen Georgien) unter dem Meeresspiegel, ebenso wie ein Teil der an der Nordküste (heute Ukraine) gelegenen milesischen Kolonie Olbia, deren Ruinen übrigens durch den weiterhin steigenden Wasserspiegel gefährdet sind.

Veränderungen des Wasserspiegels

Seltener verschwinden Städte durch spektakuläre Ereignisse wie Vulkanausbrüche wie zum Beispiel denjenigen des Vesuv, der innerhalb von Stunden die Städte Pompeji, Herculaneum und Stabiae unter einer dicken Schicht von Asche, Lava und Schlamm begrub (siehe auch unten).

Teilweise oder ganze Zerstörung durch Naturkatastrophen, aber auch kriegerische Eroberungen oder Feuersbrünste können also eine Stadt oder

Zerstörungen

Siedlung in ihrem eigenen Schutt begraben. Ein solcher Ort wird aber oft danach wieder besiedelt und neu aufgebaut, von den früheren Bewohnern oder gegebenenfalls von den Eroberern. Ein solches Ereignis kann archäologisch festgestellt werden durch die Überreste, die sich auf der Schicht der Überreste des zerstörten und verbrannten Ortes – der so genannten Zerstörungsschicht – befinden. Die folgenden, neuen Bauten sind oft anders gebaut oder orientiert. Wenn aber nicht die ganze Stadt ausgegraben oder jedenfalls ihre Geschichte historisch gut dokumentiert ist, dann ist die Versuchung oft groß, die Zerstörungsschicht um jeden Preis mit irgendeinem Krieg (s. u. S. 63) oder im Zweifelsfalle mit einem sonst unbekannten Erdbeben zu erklären.

Aber auch Orte, die nicht verlassen oder von plötzlichen Katastrophen heimgesucht werden, entwickeln Schichten, die später für den Ausgräber sichtbar sind: In der Antike gab es keine Müllabfuhr, und erst im antiken Rom Abwässerkanäle. Vereinfacht ausgedrückt pflegte also eine Stadt immer mehr in die Höhe zu wachsen, weil stets mehr Material hinein- als herausgebracht wurde. Schmutz und Abfall ließen die Straßen höher werden. Noch im Irak des 19. Jahrhunderts konnte man von der Höhe eines Hauses auf dessen Alter schließen: Lag das Erdgeschoss auf der Höhe der Straße oder noch höher, so war das Haus neu; je älter das Haus war, desto höher war die Straße davor, so dass der Eingang schließlich nur über eine herabführende Treppe zu erreichen war. Wollte man ein neues Haus bauen, so riss man das alte ab und errichtete den Neubau auf dem Bauschutt. Wurde die Stadt aufgegeben, so blieb der künstliche Hügel, der sich im Laufe der Zeit gebildet hatte, bestehen. Im Nahen Osten werden solche Erhebungen *Tell* genannt (siehe zum Beispiel unten S. 62).

Bautätigkeit

Im Allgemeinen war es in antiken Städten üblich, neue Bauten einfach über den alten zu errichten, ohne die früheren Fundamente und Substruktionen wegzuräumen: So baute man in Rom die Thermen des Kaisers Trajan (reg. 98–117 n. Chr.) über die Ruinen von Kaiser Neros (reg. 54–68 n. Chr.) Palast, dem Goldenen Haus (*Domus Aurea*), und die Thermen des Kaisers Diocletian (reg. 284–305 n. Chr.) stehen auf den Ruinen zweier Tempel und mehrerer anderer öffentlicher und privater Gebäude. Bereits im Laufe der römischen Kaiserzeit war das republikanische Rom fast vollständig überdeckt, und bis zum 19. Jahrhundert waren die Ruinen Roms in teilweise bis zu 20 m Tiefe. Schon Frontinus (um 40–um 103/4 n. Chr.), Leiter der stadtrömischen Wasserversorgung (*curator aquarum*), schrieb: „Die Hügel sind allmählich aufgrund der zahlreichen Brände durch den Schutt nach oben gewachsen" (*De aquis urbis Romae*, 18,1 f.)

Grundsätzlich lässt sich aus diesen Ausführungen folgern: Je tiefer eine Schicht liegt, desto älter ist sie, je höher oben, desto jünger. Für die Ausgrabung formulierte Biers 1992, 18: „first in, last out". Das mag heute völlig selbstverständlich klingen, doch bis diese Erkenntnis zur wichtigsten Methode der archäologischen Ausgrabung wurde, dauerte es lange Zeit, während deren Archäologie vor allem Schatzgräberei war.

2. Forschungsgeschichte

Die Erkenntnis vom Zusammenhang zwischen Entstehungszeit und Tiefe der Ablagerung in der Erde wurde zuerst in der Geologie gemacht (Daniel 1982, 55–65). Dieses moderne geologische Denken entwickelte sich in Europa aber nur langsam: Man wusste zwar schon Ende des 17. Jahrhunderts von der Existenz von Schichten, die einige Leute an der Historizität der Sintflut zweifeln ließen, aber die „Katastrophisten", die die Schilderungen im biblischen Buch Genesis (1. Mose) wörtlich nahmen, blieben noch lange in der Mehrzahl. John Michell (1724–1793) beschrieb als erster geologische Schichtungsverhältnisse (Stratifikationen) und legte dar, dass das Erdreich nicht aus zufällig zusammengewürfelter Materie besteht. William Smith (1769–1839), der den Spitznamen „Schichten-Smith" erhielt, entwarf eine Tabelle von 32 Strata und ermittelte als erster das relative Alter von Gesteinen aufgrund der eingeschlossenen Fossilien, die er als „Altertümer natürlichen Ursprungs" erkannte. Einen Durchbruch bewirkte schließlich Charles Lyell (1779–1875), der es als Mission seines Lebens betrachtete „die Naturwissenschaften von Moses zu befreien"; mit seinem Werk *Principles of Geology* (1830–1833), das auch Darwin stark beeinflusste, erreichte er in der Tat, dass hinfort kein Geologe und kein Archäologe mehr gezwungen war, die Sintflut in seine Interpretationen einzubauen.

_{Geologie}

An der Übertragung dieser Entdeckungen auf die Archäologie waren mehrere Personen beteiligt, wobei eine der bemerkenswertesten Erscheinungen Thomas Jefferson, später dritter Präsident der Vereinigten Staaten, ist. Jefferson hatte sich 1787 vorübergehend auf sein Landgut bei Monticello zurückgezogen, wo er seine Schrift *Notes on the State of Virginia* verfasste. Unter anderem interessierten ihn die von Menschenhand geschaffenen Hügel in Virginia, von denen sich auch einige auf seinem Grund und Boden befanden; er ließ in einem davon eine Ausgrabung durchführen. In dem ausgehobenen Graben erkannte er eine Abfolge von Schichten und beschrieb, wie man menschliche Gebeine deponiert, mit einer Erdschicht bedeckt, darauf neue Skelette abgelegt hatte und so weiter, bis eine Höhe von etwa 3,6 m erreicht war. Zwar konnte Jefferson weder das Alter des Grabhügels bestimmen noch die Erbauer identifizieren, doch sein Vorgehen war wohl die erste wissenschaftliche Ausgrabung in der Geschichte der Archäologie und sicher die erste, die mit dem Ziel historischer Erkenntnis und nicht um einen Schatz zu finden, durchgeführt wurde. Dennoch kann man Jefferson nicht wirklich als „Vater der amerikanischen Archäologie" bezeichnen, denn er hatte bis auf weiteres keine Nachfolger, und seine mustergültige Grabung unter Berücksichtigung der Stratigraphie blieb lange Zeit ein Einzelfall.

Eine entscheidende Wirkung hatten die Arbeiten von Jacques Boucher de Crêvecœur de Perthes (1788–1868), einem Zollbeamten aus dem nordfranzösischen Abbeville, der sich für die neolithischen Faustkeile und Steinbeile zu interessieren begann, die beim Ausbaggern des Sommekanals zum Vorschein kamen (Daniel 1982, 60–65). Es dauerte aber eine ganze Weile, bis sich seine (erstmals 1847 in einem dreibändigen Werk der Öffentlichkeit vorgestellte) Überzeugung durchsetzte, dass diese Artefakte von Menschen gemacht waren. Erst als auch Geologen weitere Beweise

Boucher de Perthes

vorlegten, dass in den gleichen Schichten von Menschenhand geschaffene Artefakte und die Überreste ausgestorbener Tierarten zu finden waren, gab es für die Sintflut keinen Raum mehr, und die entscheidende Relevanz der Beobachtung von Schichtabfolgen für die darin enthaltenen Artefakte wurde allmählich anerkannt.

Troja   Der nur allmählich und schrittweise sich vollziehende Prozess der Zunahme an methodischer Erkenntnis zeigt sich deutlich an Schliemanns Ausgrabung in Troja (Siebler 2001, 59–66): In seinen ersten Grabungskampagnen wühlte er sich rücksichtslos durch die Erde in der Überzeugung, sein Troja sei „auf dem Urboden", das heißt dem gewachsenen Fels von Hisarlik zu finden. Dabei zerstörte er zunächst alle darüberliegenden Siedlungen und setzte sich mit dem famosen „Schliemann-Graben", einem gigantischen Nord-Süd-Graben von 40 m Länge und 17 m Tiefe ein trauriges Denkmal. Man muss ihm aber zubilligen, dass er seinen Fehler selbst schnell erkannte und begann (auch dank der Mitarbeit von Wilhelm Dörpfeld), Fundumstände und Schichten zu beobachten, so dass schließlich neun übereinanderliegende Städte erkannt werden konnten. Und waren Schliemanns Bemühungen am Anfang durchaus auf Schatzfunde ausgerichtet, so bekannte er später, er hoffe nicht, „plastische Kunstwerke zu finden", sein Ziel sei vielmehr, Troja aufzufinden und „die Wissenschaft zu bereichern durch die Aufdeckung interessanter Seiten aus der urältesten Geschichte des großen hellenischen Volkes" – eine Grabung zur Erhellung der Geschichte und Kultur eines Ortes ist ein durchaus modernes Ziel, mit dem er (wie Jefferson) seiner Zeit voraus war.

„Wheeler-Methode"   Seit den 30er Jahren des 20. Jahrhunderts wurde die Methodik der Schichtenbeobachtung auf archäologischen Ausgrabungen noch einmal wesentlich verfeinert durch ein neues System der Grabungstechnik, das durch den Engländer R. E. M. Wheeler (Sir Mortimer Wheeler seit seiner Erhebung in den Adelsstand 1952) eingeführt wurde. Wheeler, geboren 1890, studierte zunächst Klassische Philologie, wandte sich dann der Archäologie zu und wurde schon in jungen Jahren Direktor des walisischen Nationalmuseums in Cardiff. Seine ersten Grabungen unternahm er an römischen Orten in Britannien wie Segontium (Caernarvon) und Verulamium (beim heutigen St. Albans nordwestlich von London); seine bekannteste Grabung war die Freilegung der eisenzeitlichen Höhensiedlung Maiden Castle in Dorset, deren Publikation von 1943 seine Methode besonders deutlich darstellt: Was in Frankreich geradezu als „la méthode Wheeler" bezeichnet wird, mit der ihr Erfinder seit 1943 als Generaldirektor der Indischen Altertümer die gesamte Archäologie Indiens revolutionierte, besteht im Wesentlichen darin, nicht nach Niveaus zu graben, sondern genau den Schichten zu folgen, die in der Regel nicht gleichmäßig übereinander liegen. Daher wird zuerst ein Vermessungsnetz, dessen Fixpunkte im Gelände markiert werden, über die ganze Grabung gelegt und das Gelände in Quadrate von meist 4 × 4 m eingeteilt, zwischen denen ein Erdsteg von 1 m Breite stehen bliebt, wenn tiefer gegraben wird. Auf diesem Steg kann man sich bewegen und den Aushub abtransportieren; vor allem aber ermöglichen sie die ständige Kontrolle der Schichten, deren Profile gezeichnet und photographiert werden. Die Stege werden erst am Schluss zur vollständigen Freilegung der Architektur abgetragen. Die Quadrate des Grabungsrasters werden mit Nummern bezeichnet, alle Befunde genau dokumentiert, wichtige Einzelfunde auch dreidimensional eingemessen. Diese genaue (zeichnerische, photographische, beschreibende, heute häufig auch computergestützte) Dokumentation ist deshalb so wichtig, weil mit der Ausgrabung automatisch der Befund, die Stratigraphie, zerstört wird.

Wheelers Methode wurde weiter geführt von seiner Schülerin Kathleen Kenyon (1906–1978), die in den 50er Jahren das prähistorische Jericho ausgrub, das durch seine mächtigen Befestigungsanlagen als älteste der bekannten Städte der Welt ausgewiesen ist. Die Ausgrabungsmethode wird daher oft als Wheeler-Kenyon-Methode bezeichnet.

3. Geschlossene Schicht/geschlossener Fundkomplex

Archäologische Reste werden oft in einer geschlossenen Schicht (*sealed deposit, closed deposit*) gefunden, das heißt einer durch keine späteren Eingriffe gestörten Schicht, die über die Jahrhunderte sozusagen abgeriegelt blieb. Dabei kann es sich beispielsweise um einen Topf mit vergrabenen Münzen handeln oder um eine Schicht, die durch eine undurchlässige darüberliegende, etwa einen römischen Zementboden, versiegelt ist, oder, wie bereits oben erwähnt, die Asche- oder Lavaschicht einer völligen Zerstörung. Eine solche abschließende Schicht bildet einen *terminus ante quem* (lat. wörtl. „Zeitpunkt, vor dem"): Alles, was darunter liegt, muss vor dem Datum dieser Schicht entstanden sein. Über die Dauer der vorangehenden Schichten oder über deren Entstehungszeit sagt dies natürlich noch nichts aus (Biers 1992, 20f.). Umgekehrt bildet eine solche alles Darunterliegende abschließende Schicht, eben zum Beispiel der erwähnte Zementboden, einen *terminus post quem* (lat. wörtl. „Zeitpunkt, nach dem") für alles, was darüber liegt. Auch dies sagt nur etwas über die Deponierung der Überreste aus, nicht über ihr absolutes Alter oder das Datum ihrer Herstellung. Auch ein datierter Fund, wie etwa eine Münze, kann ein *terminus post quem* sein: Wird sie zum Beispiel in einem Boden gefunden, so kann dieser frühestens zur Regierungszeit des auf der Münze dargestellten Herrschers entstanden sein.

<small>Terminus ante quem</small>

<small>Terminus post quem</small>

Zerstörungen, die fest datiert werden können, liefern ebenfalls *termini ante quem*: 348 v. Chr. wurde die griechische Stadt Olynth in der Chalkidike von Philipp II., dem Vater Alexanders des Großen, dem Erdboden gleichgemacht. Die Einwohner flüchteten – *Olynthioi* sind nach diesem Zeitpunkt an vielen Orten der griechischen Welt bezeugt – oder siedelten sich in der späteren Neugründung Kassandreia an. Olynth blieb danach unbewohnt, so dass die Ausgrabungen in der erst drei Generationen vor der Zerstörung angelegten Neustadt Olynths auf dem Nordhügel wertvolle Erkenntnisse über Anlage und Architektur einer griechischen Stadt des 4. Jahrhunderts v. Chr. liefert. Ein schwieriger Punkt dabei ist allerdings, dass solche Städtezerstörungen oft nicht so vollständig sind, wie in den literarischen Quellen vermerkt. Selbst wenn ein Ort seine Bedeutung eingebüßt hatte und das städtische Leben im Prinzip beendet war, konnte vielleicht durch einige wenige Überlebende eine Besiedlung noch eine Weile in erheblich reduziertem Rahmen weitergehen – zu unbedeutend, um in der historischen Überlieferung Niederschlag zu finden, aber genug, um die Schichtenabfolge zu verunklaren.

Ein geschlossener Komplex kann auch durch eine Planierung oder Bestattung wie etwa des so genannten „Perserschutts" auf der Athener Akropolis (s. u. S. 101) entstehen; lässt sich dieses Ereignis datieren, so ist damit ein *terminus ante quem* für alles in einer solchen Ablage gefundene Material gegeben. Auf der Insel Delos wurde zweimal eine kultische Reinigung vorgenommen: Zum ersten Mal unternahm eine solche der athenische Tyrann Peisistratos (nach 546/5 v. Chr.) auf Geheiß des delphischen Orakels, indem er aus allen Gräbern im Sichtbereich des Tempels die Toten ausgraben und in eine andere Gegend der Insel überführen ließ (Herodot I 64, 2), die von da an unter athenischer Verwaltung und Kontrolle blieb. Im Winter 426/5 v. Chr. reinigten die Athener die gesamte Insel, laut Thukydides III 104, 1–3 ebenfalls auf Anweisung eines Orakels, vielleicht im Zusammenhang mit der Seuche, die in Athen gewütet hatte (so Diodorus Siculus XII 58, 6–7). Diesmal wurden sämtliche Gräber von der Insel entfernt, auf der man hinfort auch weder gebären noch sterben durfte, um das dem Apollo heilige Gelände nicht zu verunreinigen. Der gesamte Inhalt der Gräber wurde in großen Gruben auf der nur etwa 700 m entfernten Insel Rheneia vergraben. Die zweite Reinigung der Insel liefert also einen *terminus ante quem* für die in den so genannten Reinigungsgruben auf Rheneia gefundenen Objekte, die vor 426/5 v. Chr. hergestellt worden sein müssen.

Kultische Reinigung

4. Inverse Stratigraphie. Störungen

Eine regelmäßige Schichtenabfolge ist sozusagen das Ideal, das meist nicht vorhanden ist (s. o.). Kleine, schwere Objekte, vor allem Münzen, sinken in lockeren Böden oft in tiefe Schichten, wie sich denn überhaupt kleine Einzelobjekte in erstaunlichem Ausmaß in der Erde bewegen können. Weit größere Folgen haben aber von Menschen verursachte Störungen, vor allem antike Bauaktivitäten, in deren Verlauf Erde von anderen Orten herangebracht wurde, um Unebenheiten oder Abschüssigkeiten im Gelände auszugleichen und einzuebnen oder eine Stützterrasse zu errichten (Biers 1992, 19–23). Angenommen, ein römischer Bauherr wollte über einer hellenistischen Konstruktion ein neues Gebäude errichten und die von ihm zur Planierung herbeigeschaffte Erde enthielte mykenische Scherben, so käme die „mykenische Schicht" über die hellenistische zu liegen. Am häufigsten ist ein solches Phänomen natürlich bei Grabhügeln.

Doch während solche offensichtlichen Umkehrungen der Schichten relativ leicht zu erkennen sind, kann auch eine „normale" Stratigraphie außerordentlich schwierig zu interpretieren sein, wenn ein Ort während mehreren Generationen kontinuierlich besiedelt wird und die Bewohner ihre Häuser immer wieder umbauen oder ihren Wohnraum anders aufteilen: Oft werden solche Veränderungen nicht an allen Orten gleichzeitig unternommen, so dass verschiedene Räume des gleichen Gebäudes verschiedene Abfolgen von Schichten aufweisen können. Baumaterial wird von früheren Gebäuden wieder verwendet, und besonders schwierig kann die zeitliche Abfolge der Architektur für den Archäologen zu ermitteln sein, wenn alte Fundamente für Neubauten wiederbenutzt wurden, wie dies zum Beispiel in der bereits erwähnten Schwarzmeerkolonie Olbia geschah, wo sich Gebäudesockel verschiedenster Zeit auf dem gleichen Niveau befinden.

Andererseits reichen Brunnenschächte oder Vorratsgruben in tiefere, das heißt ältere Schichten und werden nach und nach mit dem Material aus späterer Zeit gefüllt. Gerade in Rom liegen die antiken Ruinen oft sehr tief unter der modernen Oberfläche, und der im Laufe der Jahrhunderte innerhalb der Überreste und um sie herum angehäufte Schutt stellt ein besonderes Problem dar. Es kann daher trotz verfeinerter Methodik immer noch sehr schwierig zu erkennen sein, wie die diversen Strata, Funde, Einfüllungen und eventuelle Störungen späterer Zeit miteinander in Beziehung stehen.

5. Seriation

Eine andere Methode, die vor allem für die relativchronologische Anordnung von geschlossenen Fundkomplexen wie zum Beispiel Gräbern auch in der Klassischen Archäologie an Bedeutung gewinnt, ist die Seriation (am besten erklärt bei Graepler 1997, 67–76, der im Folgenden zusammengefasst wird).

Die Einordnung von Funden, für die kein Klassifikationssystem besteht, kann sehr problematisch sein: Meist werden die Fundstücke dann mit Material aus anderen Fundorten verglichen, doch die Ähnlichkeit von Funden, die aus ganz anderen Orten stammen, muss nicht zwingend deren Gleichzeitigkeit bedeuten. Eine bestimmte Keramikform kann am Ort ihrer Entstehung bereits wieder außer Mode gekommen sein, während sie an einem anderen Ort erst später aufgenommen wurde oder sich viel länger gehalten hat. Gerade in der hellenistischen Epoche gibt es zu wenig zuverlässig datierte Funde, die feste Vergleichspunkte liefern können (dazu s. u. S. 140).

Die Seriation erarbeitet ein relativchronologisches System durch typologische Verknüpfung geschlossener Funde. Im Gegensatz zur „Typologischen Methode", bei der einzelne Typen zu Entwicklungsreihen angeordnet werden, aber die Fundkontexte keine Rolle spielen (vgl. auch unten zur Problematik stilistischer Entwicklungsreihen), beruht die fundkombinatorische Methode ausschließlich auf der Verknüpfung von Fundkontexten anhand ähnlicher Elemente, die zu „Typen" zusammengefasst werden. Dabei sind Ähnlichkeiten zwischen den einzelnen Typen nicht von Bedeutung. Grundlage der Seriation ist daher nicht die Entwicklung von Einzeltypen, sondern die allmähliche Veränderung von Fundkomplexen. Zugrunde liegt dieser Methode die Annahme, dass in einem homogenen kulturellen Umfeld das Vorkommen ähnlicher Fundstücke und Typen in zeitlich benachbarten Fundkomplexen wahrscheinlicher ist als in zeitlich weit auseinander liegenden. Die Bedingung des „kulturell homogenen Umfeldes" bedeutet, dass keine Stücke aus geographisch auseinander liegenden Kontexten verglichen werden, keine aus funktional unterschiedlichen Orten (das heißt keine Stücke aus einem Grab mit solchen aus einem Tempel oder einem Wohnhaus) oder sozial verschiedenen Kontexten (das heißt

Fundkombinatorische Methode

zum Beispiel keine Stücke aus einem königlichen Mausoleum mit den Funden eines Massengrabs). Verglichen werden nur die Gräber des gleichen Friedhofs, vielleicht sogar nur die Männer-, Frauen-, oder Kindergräber miteinander.

Zum ersten Mal wurde diese Methode von W. M. Flinders Petrie (1853–1942) 1899 in Ägypten praktisch angewendet. Er brachte auf der Grundlage von 917 keramischen Typen 900 prädynastische Gräber in eine relative chronologische Reihenfolge (Graepler 1997, 70). Dazu wurde eine Tabelle angelegt, in die zeilenweise Gräber und spaltenweise die in diesen Gräbern vorhandenen Beigabentypen eingetragen wurden, danach wurden die Zeilen und Spalten solange umgeordnet, bis Gräber mit ähnlichen Beigaben und Beigabentypen aus ähnlich zusammengesetzten Gräbern so eng wie möglich beieinanderlagen. In einer solchen Kombinationstabelle konzentrieren sich die Eintragungen um eine Diagonale. Für diese zunächst nur durch zeitraubendes Ausprobieren durchzuführende Methode wurde ab 1950 ein mathematisches Verfahren aus dem Bereich der „multivariaten Statistik" entwickelt, das französische Mathematiker seit den 60er Jahren noch weiter verfeinerten: Die so genannte Korrespondenzanalyse ermöglicht die mehrdimensionale Auswertung der Ähnlichkeitsbeziehungen zwischen den Zeilen und Spalten der Datenmatrix (Darstellung am Bespiel der Nekropolen von Tarent bei Graepler 1997, 72 f.). In solchen Seriationskurven sind gleichzeitig Gräber und Typen dargestellt, und die wechselseitige Abhängigkeit zwischen beiden kann unmittelbar optisch erfasst werden.

Korrespondenzanalyse

II. Stil

Das Wort Stil (griech. *stylos*; lat. *stilus*) bedeutet ursprünglich Pfahl, Schreibgriffel, auch Schreibart, und wird für die individuelle Ausdrucksweise einer Person gebraucht, in der Kunst zur Bezeichnung der Summe von formalen Eigenschaften, die eine Gruppe von Werken gemeinsam hat. Die Form eines Gegenstandes bzw. eines archäologischen Artefaktes wird von seiner Funktion, seinem Gebrauchszweck, beeinflusst. Diese Formelemente sind oft Anhaltspunkt für die Datierung des Objekts: Man kann vom Stil einer Epoche sprechen, aber auch zum Beispiel vom Stil einer Landschaft oder einer Region. Der Stil von Objekten ist mit der Geschichte verknüpft, denn er wird durch den Vergleich mit verwandten, in der Regel „früheren" oder „späteren" Stilphänomenen definiert (Borbein 2000, 10–111).

1. Veränderungen von Objekten

Wie lässt sich das zeitliche Verhältnis von archäologischen Objekten zueinander bestimmen? Sowohl Kunstwerke wie Gegenstände des täglichen Gebrauchs verändern ihr äußeres Erscheinungsbild, was mit historischen Prozessen, dem Ablauf von Zeit, in Verbindung gebracht wird. Auch wenn man sich dessen nicht bewusst ist, wird dieses Konzept von „Entwicklung" bzw. zeitbedingter Veränderung im Alltag häufig angewandt, wenn man etwas beispielsweise als „modern" oder „altmodisch" bezeichnet. Durch Beobachtung dieser Veränderungen lassen sich Objekte in eine chronologische Reihenfolge, eine so genannte stilistische Reihe bringen. Dafür seien hier zwei Beispiele angeführt:

Ein für die dorische Ordnung der Architektur charakteristisches Merkmal ist die Säule, die kürzer und gedrungener ist als die ionische und die korinthische und zwanzig vertikale, durch scharfe Grate getrennte Kanneluren aufweist. Sie hat keine Basis und wird oben von einem relativ einfachen Kapitell bekrönt, das aus einem abgerundeten, kissenartigen Bauelement, dem Echinus, und einer darüberliegenden rechteckigen Platte, dem Abakus, besteht. Diese beiden Bauteile verändern sich im Laufe der Zeit merklich, was sich auch auf die gesamte Erscheinung eines Gebäudes mit dorischen Säulen auswirkt. Die Entwicklung geht im Allgemeinen von schweren, ausladenden Formen zu leichteren, schlankeren, strafferen (Biers 1992, 33 mit Abb. 8). Bei frühen Kapitellen hat der Echinus eine ausladende, „kuchenartige" Form, der Übergang zwischen dem obersten Teil des Säulenschaftes und dem Echinus ist oft tief gekehlt und mit Blattmuster geschmückt oder der untere Teil des Echnus weist drei oder vier flache konzentrische Wülste auf. Später wird der Echinus geradliniger und aufrechter und bildet schräg einen direkten Übergang zum Abakus, wie zum Beispiel am Parthenon. In hellenistischer Zeit hat er die Form eines Kegelstumpfes. Am Heratempel von Olympia, dessen ursprünglich hölzerne Säulen erst im Laufe der Zeit eine nach der anderen ersetzt wurden, lässt sich diese Entwicklung noch heute an einem einzigen Gebäude nachvollziehen.

Marginalie: Dorische Säule

Vom Beginn des 6. Jahrhunderts v. Chr. an entstanden in Attika ziemlich plötzlich eine große Anzahl von Marmorstatuen unbekleideter Jünglinge,

Kuroi *Kuroi* (griech., sing. *Kuros*), die lebens- oder etwas überlebensgroß sind und als Grabstatuen und Weihegaben in Heiligtümern dienten; in Apollontempeln stellen sie wohl auch oft den Gott selbst dar. Bei diesen Standbildern lässt sich eine rasche Entwicklung zu immer mehr Natürlichkeit, Lebensnähe und anatomischer Korrektheit feststellen. Allen Kuroi gemeinsam ist die völlig frontale Haltung in steifer Schrittstellung mit durchgedrückten Knien und herabhängenden Armen, deren Hände zu Fäusten geballt sind. Die frühsten Beispiele zeigen noch keine normalen menschlichen Körperproportionen, sondern überlange, zu schlanke Gliedmaßen; bestimmte Körperpartien – Brustmuskulatur, Rippenbogen, Leiste, Knie – sind gleichsam ornamental dargestellt. Ebenso ornamental wirken die riesigen, lidlosen Augen und die Ohren, die eine Dekoration aus zwei gegeneinander eingerollten Voluten bilden. Die Fäuste sind fest mit den Hüften verbunden. Schon wenige Jahre später sind die zeichnerischen Elemente zugunsten von schwellenden Muskeln und ineinander übergehenden Körperformen verschwunden. Die Hände haben sich vom Körper gelöst, das Gesicht ist weniger flächig, sondern modelliert, die Augen runder und mit Tränenkanal versehen, die Ohren anatomischer und am richtigen Ort angebracht. Dabei ist aber immer noch der streng frontale Schrittstand beibehalten. Etwa hundert Jahre nach dem ersten Auftauchen der Kuroi wird dann der epochale Schritt zur Ponderation gemacht, der Gewichtsverlagerung auf eine Körperseite und die Haltung mit Stand- und Spielbein, mit einer leichten Bewegung, die den ganzen Körper durchzieht (s. u. S. 106 und Abb. 5).

Grabstelen Verändern kann sich auch das formale Schema, die Grundform, der Typus in einer bestimmten Gattung. Bei den oben angeführten Beispielen blieb dieser Typus konstant, das Kunstwerk behielt seine „typische" Form auch durch alle stilistischen Veränderungen hindurch. Eine Veränderung des Typus hingegen zeigen zum Beispiel die griechischen Grabstelen. Der erste Typus, der von etwa 610 bis 530/25 v. Chr. vorherrscht, besteht aus einer rechteckigen Basis und einem bis zu 2 m hohen, dekorierten und mit einem Kapitell versehenen Schaft, auf dem eine Sphinx sitzt. Zu einem nicht genau zu bestimmenden Zeitpunkt nach der Mitte des 6. Jahrhunderts v. Chr. wurde dieser Typus von einem neuen, viel bescheideneren abgelöst; die Höhe des Schaftes wurde erheblich reduziert, die Sphinx und das Kapitell machten einer Bekrönung Platz, die nur noch aus einer Palmette über einem Volutenpaar bestand. Der Schaft wurde meist mit einer Darstellung des stehend und im Profil gezeigten Verstorbenen dekoriert, meist im Relief, manchmal auch gemalt, meist mit einer Inschrift auf der Basis. Dieser Typus hält sich sehr lange; ab etwa 500 v. Chr. kommt aber noch ein weiterer Typus auf, der bald zum beliebtesten der Gattung wird: eine breitere, quadratisch oder rechteckige, architektonisch (mit Seitenpfeilern und einem kleinen Giebel) gerahmte Stele (Marmorplatte), die im Relief zwei oder mehrere einander gegenüber gestellte Figuren zeigt, zum Beispiel den sitzenden Verstorbenen, der seiner vor ihm stehenden Frau die Hand reicht und vielleicht noch von anderen Angehörigen umgeben ist, oder eine verstorbene Frau mit ihrer Dienerin, die ihr ein Schmuckkästchen reicht oder das Kind in den Armen hält.

Die Technik der Herstellung kann sich verändern: Ab etwa 630 v. Chr. verwendeten attische Vasenmaler die schwarzfigurige Technik, die sie aus Korinth übernommen hatten. Dabei wurden die Figuren als schwarze Silhouetten aufgemalt und die Details eingeritzt, so dass der helle Tongrund hervorkommt; bisweilen wurden noch kleine Details in roter oder weißer Deckfarbe hinzugefügt. Diese Arbeiten wurden vor dem Brand gemacht. Die attische Schwarzfigurige Keramik blieb über 100 Jahre marktbeherrschend. Als sie ihren Höhepunkt überschritten hatte, wurde um 530/25 v. Chr in Athen die rotfigurige Vasenmalerei erfunden: Diese neue Technik sparte Figuren und Muster auf dem Tongrund aus und deckte dafür den Hintergrund, der vorher unbemalt geblieben war, schwarz ab. Details in den Figuren wurden schwarz aufgemalt. Der Fortschritt, den diese Neuentwicklung brachte, ist leicht zu erkennen: Die Binnenzeichnung der Figuren musste nicht mehr geritzt, sondern konnte mit einem haarfeinen Pinsel aufgemalt werden, wodurch eine weit natürlichere und geschmeidigere Wiedergabe von Anatomie, Stoff und anderen Einzelheiten ermöglicht wurden. Die Figuren wirkten dadurch erheblich lebensähnlicher als die schwarzen Silhouetten. Mit dickerer oder mehr verdünnter Farbe konnten unterschiedliche Oberflächenstrukturen wie zum Beispiel Stoff, nackte Körperpartien oder Tierfelle wiedergegeben werden. Dennoch blieb nach dieser Entdeckung die schwarzfigurige Vasenmalerei noch eine Weile weiter bestehen und mehrere Vasen sind so genannte „Bilinguen", das heißt auf der einen Seite schwarz-, auf der anderen rotfigurig bemalt, bisweilen sogar mit derselben Szene.

Vasenmalerei

Es mag aufgefallen sein, dass alle morphologischen Veränderungen von archäologischen Objekten an Kunstwerken erläutert wurden. Es ist einleuchtend, dass es auf diesem Gebiet stets Anreize und Spielraum für Entwicklungen gab. Auf der anderen Seite ist bei einem Gegenstand des täglichen Gebrauchs, einem Werkzeug o. ä. keine Notwendigkeit vorhanden, eine Form oder einen Typus, der sich als funktional und praktisch erwiesen hat, zu ändern. Angelhaken sehen heute noch gleich aus wie in der Antike. Unterschiedliche (zum Beispiel spitzere oder bauchigere) Formen großer Transportamphoren weisen auf deren unterschiedlichen Herkunftsort, aber nicht auf verschiedene Herstellungszeit hin. Veränderungen an Alltagsgegenständen vollziehen sich, wenn überhaupt, daher meist viel langsamer. Die Entwicklung von Tonlämpchen kann anhand von unzähligen Funden von der Athener Agora, die von 700 v. Chr. bis 200 n. Chr. reichen, nachvollzogen werden. Auch hier wurde der Typus nicht verändert: Für den Zweck gebraucht wird ein Gefäßkörper, den man mit Öl füllen konnte; eine Öffnung, die den Docht hielt, damit er nicht im Öl ertrank, und einen Henkel oder Griff, an dem man das Lämpchen halten konnte. In der frühsten Zeit wurden die Lämpchen von Hand geformt und weisen einen völlig offenen Gefäßkörper auf, wie eine Schale; sehr bald werden die Lämpchen aber bereits auf der Töpferscheibe hergestellt. Vom 3. Jahrhundert v. Chr. an zog man es vor, sie in Modeln herzustellen. Gleichzeitig schließt sich der Gefäßkörper immer mehr, bis schließlich in römischer Zeit fast das ganze Ölreservoir bedeckt ist, mit Ausnahme eines kleinen Loches zum Einfüllen des Öls und einer mehr oder weniger vorstehenden Schnauze, aus der der Docht ragt. Die zusätzlich gewonnene runde Ton-

Tonlämpchen

fläche wird oft verwendet, um darauf (in der Matrize geformte) Verzierungen anzubringen.

Ist eine solche Sequenz einmal hergestellt, so kann auch ein kleines Fragment eines Lämpchens (oder eines Säulenkapitells) in die Abfolge eingeordnet werden. Auf diese Weise ist es möglich, eine stilistische Reihenfolge (auch über einen langen Zeitraum) ohne feste Daten und Jahreszahlen aufzustellen.

2. Das Konzept der stilistischen Entwicklung

Wie hier deutlich wurde, steht hinter solchen stilistischen Reihen, mit denen eine Klassifizierung von „älter bzw. jünger als" oder „früh – mittel – spät" gemacht werden kann, das Konzept einer steten Entwicklung, und zwar im Sinne einer Weiter-Entwicklung, eines Fortschritts. Diese Theorie ist keine Erfindung der Neuzeit; Kunsttheorie und Kunstgeschichte wurden vielmehr auch schon in der Antike betrieben:

Antike Kunsttheorie

Xenokrates von Athen, Erzgießer und Theoretiker, arbeitete in frühhellenistischer Zeit (ein Werk mit seiner Signatur ist auf 280 v. Chr. datiert) und entwarf eine durch den römischen Schriftsteller Plinius d. Ä. (23/4–79 n. Chr.) überlieferte Theorie (*Naturalis Historia* XXXIV 54–67), die den Blick vor allem auf formale Aspekte des Kunstwerks lenkte und ein Entwicklungsschema der griechischen Kunst konstruierte, das von rohen und mangelhaften Anfängen (*rudis antiquitas*) bis zur meisterhaften Bewältigung künstlerischer Probleme durch Lysippos und Apelles reichte. Lysippos aus Sikyon wird eine enorm lange Schaffenszeit (von etwa 372–306 v. Chr.) und eine ebenso immense Produktion (etwa 1500 Statuen) zugeschrieben. Er galt schon in der antiken Überlieferung als Neuerer, dem eine bisher unerreichte Lebensnähe seiner Skulpturen gelungen sei. Zahlreiche Werke, u. a. ein Alexanderporträt und der Herakles Farnese, werden ihm zugeschrieben (vgl. u. S. 133 f. zum Daochos-Weihgeschenk). Mit seiner Natürlichkeit und Sorgfalt in den Details wird er heute zu den Vorläufern des Hellenismus gerechnet. Apelles von Kolophon, der seine Blütezeit um 332 v. Chr. hatte (Plinius, *Naturalis Historia* XXXV 79) war thematisch außerordentlich vielseitig und schon bei seinen Zeitgenossen für die natürliche Anmut seiner Kunst (*charis*) berühmt. Zu seinen bekanntesten Bildnissen gehörte die Darstellung Alexanders des Großen mit Blitz; zwei Apotheosen (Vergöttlichungen) Alexanders waren noch auf dem Augustusforum in Rom zu sehen.

Dagegen erkannte die attische Philosophie die Kunst zwar als eigene Disziplin an, beurteilte sie aber nach ethischen Maßstäben. Platon (427–347 v. Chr.) kritisierte die zeitgenössischen Künstler – neben Lysippos vor allem den Maler Agatharchos von Samos, den ersten Bühnenmaler (Skenograph) – scharf, etwa in seinem Dialog *Sophistes* 235d–237, weil sie mit ihrer *phantastike techne*, unter anderem den optischen Verkürzungen, den Betrachter betrögen. Damit sind sicher die Erfindungen von Perspektive und Schattenmalerei in der Wandmalerei gemeint, aber auch etwa die Bildhauerei des Lysippos, der die Figuren darstelle, wie sie erschienen, und nicht, wie sie seien.

Eine wohl im 2. Jahrhundert v. Chr. entstandene Theorie ist bei Cicero (106–43 v. Chr.) in seiner Schrift *Brutus* 70, und in Quintilians (35–nach 96 n. Chr.) *Institutio oratoria* („Unterweisung des Redners") 12,10,7–9 überliefert: Nach dieser Ansicht wurde nach schwierigen Anfängen schon in der hochklassischen Zeit mit Polyklet (tätig in der 2. Hälfte des 5. Jh.s v. Chr.) und Phidias (tätig um 460–430 v. Chr.) Vorbildlichkeit erreicht; danach begann bereits der Abstieg. Bei diesem klassizistischen Schema spielen formale Kriterien eine geringere Rolle; die Urteile gründen auf abstrakte Wertungen wie *decor* (Angemessenheit), *auctoritas* (vorbildliche Gültigkeit), *pulchritudo* (Schönheit). Wichtig sind hier vor allem die verpflichtenden Vorbilder (*exempla*) in jeder Gattung der Kunst.

In der neuzeitlichen Beschäftigung mit antiker Kunst bildete sich vor allem ein Schema von „Jugend – Reife – Alter – Verfall" heraus, das bereits Joseph Justus Scaliger 1561 für die antike Literatur formuliert hatte, indem er vier „Hauptzeiten" unterschied. Auf ihn beruft sich dann explizit Johann Joachim Winckelmann (1717–1768) in seiner erstmals 1764 publizierten *Geschichte der Kunst des Altertums*, wo er als erster die griechische Kunst in vier Phasen unterteilte: 1. gerader und harter Stil; 2. hoher Stil (460–400 v. Chr.); 3. schöner Stil (400–320 v. Chr.); 4. Fall der Kunst nach Alexander dem Großen. Der „hohe Stil", die „erhabene Grazie" der hochklassischen Kunst, ist für ihn in den Werken des Polyklet und Phidias verwirklicht, die „gefällige Grazie" in dem „schönen Stil" des Praxiteles und seiner Zeitgenossen realisiert. Dieser „schöne Stil" wird vor allem in männlichen nackten Figuren wie etwa dem Apollon vom Belvedere (Lullies – Hirmer 231) verkörpert. Diese Stilperiodisierung blieb in allen Werken Winckelmanns methodisches Prinzip. Entscheidend für sein System ist sein absoluter Schönheitsbegriff, dessen Verwirklichung in der klassischen griechischen Kunst der immanente Ziel- und Endpunkt (das *telos*) der Entwicklung ist. Winckelmanns absolutes Ideal liegt in der Vergangenheit, und die Zukunft der Kunst kann nur in dessen analogem Nachvollzug, also der Nachahmung, liegen. Seine Ansicht, gute Kunst brauche zu ihrer Entfaltung Demokratie und Freiheit, war im damaligen Zeitalter der absoluten Monarchien von großer Sprengkraft. Nach Winckelmann entsteht die Kunst in jeder Kultur autochthon, entfaltet sich jedoch unterschiedlich entsprechend den äußeren, klimatischen oder politischen Gegebenheiten. Bei dieser „Klimatheorie" war er von der im *Corpus Hippocraticum* überlieferten (das heißt dem griechischen Arzt und Schriftsteller Hippokrates von Kos [um 460–370 v. Chr.] zugeschriebenen) Schrift *Von der Umwelt* beeinflusst. Für die Frühzeit fehlte Winckelmann noch die Materialbasis: Er kannte kaum Kunstwerke der archaischen Zeit, und sein Bild des archaischen Stils beruhte vor allem auf vermeintlichen ägyptischen und „etrurischen" Parallelen. In der römischen Kunst sah er nur die Entwicklung zum Überfluss und schließlich den Verfall.

Winckelmanns *Geschichte der Kunst des Altertums* enthält die erste nach stilistischen Gesichtspunkten geordnete Bestandsaufnahme der antiken Plastik (Hofter 2003, 293). Das von Winckelmann entworfene System blieb bis ans Ende des 19. Jahrhunderts grundlegend für die stilistische Ordnung der antiken Plastik.

J. J. Winckelmann

a) Probleme der Methode

Zunächst muss betont werden, dass Winckelmanns Leistung grundlegend ist, nicht zuletzt im Hinblick auf die Chronologie: Winckelmann hat als Erster überhaupt die Kunst zum Gegenstand von Geschichte gemacht und eine *historische* Theorie der Kunst entworfen. Zudem sah er in der Kunst das Resultat eines Zusammenspiels aller Bestandteile der Zivilisation; die Kunst vermag daher eine Zivilisation vollständig zu beschreiben, und an ihrer Entwicklung lässt sich das Menschengeschlecht verstehen.

Doch Winckelmanns absolutes Schönheitsideal, das er in der klassischen Kunst Griechenlands verwirklicht sieht, hat auch eine ahistorische Komponente, die schon seinen Zeitgenossen auffiel und von einigen, insbesondere Johann Gottfried Herder und Christian Gottlob Heyne, hart kritisiert wurde. Die absolute griechische Normativität entzieht Griechenland der Geschichte, da Griechenland einzigartig und unimitierbar ist. Aber paradoxerweise muss man ja Griechenland nachahmen, weil dies der einzige Weg in der Neuzeit ist, gute Kunst hervorzubringen; das griechische Vorbild ist gleichzeitig immer aktualisierbar.

Ein weiteres großes Problem und ein weiterer ahistorischer Aspekt des stilistischen Entwicklungsbegriffes ist seine biologistische Grundlage: Für eine Entwicklung von „Wachstum-Blüte-Verfall" sind keine äußeren Einflüsse nötig, weil dieses Schema in jedem Lebewesen angelegt ist. Doch „Stilveränderungen werden nicht durch Gene gesteuert, sondern beruhen auf komplexen sozialen Interaktionsprozessen" (Graepler 1997, 69). Der Glaube an eine autonome, lineare Entwicklung ist zudem teleologisch, das heißt er geht davon aus, dass sich diese auf ein bestimmtes Ziel (*telos*) hin bewegt, einen Endpunkt und eine Erfüllung, in Winckelmanns Ansicht die griechische Klassik (zur weiteren Geschichte des Entwicklungsbegriffs in der Klassischen Archäologie siehe Himmelmann 1960 und Hofter 2003).

Konzept des *telos*

In der Forschung nach Winckelmann wurden „Stil" und „Entwicklung" immer mehr zu spezialisierten Begriffen bzw. Forschungsgebieten. Seit dem 19. Jahrhundert führte eine ahistorische, formimmanente Analyse und Stilinterpretation von Kunstwerken dazu, dass man Keramik und Skulptur auf fünf Jahre genau datieren zu können glaubte und endlose Debatten über die Zuweisung von Statuen an bestimmte Meister führte, von denen oft kaum mehr als der Name bekannt war (Borbein 2000, 114f.). Stilgeschichte und -analyse wurden zunehmend zu einem selbstgenügsamen „l'art pour l'art", das sich in einem luftleeren Raum bewegte. Ein weiteres Problem solcher Analyse ist darüber hinaus ihre Subjektivität: Wie sich „Entwicklung" genau vollzieht, was sie ist und bedeutet, bleibt nämlich der Interpretation jedes Einzelnen überlassen. Das scheinbar objektive darwinistische Modell ist bei näherem Hinsehen bloße subjektive Hypothese: Eine Pflanze entwickelt sich anders als eine Wirtschaftskrise – welche naturgegebene Gesetzmäßigkeiten lassen sich also in der Kunst finden? Veränderungen vollziehen sich schließlich in der römischen Kunst offensichtlich anders als solche in der griechischen.

Wäre die Stilentwicklung der Kunst ein autonomes, immanentes biologisches Gesetz, so müsste sie an verschiedenen Orten gleichförmig, aber auch unabhängig voneinander verlaufen. Neuerungen, „Anfänge", entstehen aber oft nur an einem Ort, von dem aus sie sich verbreiten, oder lassen sich sogar auf einen einzigen Künstler zurückführen, bei dem äußere Umstände, günstige Arbeitsbedingungen und eigenes Genie zu einem fruchtbaren Moment zusammenfinden: Bei den Kuroi lässt sich eine stete Weiterentwicklung verfolgen, aber der entscheidende, revolutionäre Schritt zum Kontrapost kann nicht „einfach so" gekommen, sondern muss die Idee und Ausführung eines einzelnen gewesen sein, die aber sofort aufgenommen wurde, weil Zeit und künstlerische Situation dafür reif waren. Die protogeometrischen Stile Griechenlands hängen alle von dem attischen ab, dessen Entstehung in engster lokaler Begrenzung sich durch die Ausgrabungen im Kerameikos fassen lässt (Himmelmann 1960, 26).

Im 20. Jahrhundert wurde denn auch immer stärkere Kritik am Konzept einer autonomen Stilentwicklung und an der Methode der Stilanalyse laut. Eine grundsätzliche Auseinandersetzung hat aber noch kaum stattgefunden. Trotz aller Vorbehalte wird man auch nicht völlig auf Stilanalyse verzichten können; man sollte sich dabei aber der Fragwürdigkeit gewisser Prämissen bewusst bleiben, die von Pollitt 1986, 270 für die hellenistische Epoche in dem Satz zusammengefasst wurden: „Chronology, for the most part, belongs to Plato's realm of *doxa* (opinion)." Stilanalyse ist nicht fruchtbar, wenn sie Selbstzweck bleibt; sie bietet aber eine Möglichkeit, die Lücken zwischen den mit außerstilistischen Kriterien fest datierten Kunstwerken aufzufüllen. Datierte Monumente liefern, wie die Ausführungen dieses Buches zeigen werden, feste „Pflöcke", die aber zum Teil weit voneinander entfernt sind, sowohl zeitlich, als auch was die Gattungen anbelangt. Erst durch Stilvergleich zahlreicher anderer Denkmäler mit diesen Werken kann ein dichtes chronologisches Netz geschaffen werden.

> Anfänge

3. Die „Gleichzeitigkeit des Ungleichzeitigen"

Im Folgenden soll auf Phänomene hingewiesen werden, die eine lineare Entwicklung als Ideal erweisen, das den vielfältigen Erscheinungen oft nicht gerecht werden kann. Die Erklärungen und Interpretationen, die dabei referiert werden, sollen immer nur als Vorschläge oder Anregungen, nicht als „Lösungen" verstanden werden.

Kunstwerke, die zur gleichen Zeit entstanden sind, können völlig verschiedene Stilmerkmale aufweisen, ja sogar an ein und demselben Kunstwerk können verschiedene Stile auftreten. Einige Beispiele mögen dies verdeutlichen:

Im Jahre 113 n. Chr. wurde dem römischen Kaiser Trajan anlässlich seines Sieges über die Daker in Rom eine Siegessäule errichtet (s. u. S. 171); etwa gleichzeitig, sicher aber während der Regierungszeit Trajans (98–117 n. Chr.) wurde am Ort des Krieges, im heutigen Adamklissi in Rumänien, ein Siegesmonument, das so genannte *Tropaeum Traiani*, errichtet. Es bestand aus einer großen runden Basis, auf der ein sechseckiger Turm stand, der ein Tropaion trug, das heißt die Skulptur eines Baustammes, an dem ein feindlicher Panzer, Waffen und andere Rüstungsteile hingen. Eine an dem Turm angebrachte Inschrift feierte den Kaiser Trajan; die Basis war mit

> Siegesdenkmäler des Kaisers Trajan

54 Reliefplatten von 1,52 × 1,22 m dekoriert, die Szenen des dakischen Feldzuges darstellen. Auch hier sind, wie auf den Spiralreliefs der Trajanssäule, römische Reiter in Rüstung mit dem Speer in der Hand zu sehen, die einen Angriff reiten. Das stadtrömische Kunstwerk zeigt lebensecht modellierte Körper und Muskeln von Pferd und Reiter und eine meisterhafte Wiedergabe von Pferdemähne und Kleidung des Soldaten. Ein entsprechendes Relief des dakischen Monuments dagegen ist völlig flach gearbeitet, die Proportionen von Pferd und Reiter unnatürlich, Details fehlen, und die ganze Wiedergabe wirkt roh und unbeholfen. Ohne den archäologischen und historischen Kontext, der die Werke datiert und nur mit der Methode der stilistischen Reihenbildung, würde man das dakische für viel später halten, für ein Beispiel der abnehmenden künstlerischen Qualität, die man oft der Kunst der Spätantike attestierte (Biers 1992, 27–30 mit Abb. 5 und 6). Aber die Trajanssäule zeigt das beste, was die Hauptstadt des Imperiums zu dieser Zeit an künstlerischer Qualität aufbieten konnte; Dakien dagegen war eine Provinz am Rande der römischen Welt, fernab von führenden Kunstzentren, und hatte kaum vergleichbare Monumente, an denen ein Künstler sich hätte schulen können.

Siphnierschatzhaus in Delphi

Für große Unterschiede am gleichen Monument bietet sich das sicher datierte Schatzhaus der Siphnier in Delphi (525 v. Chr.) zur Betrachtung an (s. u. S. 91–93 und Abb. 4). Max Wegner (1972, 72) stellte fest: „Hätte man Stücke des Relieffrieses, der den Bau auf allen vier Seiten umzog, vereinzelt gefunden, so würde man mittels kunstkritischer Beweisführung manche Teile gewiss nicht gleichzeitig angesetzt haben". Wegner verglich vor allem die Darstellungen von Pferdegespannen miteinander: Ein Viergespann des Südfrieses zeigt einen an Flächenschichtung sich haltenden Aufbau und wirkt, als hätte man aus dünnen Brettern Pferdeleiber ausgesägt und verschoben aufeinander geleimt; die Pferde sind in reiner Seitenansicht wiedergegeben und die Einzelheiten wirken wie gezeichnet. Beim Viergespann der Ostseite dagegen ist nur das vorderste Pferd parallel zum Reliefgrund dargestellt, die übrigen drei Pferdekörper dahinter befreien sich in verschiedenen Winkeln von der Flächenschichtung; die Vorderkörper sind plastisch gebildet und weisen vielfältige Rundungen, Vorwölbungen und Abstufungen auf. Der Stil des Reliefs nähert sich weit mehr der Rundplastik an, während die Darstellungen des Südfrieses im Flachrelief gearbeitet sind (Wegner 1972, 81, Abb. 1 und 2). Heute ist die allgemeine Überzeugung, dass die Friesreliefs von zwei Künstlern geschaffen wurden, von denen der eine den Süd- und den Westfries, der andere den Nord- und den Ostfries schuf. Es besteht aber kein Unterschied bezüglich der künstlerischen Qualität. Wie schwierig eine solche Situation eine stilistische Bewertung macht, zeigen die bei Wegner 1972, 73 zitierten verschiedenen Urteile, von denen eines dem Bildhauer des Südfrieses das „stärkere Temperament" attestiert (E. Langlotz), ein anderes hingegen in dem Schöpfer des Ostfrieses den „künstlerisch bedeutenderen Meister" (R. Lullies) sieht.

Südmetopen des Parthenon

Ein ganz ähnliches Phänomen ist an den gleichzeitig gearbeiteten Südmetopen des Parthenon (s. u. S. 128) zu beobachten, die gravierende Stil- und Kompositionsunterschiede aufweisen. Zum Vergleich können zum Beispiel die Metopen S 31 (Lullies – Hirmer 136) und S 27 (Lullies – Hirmer 135) dienen, die beide einen Kentauren im Zweikampf mit einem Lapithen zeigen. Auf S 31 ist das Thema erheblich weniger einfallsreich und in mehreren Details unbeholfen gestaltet; der rechte Arm des Jünglings und der linke des Kentauren stimmen in Beugung und Gliederung so merkwürdig überein, als läge beiden dasselbe Modell zugrunde. Die Einzelteile der Körper sind so modelliert, dass sich die Leiber nicht zu einem lebensvollen Ganzen zusammenschließen. Dagegen ist die Anspannung und Kraftentfaltung der Kämpfenden in S 27 meisterhaft zum Ausdruck gebracht: Der Jüngling ist in Frontalansicht, mit schräg in den Boden gestemmten Beinen und ausgreifenden Armen, dargestellt; mit der linken Hand ergreift er den Schopf des Kentauren, dessen Oberkörper, schräg im Profil, gedrungener ist als der des drahtigen Lapithen und dadurch wirkt, als sacke er in sich zusammen. Der Jünglingskörper wirkt speziell strahlend vor seinem im Rücken wie ein Vorhang ausgebreiteten Mantel, dessen Enden über die Unterarme gelegt sind (vgl. Wegner 1972, 84–86 mit Abb. 8 und 9).

Wie aber lassen sich so große Unterschiede an einem einzigen Bau, ja sogar innerhalb eines einzigen Bauteils erklären? Bemerkenswerterweise scheinen auch die Interpretationen solcher Phänomene stark von der Zeit, in der sie entstanden, beeinflusst zu sein: Je nach vorherrschender Theorie wird das eine oder andere Modell zur Erklärung beigezogen. Im 19. Jahrhundert, wo man bestrebt war, möglichst in jedem Werk (auch in wenig qualitätvollen) die Handschrift eines „Meisters" zu finden, führte man solche Stildifferenzen vor allem auf unterschiedliche „Schulen" von Bildhauern zurück.

Wegner 1972, 75 vertritt eine bereits am Beginn des 20. Jahrhunderts aufgebrachte Theorie von Landschaftsstilen und glaubt, dass es ein Naxier war, der Süd- und Westfries des Siphnierschatzhauses schuf, und ein Bildhauer von der Insel Paros, dem Nord- und Ostfries anvertraut wurden. Seit den 30er Jahren des 20. Jahrhunderts wurde der Begriff der „Generation" als Erklärung vorherrschend, der ursprünglich in der neueren Kunstgeschichte geprägt worden war (Leibundgut 1989, 16). Wegner 1972, 74 wendet dieses Konzept gleichzeitig mit dem der verschiedenen landschaftlichen Herkunft auf die Künstler des Siphnierfrieses an: Der Meister des Süd- und West-Frieses sei „mehr dem Herkommen" verpflichtet gewesen; er habe die Oberleitung des Baus innegehabt und daher die beiden augenfälligeren Friese – die Westseite ist die des Eingangs, die Südseite die erste Ansicht für die Besucher des Heiligtums – geschaffen. Für die beiden anderen Seiten habe er sich einen Gehilfen herangezogen, der „jüngerer Jahre oder jüngeren Geistes" gewesen sei. Ebenso wurden auch die Unterschiede in den Parthenon-Südmetopen interpretiert: So wurde S 31 eine „altmodische und linkische Art" attestiert, über ihren Schöpfer hieß es, er „hebt sich als stärkster Bewahrer der älteren Form heraus", oder etwa, er sei ein „überalteter Künstler ... gehört generationsmäßig zu den ältesten Steinmetzen"; dagegen sei die Metope S 27 „wohl das Fortschrittlichste, was im bunten Rahmen der vielen Möglichkeiten der Metopenteile anzutreffen ist" (Wegner 1972, 85 f.). Die Vorstellung von Künstlern verschiedener Generationen, die am gleichen Monument arbeiten, ist verständlicherweise attraktiv, da sich damit Unterschiede am gleichen Bau erklären lassen. Etwas unbehaglich stimmt aber schon, dass bei einer solchen Bewertung chronologische, qualitative und „psychologische" („alter Meister – junger Gehilfe")

Generation

Urteile vermischt werden. Kaum noch anzuwenden ist dieses Konzept dann, wenn verschiedene Stile zum Beispiel auf ein und demselben Gefäß auftreten, wie Wegner 1972, 76–79 selbst anhand der Hydria aus Analotos im Athener Nationalmuseum (Inv. 3139) demonstriert: Die etwas unsauber gezeichneten Rautenmuster und Zickzacklinien im unteren Drittel der Vase könnten noch spätgeometrisch (um 720 v. Chr.) sein, die schönen, schwungvollen Palmetten und Vögel des Hauptbildes zwanzig Jahre später. Die Erklärung, der „Meister" habe das Hauptbild gemalt und „das weniger belangvolle untere Drittel" des Gefäßes seinem „Gehilfen" überlassen, der ihm an Qualität nachstehe und „mehr schlecht als recht geometrisches Herkommen wahrte" scheint dem Autor selbst nicht plausibel. Überzeugender scheint die Vermutung eines einzigen Vasenmalers der Übergangsperiode von spätgeometrisch zu früharchaisch, der das traditionelle Formenrepertoire, wenn auch ohne großes Engagement, noch beherrscht, aber mit mehr Begeisterung Neues ausprobiert. Der nach wie vor oft gebrauchte Begriff der „Generationen" ist auch deshalb problematisch, weil er sich jeder Überprüfbarkeit entzieht und dabei natürlich viel Raum lässt für phantasievolle Rekonstruktionen des Herstellungsprozesses; ob man dabei den fortschrittlichen Geist lieber dem Meister oder dem Gehilfen zuschreibt, bleibt dem subjektiven Ermessen des neuzeitlichen Betrachters überlassen. Noch fragwürdiger ist die zugrundeliegende Annnahme, innerhalb einer einzigen Generation herrsche der gleiche Stil, respektive ein bestimmter Stil sei an eine bestimmte Generation gebunden (vgl. Leibundgut 1989, 14–17). Warum muss der „altmodischere" Künstler auch der biologisch ältere sein?

a) Stilpluralismus

In ihrer Arbeit von 1989 hat A. Leibundgut eine flexiblere, in vieler Hinsicht auch plausiblere Theorie zu erarbeiten und auf das späte 5. Jahrhundert v. Chr. anzuwenden versucht. Sie stützt sich dabei teilweise auf methodische Diskussionen der neueren Kunstgeschichte (Leibundgut 1989, 14), die grundsätzlich die Annahme einer stilistischen Einheit früherer Epochen für eine Fiktion hält und eine „mehrdimensionale Kunsttheorie" fordert.

Stil als Ausdruck politischer Richtungskämpfe

Ihre Hauptthese ist, dass vor dem Hintergrund politischer Spannungen und Richtungskämpfe künstlerische Stilarten als frei gewählte Ausdrucksmittel bewusst eingesetzt wurden. Die Stilphänomene des letzten Drittels des 5. Jahrhunderts, die vom damals vorherrschenden „Reichen Stil" abweichen, seien eine bewusste Option gewesen, in der sich die pluralistische Politik und Gesellschaft Athens zu dieser Zeit widerspiegelten. Damit wird die Form als historische Quelle verstanden, was natürlich voraussetzt, das sowohl Künstler wie auch Auftraggeber über Stil nachgedacht hatten und ihnen jedenfalls Zusammenhänge von Form, Inhalt und intendierter Aussage klar waren (Leibundgut 1989, 18–25). Diese Idee ist nicht unplausibel, denn in den letzten Jahrzehnten des 5. Jahrhunderts v. Chr. wurden in Rhetorik, Literatur, Musik und Kunst neue Stilmittel ausprobiert; Versuche, Grenzen zu überschreiten, wurden etwa von dem Maler Parrhasios unternommen, der für seine Charakterdarstellungen, etwa des leidenden Philoktet oder des Wahnsinn heuchelnden Odysseus, bekannt war, oder von Zeuxis, der als Begründer der Illusionsmalerei galt. Es gab verschiedenste Richtungen im politischen und geistigen Leben Athens, radikale Demokraten ebenso wie konservative antidemokratische Kräfte, die sich nach dem Tod des Perikles zunehmend polarisierten. Die Annahme, dass politische Richtungen beziehungsweise Auftraggeber auch in irgendeiner Weise stilbestimmend waren, ist daher nahe liegend. Die spätesten Bauten auf der Akropolis (s. u. S. 129) könnten von konservativen Gruppen beeinflusst worden sein. Rückgriffe auf frühere, in diesem Fall vorperikleische Kunst (s. u. zum Archaismus) geschahen zweifellos bewusst und lassen eine entsprechende Interpretation zu.

Ein Problem dieses viel versprechenden Ansatzes ist, dass es zur Frage, was in der Kunst stilbestimmend wirken konnte, nur wenige Zeugnisse aus der Antike selbst gibt. Belege für den bewussten Einsatz von Stilmitteln und die Reflexion darüber – etwa in den Komödien des Aristophanes oder in der *Poetik* des Aristoteles – gibt es fast nur aus der Literatur. Ob und inwieweit verschiedene Künste vergleichbar sind oder sich vielleicht gegenseitig erhellen, das heißt in diesem Fall, ob man aus der bewussten Wahl verschiedener Stilmittel in der Literatur auf gleiche Praktiken in der zeitgenössischen bildenden Kunst schließen kann, wird kaum diskutiert. Dennoch wären solche Erscheinungen schon erheblich vor dem Hellenismus nicht auszuschließen, haben wir doch immerhin Belege dafür, dass Künstler schon früh auch als Theoretiker tätig waren. So war Polyklet nicht nur für seine Skulpturen, sondern auch für seine theoretische Abhandlung *Kanon* berühmt, von der einige Fragmente erhalten sind.

Im folgenden sollen einige Wahlmöglichkeiten und Arbeitsweisen in der bildenden Kunst aufgezeigt werden, die ebenfalls die Unzulänglichkeit der Vorstellung einer linearen, stetigen Weiterentwicklung veranschaulichen.

b) Bewusste Rückgriffe

Das bewusste Zurückgreifen auf Form- und Stilelemente vergangener Epochen ist in großem Umfang vor allem ein Phänomen der hellenistischen und römischen Kunst, beginnt aber schon früher. Bereits in der Spät- oder Nachklassik (etwa 400–325 v. Chr.) wurden die formalen Traditionen der durch die Klassik vorgeprägten Bildgegenstände wieder aufgenommen. Solche Anknüpfungen hatten immer auch eine politische Aussage; die „klassizistische Propaganda" in Pergamon oder im augusteischen Rom (s. u.) diente dazu, die eigenen politischen Ziele durch die Anknüpfung an die schon damals als vorbildhaft empfundene griechische Klassik zu rechtfertigen.

Der Begriff des Archaismus ist vom griechischen Wort *archaios* (= alt) abgeleitet; bereits in der hellenistischen Philologie wurde das Wort *archaismos* zur Bezeichnung eines altertümlichen Sprachstils gebraucht, womit nicht nur die Nachahmung der archaischen, sondern auch der klassischen Literatur gemeint war. Das Phänomen des Archaismus in der Kunst erkannte Winckelmann, der aber erst von der „Nachahmung des altertümlichen Stils" sprach (dazu und zur Geschichte der Erforschung des Archaismus Brahms 1994, 19–37).

Archaismus

Bereits seit dem 5. Jahrhundert v. Chr., in verstärktem Maße seit dem 4. Jahrhundert v. Chr., wird auch in der Kunst auf archaische Formen zurükkgegriffen, insbesondere, wenn in hieratischem, das heißt religiösem Kontext, Altehrwürdigkeit betont werden soll. Archaistisch ist aber auch zum Beispiel das Festhalten an der schwarzfigurigen Maltechnik auf den Panathenäischen Preisamphoren während ihrer ganzen Herstellungszeit (s. u. S. 83). Manchmal werden Statuen in mythologischem Zusammenhang archaistisch dargestellt, um sie von den „zeitgenössischen" Figuren zu unterscheiden. Typisch für archaistische Darstellung von Figuren ist eine manierierte Wiedergabe von Frisur und Kleidung, wobei die spitzen, schwalbenschwanzartigen und unnatürlich ausschwingenden Gewand-enden auffällig sind. Daneben gibt es oft auch „anachronistische" antiquarische Details: Archaistische Mädchenfiguren (Koren) etwa tragen anstelle des ionischen Schrägmäntelchens (s. u.) einen langen Schrägmantel mit Überfall, eine vom klassischen Peplos, einem langen Wollgewand, abgeleitete Tracht, die in der archaischen Zeit nicht existierte. Daher lassen sich archaistische Darstellungen meist leicht von archaischen unterscheiden.

Archaistische Götterbilder

In Athen wurde die archaistische Darstellungsweise vor allem für die Stadtgöttin Athena als Vorkämpferin (Promachos) mit Schild und erhobener Lanze beliebt, wie sie auf den oben erwähnten Panathenäischen Preisamphoren auftritt. Dieses „Palladion" (urspr. das vom Himmel gefallene Kultbild der Pallas Athena) ist auch ein politisch-programmatisches Symbol für die Vormachtstellung Athens und erscheint später auch auf Münzen der pergamenischen und ptolemäischen Könige. Insgesamt war archaistischer Stil vor allem für einige bestimmte Götterbilder beliebt (Brahms 1994, 273–278), so etwa bei den Hermen, wo der Kopf des Gottes Hermes, der auf einem rechteckigen Pfeiler mit Inschrift sitzt, mit Buckellocken, langen Haaren und langem Bart versehen ist. Solche Hermen waren Beschützer von Wegen und Toren (daher der Beiname Propylaios). Ähnlich wird auch die dreigestaltige Unterweltsgöttin Hekate archaistisch dargestellt, die ebenfalls für Wege und Tore eine apotropäische (unheilabwehrende) Funktion hat, aber auch Göttin unheimlicher Orte ist. Vor den Tempeln von chthonischen (Unterwelts-)Göttern standen seit dem 4. Jahrhundert v. Chr. gerne archaistische Beckenträgerinnnen für die kultische Reinigung.

Archaismus in der Architektur

Es gibt aber auch in der Architektur keine stetige, ungebrochene Entwicklung (Knell 1993). So hat zum Beispiel der Apollontempel in Bassai vom letzten Viertel des 5. Jahrhunderts v. Chr. eine ungewöhnlich schmale Cella und weist 6 × 15 Säulen der Ringhalle (im Gegensatz zu den zu dieser Zeit üblichen 6 × 13) auf. Diese archaische Ringhallendisposition, die seit dem Zeustempel von Olympia (s. u. S. 125) (Baubeginn 472 v. Chr.) nicht mehr gebräuchlich ist, wiederholt den Grundriss des archaischen Apollontempels in Dephi um 1/3 verkleinert. Auch der Niketempel auf der Athener Akropolis zeigt altertümliche Elemente, die sich mit seiner langwierigen und von politischen Rivalitäten beeinflussten Baugeschichte erklären lassen (s. u. S. 129). Beim Wiederaufbau des Artemistempels nach dem Brand von 356 v. Chr. wurden Erinnerungen an den archaischen Kroisostempel (s. u. S. 88) zitiert; der Tempel der 2. Hälfte des 4. Jahrhunderts v. Chr. war trotz zeitgenössischer Elemente ein archaischer Riesendipteros. Wie in der Plastik treten auch in der Architektur Archaismen nur bei sakralen Monumenten auf. Gerade an wichtigen Kultstätten ist Archaismus seit spätklassischer Zeit (400–325 v. Chr.) ein wichtiges Element der Architektur, was wohl damit zusammenhängt, dass in einer labil gewordenen Gesellschaft, wo Götter und Mythen zunehmend rationalisiert wurden, vermehrt in einer verklärten Vergangenheit, wo Götter und Kulte noch unbestritten waren, Halt gesucht wurde (Knell 1993, 17f.).

Klassizismus, der Rückgriff auf den Stil der Klassik, war im Hellenismus eine von vielen stilistischen und ästhetischen Wahlmöglichkeiten. Der römische Kaiser Augustus (reg. 27 v.–14 n. Chr.) traf aber eine bewusste und programmatische Entscheidung im Zusammenhang mit seinem umfassenden „Erneuerungsprogramm": Der künstlerische Klassizismus wurde sozusagen „Staatsdoktrin". Bereits der junge Octavian hatte im Bürgerkrieg ganz auf altrömische Tugenden und traditionelle Werte gesetzt und sich damit gegen seinen Gegner Marc Anton profiliert, dem er vorhielt, sich im Osten fremdländischer Unmoral hinzugeben, da er ägyptische Sitten übernehme, das üppige, alexandrinische Wohlleben (*tryphe*) pflege und dem Dionysos huldige.

<small>Augusteischer Klassizismus</small>

Je mehr sich Octavian dagegen abgrenzen und das Verhalten und die Lebensweise seines Gegners als ganz und gar „unrömisch" brandmarken konnte, desto mehr vermochte er auch die Stimmung des Volkes gegen Marc Anton zu beeinflussen und die Menschen davon zu überzeugen, dass es sich bei der Auseinandersetzung nicht wirklich um einen Bürgerkrieg handle, da Marc Anton kein richtiger Römer mehr sei.

Nach Octavians Sieg bei Actium 31 v. Chr. und der Festigung der Macht des Kaisers Augustus drei Jahre später lässt sich ein geradezu abrupter Wechsel der künstlerischen Bildsprache und des Stils erkennen (zum folgenden Zanker 1987, 240–263). So wurden zum Beispiel die typischen nackten Ehrenstatuen in üppigem hellenistischem Stil, mit denen sich Feldherrn und Politiker der späten Republik gerne feiern ließen, durch Togaträger ersetzt. Die Statuen siegreicher Feldherrn – und das waren vor allem Angehörige des Kaiserhauses – zeigen oft einen nackten, ganz nach dem Vorbild einer Statue des Polyklet oder Phidias (s. o.) gearbeiteten Oberkörper und einen klassisch drapierten Hüftmantel. Auffällig ist der Wandel beim Porträt des Herrschers: Ein Bild des Octavian aus den ersten Jahren seines politischen Wirkens (um 30 v. Chr.; s. Zanker 1987, 50–52 mit Abb. 33) zeigt einen jungen Mann mit knochigen Gesichtszügen, kleinen Augen und unruhigem Ausdruck, die heftige Kopfwendung verstärkt noch die auftrumpfende Art. Womöglich überliefert dieses Bild noch etwas vom wirklichen Aussehen des machthungrigen und ehrgeizigen Politikers, im Gegensatz zu dem wahrscheinlich aus Anlasss der Verleihung des Namens Augustus 27 v. Chr. neu geschaffenen Porträt, das völlig stilisiert und ganz nach klassischen Vorbildern, insbesondere dem Kopf des Doryphoros des Polyklet, geschaffen wurde. Haltung und Ausdruck sind ruhig-würdevoll, zeitlos und distanziert, die Bewegung und nervöse Erregung des Jugendbildnisses sind verschwunden. Die Haare sind bis in die kleinsten Einzelheiten nach dem Vorbild des polykletischen Doryphoros in Lockenzangen und -gabeln in der Stirn geordnet. Das Gesicht des Kaisers, in dem sich Züge seiner „wirklichen" Physiognomie mit klassischen Formen mischen, erscheint in alterstoser Schönheit.

Auch für Gebäude werden Elemente griechischer Vorbilder übernommen (s. u. S. 165 zur *Ara Pacis*); Tempel, insbesondere der Tempel von Augustus' persönlichem Schutzgott Apollo auf dem Palatin, wurden gern mit archaischen und klassischen griechischen Originalen ausgestattet. In sakralen Zusammenhängen, bisweilen für Kultbilder, wurden auch gern archaistische Formen verwendet. Dieser augusteische Klassizismus und Archaismus ist Träger eines moralischen Anspruchs; der Stil ist die Botschaft der moralischen, sittlichen, religiösen, kulturellen Erneuerung des römischen Volkes, die Augustus propagierte. Dieser bewusst und programmatisch erschaffene Stil sollte sozusagen das Beste aus beiden Welten vereinen: Die griechische Ästhetik klassischer Zeit mit römischer *virtus*.

4. „Massenproduktion"

Der Titel dieses Unterkapitels steht in Anführungszeichen, weil in der antiken, vorindustriellen und nicht-mechanisierten Welt Massenproduktion im heutigen Sinne natürlich nicht stattfinden konnte; er wurde gewählt, um die Produktion von Werken zu charakterisieren, die in großer Zahl, in Werkstätten mit vielleicht mehreren Dutzend Sklaven, hergestellt wurden, oft für den Export (von Athen aus zum Beispiel nach Etrurien oder in die sizilischen Kolonien, später von Italien aus in die römischen Provinzen). Diese Art der Herstellung ist es auch, die die oben vorgenommene Trennung in Kunstwerke und Gebrauchsgegenstände nicht immer anwendbar macht, und die den Vasenforscher M. Robertson (1988, 18–20) zu der Frage veranlasste, ob griechische Vasen überhaupt als „Kunst" zu betrachten seien: Ein Wandgemälde oder eine Statue existierte als autonomes Kunstwerk; eine Vase hingegen diente fast immer einem praktischen Zweck, etwa als Trinkgefäß, zum Mischen oder Aufbewahren fester oder flüssiger Stoffe, oder um Öl oder Wein als Trankopfer daraus zu gießen. Dazu konnte eine Vase auch undekoriert bleiben oder mit einigen Figuren und Versatzstücken eines traditionellen Repertoires als schneller, einfacher und konventioneller Art der Dekoration bemalt werden. Tatsächlich sind viele griechische Vasen von mittelmäßiger Qualität; ihre Maler erhoben keinen Anspruch auf Sorgfalt oder Originalität. Was heute vielleicht als Problem erscheint, wurde in der Antike aber anders wahrgenommen: Sowohl im Griechischen wie im Lateinischen ist die Bezeichnung für „Kunst" und „Handwerk" dieselbe: *ars* (lat.), *techne* (griech.). Die auf diesen Gebieten tätigen Leute waren solche, die mit ihren Händen arbeiteten. Ein ausgesprochen niedriger Sozialstatus der Technitai ist daraus aber nicht abzuleiten, wie dies lange getan wurde (oft noch heute). Entsprechende literarische Zeugnisse können nicht zum Nennwert genommen werden: Es waren vor allem die betont aristokratisch eingestellten Schriftsteller wie Platon (427–347 v. Chr.), Xenophon (um 426–nach 355 v. Chr.) und Aristoteles (384–322 v. Chr.), die die aristokratische Gegenüberstellung von geistig-schöpferischer und handwerklich-technischer Sphäre besonders pointiert formulierten und den bildenden Künstler zum niederen Banausen stempelten. In derselben Zeit entstanden aber auch Künstleranekdoten, die einen

Marginalien:
Zweckgebundenheit der griechischen Vasen

Sozialstatus antiker Künstler

beginnenden Geniekult illustrieren. Die soziale Realität dürfte zwischen diesen Extremen gelegen haben. Die materielle Situation von Künstlern war wohl sehr unterschiedlich, je nachdem, ob sie eben Massenware oder Einzelstücke für öffentliche Anlagen oder prominente Auftraggeber produzierten. Eine zunehmende Prosperität der Töpfer und Vasenmaler seit dem 6. Jahrhundert v. Chr. ist aber bekannt, und aus den Abrechnungsurkunden für das Erechtheion auf der Athener Akropolis (s. u. S. 128) lässt sich ersehen, dass auch der geringste Lohn für den Unterhalt eines Handwerkers und seiner Familie ausreichte. Zahlreiche Weihgeschenke von Künstlern auf der Akropolis bestätigen ebenfalls, dass es sich nicht um Angehörige einer sozial deklassierten Unterschicht handelte. Was es in der Antike nicht gab, war die Idee von „l'art pour l'art"; da wir heutzutage das Schöpferische, die originale Idee, höher bewerten als deren technische Ausführung, befremdet am umfassenden Begriff der *technai* gerade dies, dass er keinen qualitativen, moralischen Unterschied zwischen dem Entwerfer eines Kapitells und dem, der es ausführte, zwischen dem Schöpfer einer Tragödie und dem Erbauer einer Belagerungsmaschine macht. Hoch spezialisierte Fähigkeiten – egal, ob künstlerische oder handwerkliche – wurden in jedem Fall auch in der Antike anerkannt. So sind denn auch mehrere der qualitätvollen Maler und Töpfer aus Athen mit Namen bekannt, weil sie ihre Vasen mit Namen und Angabe ihrer Tätigkeit signierten (*egrapsen*: hat die Linien gezogen, das heißt hat gemalt bzw. *epoiesen*: hat gemacht, das heißt hat getöpfert); die besten unter ihnen waren sich ihres Könnens sicher bewusst, stolz auf ihre Arbeit und rivalisierten öffentlich miteinander, etwa durch herausfordernde Inschriften auf ihren Vasen: „Wie noch niemals Euphronios" [sc. es zustande gebracht hat] rühmt sich am Ende der archaischen Zeit der Maler Euthymides auf einem seiner Gefäße. Doch auch die besten Vasenmaler dekorierten zahlreiche Gefäße nachlässiger und mechanischer, und auch sie produzierten für einen Markt. Die meisten in diesem Metier Beschäftigten fertigten wohl einfach Töpfe an und dekorierten sie in traditioneller Weise, ohne weitergehende Ambitionen. Massenware, das heißt in großer Anzahl produzierte, weniger qualitätvolle Produkte, sind erheblich schwieriger zu datieren als sorgfältig gearbeitete Stücke, denn sie zeigen kaum charakteristische Einzelheiten. Sie bieten daher auch weniger Vergleichsmöglichkeiten, etwa mit fest datierten Werken anderer Gattungen wie Reliefs oder Bauplastik, die in der Wiedergabe einzelner Züge wie zum Beispiel Gewandfalten oft Gemeinsamkeiten mit der zeitgenössischen Vasenmalerei aufweisen (s. u. S. 96).

<small>Künstlersignaturen</small>

Ein ähnliches Phänomen von Produktion in größerem Umfang für die Bedürfnisse eines Marktes ist auch bei griechischen Grabstelen und römischen Sarkophagen zu sehen: Der oben erwähnte Typus klassischer griechischer Grabstelen ist sehr einheitlich, so dass oft erst aus der erläuternden Grabinschrift zu erkennen ist, welche der dargestellten, einander gegenübersitzenden und -stehenden Personen die verstorbene ist. So konnte zumindest die ganze Stelenarchitektur schon vorbereitet werden, und bei der Bestellung eines Kunden musste nur noch das eigentliche Bildfeld ausgearbeitet und eine entsprechende Inschrift angebracht werden (Schmaltz 1983, 136f.). Bescheidenere Grabmäler wie etwa marmorne Grabvasen, konnten in großer Anzahl auf Vorrat produziert werden, wobei

<small>Produktion auf Vorrat</small>

ein Rechteck für das kleine Bildfeld rau belassen wurde, das dann bei Bedarf rasch in flachem Relief gemeißelt werden konnte.

Mehrfach kann bei Grabreliefs festgestellt werden, dass Namen oder sogar ganze Inschriften weggemeißelt (radiert) und durch neue ersetzt wurden. An aufwendigen Grabstelen wurden solche Rasuren sorgfältiger ausgeführt als an den kleineren, handwerklicher gearbeiteten und sind daher entsprechend schwieriger zu erkennen. Auch ganze Figuren wurden umgearbeitet, wenn eine Grabstele später ein zweites Mal verwendet wurde und die Darstellung des Reliefs der Situation des Verstorbenen nicht mehr angemessen erschien. So lässt sich zum Beispiel auf einem Relief deutlich erkennen, dass die typische Figur einer Dienerin mit einem Wickelkind in den Armen, die vor ihrer sitzenden, (vielleicht im Kindbett) verstorbenen Herrin steht, später zu einem jungen Mann umgearbeitet wurde, indem Haare und Brust weggemeißelt und das Baby zu einem nicht näher bestimmbaren Gegenstand gemacht wurde. Auch Grabreliefs waren eben „Gegenstände des täglichen Lebens", und gerade die großformatigen Marmorstelen waren wohl auch nicht billig, so dass man in pragmatischer Weise möglichst ökonomisch mit ihnen umging und sie, wenn nötig, auch reparierte oder eben für neue Verhältnisse umarbeitete (Schmaltz 1983, 11–114).

Umarbeitungen

Bei der überwiegenden Menge römischer Sarkophage kann nicht bestimmt werden, ob sie auf Bestellung eines bestimmten Kunden oder auf Vorrat gearbeitet wurden. Es gibt aber doch zahlreiche Stücke, bei denen die Köpfe der im Relief dargestellten Figuren unbearbeitet (bossiert) gelassen wurden; sie konnten bei Bedarf auf Wunsch eines Kunden zu einem oder mehreren Porträts (des Verstorbenen und seiner Angehörigen) ausgearbeitet werden. An mehreren Sarkophagen lässt sich auch durch rau gebliebene Zonen um die Köpfe oder Absätze an Schultern oder Hals deutlich erkennen, dass die Porträtköpfe erst nachträglich angebracht wurden. Auch Sarkophage konnten zu einem späteren Zeitpunkt wieder verwendet werden; erkennen kann man einen solchen Fall etwa an einem ungewöhnlich tief liegenden Tondo mit einer Inschrift, was vermuten lässt, dass sich in dem Medaillon ursprünglich das inzwischen weg gemeißelte Porträt des Verstorbenen befunden hatte. Noch deutlicher ist die Zweitverwendung zu erkennen in dem recht häufig vorkommenden Fall, dass sich der Porträtkopf eines Jungen oder Mannes auf einem Körper in eindeutig weiblicher Kleidung befindet.

5. Darstellungen und Reflexe historischer Ereignisse in der Kunst

Viele historische Ereignisse, besonders natürlich Kriege, Siege und Taten von Herrschern, werden in Kunstwerken verewigt. Ist dieser Bezug durch literarische Überlieferung oder etwa eine Inschrift auf dem Monument selbst gesichert, so liefert das Geschehen eine Datierung (s. u. S. 122 und 169). Schwieriger zu bewerten sind „symbolische" Umsetzungen, wie etwa eine Übertragung in die Sprache des Mythos (s. u.). Wie weit darf man bestimmte mythologische Darstellungen als Metapher für ein bestimmtes Geschehen interpretieren und damit chronologisch „um" bzw.

„bald nach" dem Ereignis einordnen? Einige Beispiel sollen zur Illustration solcher Probleme angeführt werden:

a) Mythen als Metaphern historischer Ereignisse

Nach den Perserkriegen wurde auf attischen Vasen die Darstellung des Nordwindes Boreas, der die athenische Königstochter Oreithyia beim Spielen am Ufer des Ilissos überraschte und sie in seine Heimat Thrakien entführt, plötzlich sehr populär, was überzeugend mit der Dankbarkeit der Athener für den Gott erklärt wurde, der ihnen im Krieg beigestanden und einen großen Teil der persischen Flotte bei Artemision in einem Sturm zerstört hatte. Damit lässt sich zum Beispiel eine rotfigurige Vase des „Berlin-Malers" mit der Darstellung dieses Themas bald nach 480 v. Chr. datieren, und seine anderen Werke können nach stilistischen Kriterien im Vergleich mit diesem recht sicher datierten Stück früher oder später eingeordnet werden (Robertson 1988, 14).   *Boreas und Oreithyia*

Problematischer ist aber die Interpretation mehrerer großartiger Vasenbilder der Iliupersis, das heißt des Falles von Troja, die ebenfalls ungefähr zu dieser Zeit entstanden. Es wurde oft angenommen, die Künstler würden damit das Trauma der Zerstörung Athens durch die Perser (s. u. S. 101) reflektieren. Aber bereits der Fall von Milet 494 v. Chr. hatte einen tiefen Eindruck auf die Athener gemacht, und sicher mindestens ebenso sehr die Zerstörung Eretrias auf der Insel Euböa, wo die Perser 490 v. Chr. zuerst ihren Fuß auf griechischen Boden setzten. Und wäre es nicht vielleicht ohnehin näher liegend (Robertson 1988, 15), solche Bilder der Iliupersis als triumphale Anspielung auf die Brandschatzung des persischen Sardeis 499 v. Chr. durch ionische Griechen, Eretrier und Athener zu verstehen? Diese Interpretation würde jedenfalls die bessere Parallele zu der Zerstörung des kleinasiatischen Troja durch eine Koalition von Griechen liefern.   *Iliupersis*

Blieb unmittelbar nach dem Sieg über die Perser das patriotische Pathos in Athen recht gemäßigt – man denke etwa an die respektvolle Darstellung der Perser bei Aischylos und Herodot –, so wurde der griechische Sieg vor allem vier, fünf Jahrzehnte später, im Zusammenhang mit der Seebundpolitik der Athener, propagandistisch ausgeschlachtet. Der persische Großkönig wurde zum gleichzeitig verweichlichten und grausamen Tyrannen, seine Untertanen, die Demokratie und Freiheit nicht kannten, zu Sklaven von Natur aus. Wollte man Kampf und Sieg gegen diesen „Erbfeind" künstlerisch verklären und in eine mythologisch-zeitlose Sphäre erheben, so boten sich rohe, unzivilisierte, unkultivierte Gestalten des Mythos an, die im Kampf mit der gerechten Sache kläglich unterlagen: Die Giganten sind ein wildes Geschlecht erdgeborener Riesen, deren Körper in zwei schuppige Schlangen auslaufen und die mit Felsblöcken, Baumstämmen und Keulen bewaffnet sind. Mit ihren Kräften können sie sogar Berge aufeinandertürmen, dennoch werden sie von den Olympiern, unter denen sich besonders Athene und Apollon auszeichnen, unter Führung des Zeus und mithilfe des sterblichen Herakles besiegt. Das Thema ist auf den Parthenon-Ostmetopen dargestellt (s. u. S. 128); etwa 300 Jahre später war es auf dem gewaltigen Fries des Pergamon-Altars (s. u. S. 154f.) wiederum Symbol für   *Giganten, Kentauren und Amazonen* den Kampf und Sieg über die Barbaren. Unter den halbtierischen Kentauren gibt es zwar einige edle, weise Vertreter, insgesamt sind sie aber überwiegend dem Trunk ergebene Wilde, die sich während der Hochzeit des thessalischen Lapithenkönigs an der Braut vergreifen und das Fest in einen Kampf verwandeln, was unter anderem auf den oben erwähnten Südmetopen des Parthenon dargestellt ist.

Geradezu als Verkörperung der barbarischen, verkehrten Welt, in der alle Werte, Sitten und Normen der griechischen Zivilisation auf den Kopf gestellt sind, können die Amazonen gelten. In ihrem Weiberstaat sind Männer nur zur Erhaltung des Geschlechts geduldet, Politik und Kriegsführung liegen in der Hand der Frauen. In der Begegnung mit diversen griechischen Nationalhelden unterliegen sie allerdings immer: Bellerophon zieht gegen sie zu Felde, Herakles erkämpft sich den Gürtel der Amazonenkönigin Hippolyte; die Amazonenkönigin Penthesilea, die mit ihrem Heer dem bedrängten trojanischen König Priamos zu Hilfe gekommen ist, fällt von Achills Hand. Theseus raubt die Amazonenkönigin Antiope und schlägt im Kampf ihre auf einem Rachefeldzug bis zum Athener Areopag vorgedrungenen Kriegerinnen. Die Amazonomachie war auf dem Schild der Athena Parthenos im Parthenon dargestellt.

Dennoch muss man mit „symbolischen" Interpretationen äußerst vorsichtig sein und kann solche Kampfdarstellungen nicht einfach als Metapher für die Perserkriege oder den chronologisch nächstliegenden Kampf gegen „Barbaren" interpretieren – sonst müsste man einige Monumente großzügig umdatieren, was übrigens in einem Fall auch versucht wurde (s. u. S. 110 zur Francis-Vickers-Chronologie). Gerade die Gigantomachie ist ein sehr alter Mythos, dessen Darstellung natürlich längst vor den Perserkriegen beliebt war. Sie stellte einfach die Überzeugung vom gerechten Sieg der von Ordnung und Gesetz beherrschten Welt der Olympier über das urzeitliche Chaos dar, so zum Beispiel auf dem Nordfries des Siphnierschatzhauses (525 v. Chr.) in Delphi. Auch eine Amazonendarstellung muss nicht von einem Sieg über orientalische Barbaren inspiriert sein – die Darstellung einer kämpfenden, verwundeten oder besiegten Amazone bietet die Möglichkeit, einen attraktiven Frauenkörper in ungewöhnlichen Positionen zu zeigen.

Im Allgemeinen lässt sich also schließen, dass man zuerst auf anderen Wegen zur sicheren Datierung eines Kunstwerkes gelangen muss, um seine mythologische Darstellung mit einem historischen Ereignis verbinden zu können.

b) Theaterszenen auf Vasen

An den Großen Dionysien in Athen, einem mehrtägigen Fest zu Ehren des Weingottes Dionysos, fand der „tragische Agon" statt, ein Theaterwettbewerb, bei dem Dichter mit Komödien und so genannten tragischen Tetralogien, das heißt jeweils drei Tragödien und einem Satyrspiel, gegeneinander antraten. Zahlreiche attische Vasenbilder zeigen Darstellungen aus der Theaterwelt: Masken und Kostüme, auch Menschen in Tierkostümen, Flötenspieler, Requisiten und Bühnenmaschinen. Satyrspiele können erkannt werden an den Masken der Schauspieler, ihren Phallosschurzen und dem Auftreten von Satyrn in ungewohnter Umgebung. Aus Unteritalien stammt die Gattung der Phlyakenvasen, rotfigurigen Vasen , auf denen Phlyakenpossen mit Schauspielern in gepolsterten Kostümen mit riesigem, künstlichem Phallos und grotesken Masken dargestellt sind.

Phlyakenvasen

Von vielen attischen Tragödien und Komödien ist überliefert, wann sie zum ersten Mal aufgeführt wurden und welchen Preis sie im Wettbewerb erhielten. Kann man eine Vasendarstellung mit einem bekannten Theaterstück in Verbindung bringen, so hätte man zumindest einen *terminus post quem* für das Bild; wahrscheinlich ließe sich sogar vermuten, dass es unmittelbar nach der Aufführung gemalt wurde. Dieser glückliche Fall ist aber selten. Sind keine von den oben erwähnten, eindeutig mit dem Theater in Verbindung zu bringenden Elementen zu sehen, so ist es oft schwierig zu bestimmen, ob einfach ein populärer Mythos als Inspiration diente oder wirklich ein aktuelles Theaterstück. Die Diskussion, wieweit entsprechende Vasenmalerei von Tragödien abhängt, wird seit dem 19. Jahrhundert geführt, wobei abwechslungsweise eine mehr philologische oder eine mehr „autonom ikonologische" Interpretation vorherrscht (gute Zusammenfassung bei Taplin 1993, 21 f.).

Ein Fall, bei dem die Verbindung naheliegt, ist die Darstellung des Andromedamythos auf fünf in verschiedenen attischen Werkstätten entstandenen Vasen, auf denen die Fesselung Andromedas an hölzerne Pfähle zu sehen ist oder die bereits ausgesetzte Prinzessin, neben der ihr Vater Kepheus oder ihr Retter Perseus erscheinen können. Obwohl eindeutige Bühnenrequisiten fehlen, ist der Bezug auf ein aktuelles Stück kaum zu bezweifeln: Die Vasen entstanden wohl um die Mitte des 5. Jahrhunderts v. Chr., während in der archaischen und frühklassischen Kunst der Andromedamythos kaum eine Rolle spielte. Die Vasen unterscheiden sich aber stilistisch, in Komposition und Ikonographie der Einzelfiguren, so dass weder ein Musterstück einer Keramikwerkstatt noch ein großformatiges Wandgemälde als gemeinsames Vorbild in Frage kommen. Auf allen Bildern ist Andromeda aber an drei dünne Pfähle gefesselt, was nicht der literarischen Überlieferung des Mythos entspricht, wo sie, an einen Felsen am Strand gefesselt, auf das Meeresungeheuer warten muss. Offensichtlich handelt es sich bei den Pfählen um Bühnenrequisiten, denn auf dem Vasenbild hätte die Darstellung des Felsens ja keine Schwierigkeiten bereitet. Die Tragödie, die die Vasenmaler inspirierten, wird oft mit der fragmentarisch überlieferten Andromeda (um 450 v. Chr.; fr. 126–136 Radt) des Sophokles identifiziert (Krumeich 2002, 145 mit Abb. 174).

Andromedamythos

Zahlreiche Vasen zeigen mythologische oder offensichtlich mit dem Theater zu verbindende Szenen, die für heutige Betrachter oft teilweise unverständlich bleiben, bei dem antiken Käufer aber sofort entsprechende Assoziationen hervorrufen mussten. Taplin 1993, 27 kam zum Schluss, dass Hunderte von Vasen irgendwie mit Tragödie verbunden seien, „however hard it is to pin down the variable relationship". Das Publikum, für das sie produziert wurden, war jedenfalls wohl vertraut mit den Themen. Eine genaue chronologische Einordnung aufgrund dieser Verbindung ist aber nur möglich, wenn das entsprechende Theaterstück mit Sicherheit bestimmt werden kann.

6. Historische Ereignisse als Auslöser von Stilwandel und Stilentwicklung

Ein einschneidendes Ereignis kann auch einen stilistischen Wandel, das Aufkommen neuer Darstellungen und Formen auslösen oder beschleunigen. Auch hier kann es aber schwierig sein zu entscheiden, ob das Ereignis nur ein Auslöser oder wirklich die Ursache war. Auch Begegnungen von Siegern und Besiegten können Einfluss auf Stil und Geschmack beider Seiten haben. Hier sollen aus einer Fülle von Möglichkeiten nur zwei solche Begegnungen als Beispiele angeführt werden:

a) Griechen und Perser

Bekleidung der Koren

Ein Beispiel sind die beiden von Martini 1993 analysierten Leittypen des Frauenbildes der spätarchaischen und frühklassischen Epoche: Die archaischen Koren (Marmorstatuen junger Mädchen), die in großer Zahl im so genannten Perserschutt auf der Athener Akropolis gefunden wurden (s. u. S. 101), tragen reich gefältelte, verspielte, stoffreiche Kleidung, meist Chiton (ein dünnes Untergewand) und Schrägmäntelchen, an der noch Spuren einer Vielzahl von farbigen Mustern und Borten zu sehen sind. Die Kleidung betont die Körperformen der jugendlichen Frau mit hoch sitzenden Brüsten und ausladendem Gesäß. Etwa 20 Jahre später, um 470 v. Chr., dominiert bei den Frauenstatuen die so genannte Peplophoros, eine Darstellung, die eine radikale Abwendung von der erotischen jugendlichen Kore vollzogen hat: Jetzt werden die weiblichen Formen ganz unter dem schweren, geraden Wollgewand verborgen; die Konzeption der Figur ist symmetrisch und blockhaft, und im Gegensatz zu den Gewändern der Koren zeigt der Peplos kaum plastische Borten oder feine Ritzungen zur Vorzeichnung von Bemalung; auch die Farbigkeit war offensichtlich sehr zurückgenommen. Der stoffreiche Chiton mit Schrägmantel war die Tracht des ionischen Ostens, der ohnehin als Zentrum und Quelle des Luxus, als Lieferant von Parfum, kostbarem Schmuck und bunten bestickten Gewändern galt, wofür die persische Kultur als Vorbild gedient hatte. Im 6. Jahrhundert v. Chr. waren die Tyrannenhöfe Ioniens Mitelpunkt des geistigen und kulturellen Lebens. Im Kampf gegen den nationalen Feind Persien hatten sie sich aber nicht bewährt, manche der Potentaten hatten sogar zeitweise mit den Persern paktiert. Tracht und Luxus des Ostens, die an orientalisch-persische Lebensweise erinnerten, waren nach 480 v. Chr. nicht mehr gefragt; in Mode war nun das schlichte traditionelle Gewand der Göttin Athena, der dorische Peplos, mit dem sich der Führungsanspruch der Siegermacht Athens dokumentieren ließ. In Aischylos' 472 v. Chr. aufgeführten *Persern* berichtet die persische Königinmutter Atossa (Vv. 176–199) ihren Traum, in dem sich eine reich geschmückte Frau im Persergewand willig unter das Joch der Tyrannis beugt, während es die andere in dorischer Tracht zerbricht (Martini 1993, 78). Die Aussagekraft der Kleidung wird durch die statuarische Überlieferung bestätigt.

Auf der anderen Seite erhielt Griechenland auch vielfältige Anregungen aus dem „feindlichen" Perserreich, das schon wenige Jahrzehnte nach dem griechischen Sieg bald die einen, bald die anderen griechischen Stadtstaaten massiv mit persischem Gold unterstützte. Zu allen Zeiten gab es Handelskontakte, Griechen am persischen Hof, griechische Söldner in persischen Diensten. Vor allem die immense Perserbeute von Plataiai, wo die Zelte mit dem gesamten Mobiliar sowie unzählige Gefäße, Rüstungen und Schmuckstücke aus Edelmetall den Griechen in die Hände fielen, vermittelte der Kunst wahrscheinlich Impulse (Miller 1997). So wurde zum Beispiel sogar vermutet, die Form der Tholos, eines 465 v. Chr. errichteten Rundbaus von ca. 18 m Durchmesser auf der Athener Agora (Travlos 1971, 553–561), in dem die Prytanen speisten und die offiziellen Maße und Gewichte aufbewahrt wurden, könnte von einem persischen Zelt oder Sonnenschirm angeregt worden sein.

b) Griechen und Römer

Ein weiteres Beispiel ist das siegreiche Rom (s. auch oben S. 31), das allmählich Kunst und Kultur, Bildung und Geschmack des besiegten Griechenland übernahm, was der römische Dichter Horaz (65–8 v. Chr.) in *Epistula* (Brief) II 1, 156 f. in dem berühmten Ausspruch *Graecia capta ferum victorem cepit et artis / intulit agresti Latio* („das gefangene Griechenland fing den wilden Sieger und trug die Künste ins bäurische Latium") zusammenfasste (zu den Akkulturationsprozessen immer noch grundlegend Jukker 1950).

Ein einschneidendes Ereignis war dabei die Eroberung von Korinth; diese griechische Stadt war Zentrum des letzten Widerstandes gegen Rom gewesen, was sie mit der völligen Zerstörung durch Lucius Mummius 146 v. Chr. furchtbar büßen musste. Nach der Katastrophe Korinths wurde Rom von griechischen Kunstwerken überflutet, was noch Jahrhunderte später Wiederhall bei den römischen Schriftstellern fand (z. B. Plinius *Naturalis Historia* XXXIV 5–7): die „korinthischen Bronzen" wurden von einem wachsenden Kreis römischer Sammler, wenn auch nicht immer Kennern, sehr gesucht. Obwohl wir nicht im einzelnen darüber informiert sind, was alles nach Rom geschafft wurde, waren es mehr griechische Kunstwerke auf einmal als je zuvor. Strabon VIII 6, 23 p. 381 behauptet sogar, die größte Anzahl und die schönsten öffentlichen Monumente seien aus Korinth gekommen. Ebenso legendär war die mangelnde Kultur des Siegers: Dem boshaften Bericht des Velleius Paterculus (20/19 v. Chr.–nach 31 n. Chr.) zufolge (I 13,4) warnte Lucius Mummius die Leute, die den Transport nach Rom von Kunstwerken zu organisieren hatten, bei denen es sich um Meisterwerke der berühmtesten griechischen Künstler handelte, wenn sie eines der Gemälde oder eine der Statuen zerstörten, müssten sie das Werk durch ein neues ersetzen.

Römische Eroberung von Korinth

Julius Caesar gründete Korinth 44 v. Chr. neu als *Colonia Laus Iulia Corinthus* und besiedelte sie mit Freigelassenen und Veteranen. Korinth entwickelte sich schnell wieder zu einer glanzvollen Stadt und wurde Sitz des Statthalters der Provinz Achaia. Neben ihren sonstigen Tätigkeiten durchwühlten Caesars Kolonisten die Gräber der Stadt nach alten Ton- und Silbergefäßen, um sie in Rom zu verkaufen. In den 40er Jahren des 1. Jahrhunderts v. Chr. bestand in Rom eine wahre Hochkonjunktur dieser so genannten Nekrokorinthia, das heißt alter Becher und Vasen aus korinthischen Gräbern.

In Ciceros Anklagerede gegen Verres (70 v. Chr.), den raffgierigen Statthalter, der in der Provinz Sizilien alle Kuntwerke, die sich transportieren ließen, für seine Privatvilla gestohlen hatte, sind Bezeichnungen wie *perantiquum* oder *antiquissimum* (sehr alt) bereits Maßstäbe für den sehr hohen Wert eines Werks. In den gut hundert Jahren seit dem ungebildeten Eroberer von Korinth hatte der römische Kunstverstand einen weiten Weg zurückgelegt.

7. Originale und Kopien

Wurde aus diesen kurzen Andeutungen klar, dass Wertschätzung, Sachkenntnis und Sammeltätigkeit in Rom schnell zunahmen, so ist auch einleuchtend, dass der Vorrat an griechischen Originalen bald nicht mehr ausreiche, um die Nachfrage zu befriedigen. In der späten Republik und der frühen Kaiserzeit waren es hauptsächlich Angehörige der (griechisch) gebildeten, kultivierten Oberschicht, die ihre Villen mit Skulpturen berühmter griechischer Meister, und nicht zuletzt mit Porträts der als vorbildlich, „klassisch", empfundenen Dichter, Redner und Philosophen Athens ausstatteten. Ein solches Ambiente wurde bald unabdingbarer Bestandteil des *otium*, der gepflegten Muße, in der man sich nach den Amtsgeschäften der Literatur und Kunst widmete. Beginnend bereits unter Kaiser Augustus, aber vor allem dann im 2. Jahrhundert n. Chr., wurde außerdem im römischen Imperium eine enorme Bautätigkeit entfaltet, in deren Gefolge Kopien berühmter Statuen auf Plätzen und Foren, in Theatern und Brunnenanlagen und öffentlichen Gärten aufgestellt wurden, wo sie von der gesamten Bevölkerung der Stadt betrachtet werden konnten. Damit konnten die römischen Kaiser gewissermaßen für jeden sichtbar ihre Bildung demonstrieren.

Römische Idealplastik

Aufgrund dieser Bedürfnisse begann man, Kopien der klassischen und hellenistischen Originale herzustellen. Das Kopienwesen umfasste ein breites Spektrum; die Zeit dieser „römischen Idealplastik" dauerte vom 1. Jahrhundert v. Chr. bis ins 3. Jahrhundert n. Chr. Kopien sind formal getreue Nachbildungen der Originale, die aber oft in Maßstab, Material und Vollständigkeit nicht genau übereinstimmen. Beim Kopieren (Neudecker 1999, 727) wurden mit einem Greifzirkel einige Messpunkte von einem Gipsabguss des Originals auf den Stein übertragen. Gipsabgüsse großplastischer Werke sind aus dem süditalienischen Baiae (1. Jahrhundert n. Chr.) bekannt; an manchen, nicht völlig fertig gestellten Kopien, etwa bei Porträts, sind auch noch Überreste der Messpunkte zu sehen. Das Volumen wurde meist nicht eingemessen. Kopiert wurden fast nur Bronzeoriginale; die geringere Belastbarkeit des Materials Marmor führte notwendigerweise zu bestimmten Veränderungen: So mussten vorstehende Teile einer Statue mit Stützen versehen werden, Gliedmaßen erhielten größeres Volumen, freie Gewandpartien und bewegtes Haar konnten nicht übernommen werden. Am Original aus Bronzeblech eingesetzte Augenlider und Wimpern mussten entweder weggelassen oder an der Marmorkopie aus anderem Material angebracht werden. Da fast alle Originale, abgesehen von einigen spektakulären Funden wie zum Beispiel dem Wagenlenker von Delphi (s. u. S. 124) oder im Meer (Schiffswrack) konservierten Werken spätestens im Mittelalter eingeschmolzen und zu „nützlichen" Dingen verarbeitet wurden, sind klassische und hellenistische Bronzestatuen fast nur in römischen kaiserzeitlichen Kopien erhalten. Lange Zeit wurde die römische Idealplastik daher nur als Mittel zur Erforschung der zugrundeliegenden griechischen Originale betrachtet. Jede Kopie verrät durch zahlreiche Kleinigkeiten von Herstellung und Bearbeitung etwas von ihrer Entstehungszeit; so ermöglichen etwa tief unterschnitttete Gewandfalten, gebohrte Pupillen in den Augen und Bohrungen in den Haarlocken eine recht genaue Datierung der Kopie. Vergleicht man alle Kopien eines bestimmten Werkes und analysiert die zeitbedingten Eigenheiten der Kopie, so kann man dem Original nahe kommen beziehungsweise entscheiden, welche Kopie das Original am getreuesten wiedergibt. Die Kenntnis klassischer Originale durch Kopien ist natürlich nicht unproblematisch: Es ist sicher nur ein kleiner Ausschnitt der griechischen Kunstwerke überhaupt in dieser Weise erhalten, denn die Auswahl der Vorlagen war von römischem Geschmack und römischen Bedürfnissen bestimmt. Satyrn, Nymphen und kleine Eroten, um nur ein Beispiel zu nennen, passen besser in die Gartenanlage einer Villa als ein Siegesdenkmal. Auch der ursprüngliche Kontext der Aufstellung ist nicht mehr bekannt; wenn, um wiederum nur eine Möglichkeit zu erwähnen, eine ursprünglich freistehende und allansichtige Skulptur in römischer Zeit für einen architektonischen Kontext, etwa die Nische einer Bühnenwand, angefertigt wird, so bleibt die Rückseite entsprechend unbearbeitet. Es gab spezialisierte Kopistenwerkstätten, so dass die Qualität einer Kopie wohl in erster Linie vom Preis abhing, den der Käufer zu zahlen bereit war. Diese „Industrie" zog im 1. Jahrhundert v. Chr. zahlreiche griechische Bildhauer von Orten wie Athen, Rhodos und Delos nach Rom.

Kritik wurde aber zu Recht auch schon sehr früh an der Auffassung formuliert, dass der römischen Idealplastik jede künstlerische Eigenständigkeit abgehe (Zanker 1994, XV). Der Vergleich der Kopien eines bestimmten Werkes sagt nicht nur etwas über das Original aus, sondern ermöglicht auch das Herausarbeiten des Zeitgeschmacks, was wiederum etwas über Auftraggeber und Empfänger aussagen kann. So werden nicht zu allen Zeiten alle berühmten Vorbilder kopiert (vgl. auch oben A.II.3.b); verschiedene Zeiten empfinden verschiedene frühere Epochen als vorbildlich. In der Mitte der 1. Jahrhunderts v. Chr. ist in Rom das Interesse am strengen Stil und an der archaischen Zeit vorherrschend, was in augusteischer Zeit, auch in der Literatur, der Bevorzugung der Klassik Platz macht. Der strenge Stil (etwa 480–450 v. Chr.) wird in der Zeit der Kaiser Hadrian (reg. 117–138 n. Chr.) und Antoninus Pius (reg. 138–161 n. Chr.) wieder sehr beliebt; fast alle Kopien von Werken des strengen Stils oder der frühen Klassik stammen aus dieser Zeit. Polyklet hingegen wird während der ganzen Dauer des römischen Kopienwesens nachgeahmt, am meisten und mit minutiöser Genauigkeit bei der Wiedergabe von Details in augusteischer Zeit (Zanker 1974, 41 f. 68).

Ein charakteristischer Zug der römischen Idealplastik sind aber auch

Umbildungen Umbildungen, Neuschöpfungen im Stil früherer Werke und die Zusammensetzung ausgewählter Einzelformen verschiedener Vorbilder (Eklektizismus). Ein Beispiel dafür sind die bereits oben in A.II.3.b erwähnten Darstellungen von Angehörigen des Kaiserhauses als Feldherren, die das kaiserliche oder prinzliche Porträt mit einem polykletischen Körper verbinden. Je nach Dekorationszweck konnten von einem Original auch zwei spiegelbildliche Kopien angefertigt werden, oder es wurden Umbildungen für einen bestimmten Zweck vorgenommen, etwa weil die Skuptur als Brunnenfigur oder als Lampen- oder Tablettständer dienen sollte (Neudecker 1999, 727 f.). Ein typisch römischer Zug ist die Vorliebe, von ganzen Statuen berühmter Griechen nur die Köpfe zu kopieren und sie auf einen Hermenschaft mit Inschrift zu setzen (vgl. z. B. die hellenistischen Herrscher u. B.IX.3.a). In dieser Weise konnte man auch ein berühmtes „Paar" von Philosophen oder Schriftstellern (wie z. B. Herodot und Thukydides) gemeinsam als Doppelherme darstellen. Die Ausstattungen vornehmer Villen enthielten oft ganze derartige „Hermengalerien", mit denen der Besitzer seine literarischen und philosophischen Vorlieben darstellen konnte.

8. Die Einteilung der Stilentwicklung in Epochen

Griechenland:
Geometrische Zeit: 900–700 v. Chr.
– frühgeometrisch: 900–850 v. Chr.
– mittelgeometrisch: 850–760 v. Chr.
– spätgeometrisch: 760–700 v. Chr.
Archaische Epoche: 700–490/80 v. Chr.
– früharchaisch: 700–620 v. Chr.
– mittelarchaisch: 620–560 v. Chr.
– spätarchaisch: 560–490/80 v. Chr.
Klassische Epoche: 490/80–330/20 v. Chr.
– Strenger Stil: 490/80–450 v. Chr.
– Hochklassik: 450–430 v. Chr.
– Reicher Stil: 430–400 v. Chr.
– Spätklassik: 400–330/20 v. Chr.
Hellenistische Epoche: 330/20–30 v. Chr.
– frühhellenistisch: 330/20–230 v. Chr.
– hochhellenistisch: 230–150 v. Chr.
– späthellenistisch: 150–30 v. Chr.

Rom:
Früheisenzeit: 1000–620 v. Chr.
Archaische Zeit: 620–509 v. Chr.
Republikanische Zeit: 509–31 v. Chr.
– frührepublikanisch: 509–367 v. Chr.
– mittelrepublikanisch: 367–202 v. Chr.
– spätrepublikanisch: 202–31 v. Chr.
– Frühe Kaiserzeit: 31 v. Chr.–68 n. Chr.
Mittlere Kaiserzeit: 69–192 n. Chr.
Späte Kaiserzeit: 193–306 n. Chr.
Spätantike: ab 306 n. Chr.

(Nach T. Hölscher, Klassische Archäologie. Grundwissen, Darmstadt 2002, 34 f. 40 f.)

Diese Einteilung in Epochen ist im Grunde willkürlich (wie schon aus den „runden" Zahlen der Einteilung der griechischen Kultur zu sehen) und dient vor allem der besseren Übersichtlichkeit. Man muss sich der Tatsache bewusst bleiben, dass es sich dabei um moderne Konventionen handelt; die in diesen „Epochen" lebenden Menschen dachten natürlich nicht, dass sie in der „Klassik" oder im „Hellenismus" lebten. Die Übertragung eines solchen Begriffs von einem künstlerischen Stil auf die Zeit, in der dieser entstand, setzt eine Parallelisierung der verschiedenen gleichzeitigen damaligen Erscheinungen in Kunst, Literatur, Politik und Wirtschaft voraus. Ungelöst ist vor allem das Problem der Epochengrenzen, der Frage nach Anfang und Ende der einzelnen Abschnitte. Einige kurze Anmerkungen zu den einzelnen Epochen mögen auch zeigen, wie stark deren Bewertung von der Zeit, die sie betrachtet, abhängt (Überblick mit weiterführender Literatur bei Bäbler 1999):

Der Begriff „Archaik" wurde in der Archäologie geprägt; ob es eine echte geschichtliche Epoche gibt, die mit der Phase der bildenden Kunst parallel läuft, bleibt problematisch. Wie schon erwähnt, kannte Winckelmann kaum Kunstwerke dieser Zeit; erst die Ausgrabungen auf der Athener Akropolis im 19. Jahrhundert und die 1811 in den eigens dafür eingerichteten Äginetensaal der Münchner Glyptothek gebrachten Giebelskulpturen des Aphaiatempels von der Insel Ägina vermittelten ein Bild der frühen griechischen Kunst. 1853 verwendete J. Overbeck zum ersten Mal den Terminus archaisch, aber sein abwertendes Urteil über Skulpturen dieser Zeit blieb noch über zwei Jahrzehnte lang verbindlich. H. Brunn, seit 1865 Professor in München, verfasste 1872/3 eine Gesamtdarstellung archaischer Plastik und Baukunst (1897 aus dem Nachlass herausgegeben), die zum ersten Mal die archaische Zeit als Epoche eigenen Rechts begriff und nicht nur als Vorläufer der Klassik. Der Kulturpessimismus des ausgehenden 19. und beginnenden 20. Jahrhunderts bewirkte eine völlige Neubewertung der Archaik, die man nun als ursprünglich, vital und kraftvoll empfand. Später erfolgte eine erneute Umbewertung, bei der vor allem die Trennlinie von archaisch und klassisch in Frage gestellt wurde.   *Archaik*

Chronologisch wird die Epoche der Klassik als Höhepunkt und Übergang zwischen der archaischen Polis und der bürgerlichen Gesellschaft der hellenistischen Monarchien verstanden. Bei Winckelmann spielten Freiheit und Demokratie des perikleischen Zeitalters eine zentrale Rolle in der Entwicklung dieser Blütezeit, doch die griechische Klassik wurde zunehmend losgelöst von diesen historischen Voraussetzungen als Ideal empfunden und der Begriff auch als Werturteil benutzt. Wirkliche Versuche, Wesen und Inhalt der Klassik zu definieren, erfolgten erst in den ersten 30 Jahren des 20. Jahrhunderts und dann wieder in der jüngsten Forschung.   *Klassik*

Der Begriff „Hellenismus" wurde zuerst 1833 von G. Droysen im Sinne einer Verschmelzung griechischer und orientalischer Kultur durch die Politik Alexanders des Großen verwendet, von wo aus er in die Archäologie übernommen wurde. Lange Zeit fehlt der Archäologie aber die Materialbasis für die Kenntnis dieser Epoche, was nicht zuletzt mit dem vernichtenden Urteil Plinius' des Älteren (*Naturalis Historia* XXXIV 51 f.) zusammenhing, der diese Epoche kurzerhand aus der Kunstgeschichte gestrichen hatte mit dem Verdikt, die Kunst habe 295 v. Chr. aufgehört (*cessavit*) und sei erst 156 v. Chr wiedererstanden (*revixit*). Kunstwerke wie der Laokoon waren in Rom zwar seit langer Zeit bekannt, wurden aber seit Winckel-   *Hellenismus* mann einfach der Epoche des „Verfalls" zugeordnet. Fast schlagartig mit Inhalt gefüllt wurde der Begriff des Hellenismus duch den sensationellen Fund des Pergamonaltars 1878–80 (s. u. S. 154), von dem der Ausgräber C. Humann zu Recht urteilte, dass er den Fund einer ganzen Kunstepoche darstelle. Die ersten Reaktionen aber in der noch ganz klassizistisch geprägten Forschung des 19. Jahrhunderts waren negativ: Die Altarreliefs riefen Kommentare wie „Materialismus" (Brunn), „aufdringliches Haschen nach Effekt" (Conze), „wüste Ausschreitungen der hellenistischen Kunst" (Furtwängler) hervor. Es dauerte bis in die 20er Jahre des 20. Jahrhunderts, bis man begann, die Kunstwerke aus sich selbst und ihren Entstehungsbedingungen heraus zu erklären und in ihrer Eigenart zu würdigen. 1890–1910 waren in mehreren Bänden die *Altertümer von Pergamon* vorgelegt worden, was eine wirkliche Erforschung der hellenistischen Kunst ermöglichte. Mehr als in anderen Zeiten sind aber im Hellenismus die Begrenzungen der Epoche umstritten (s. auch unten S. 140). Konventionelle Daten sind der Tod Alexanders 323 v. Chr. bzw. die Schlacht von Actium 31 v. Chr., aber der durch diese historischen Daten geschaffene Rahmen lässt sich mit dem kulturellen Inhalt nicht wirklich in Übereinstimmung bringen; bisweilen wird sogar in den gleichen Büchern zwar Alexanders Tod als „Zeitmarke" bezeichnet, aber gleichzeitig nach stilistischen Kriterien andere Epochengrenzen gezogen. Hier wie auch zu andern Zeiten gibt es keine scharfen Begrenzungen, die sich in allen Bereichen und an allen Orten gleichzeitig manifestieren.

Römische Zeit und Spätantike

Die Schlacht von Actium löste das letzte hellenistische Großreich auf, weshalb man meist zu diesem Zeitpunkt die Kunst der römischen Kaiserzeit beginnen lässt. Seit Augustus wird auch von Reichskunst gesprochen; was aber genau das spezifisch „Römische" an dieser Kunst ist, die ja oft von griechischen Künstlern geschaffen wurde, fand in der Forschung unterschiedliche Antworten. Der Inhalt der Bezeichnung „römisch" blieb immer viel unbestimmter als etwa „ägyptisch" oder „griechisch" (dazu sehr lesenswert Brendel 1990).

Der Begriff der Spätantike ist ursprünglich ein archäologisch-kunsthistorischer und wurde später von der Geschichte übernommen. Auch hier sah man im Gefolge Winckelmanns in der Zeit Konstantins des Großen und des Frühmittelalters zunächst nur den Verfall der Antike. Ende des 19. Jahrhunderts wurde diese Wertung mit A. Riegls Begriff des „Kunstwollens" relativiert, womit eine bewusste, stilbildende Bestrebung gemeint ist, auf der auch Stilwandel beruht. Eine gewandelte Einstellung zur Realität zeigt sich in einer anderen Sichtweise; in der Kunst der Spätantike ist nicht ein Niedergang zu sehen, sondern ein neues Konzept der Einzelformen und des Raums. Umstritten ist, wann der Wandel von der Kaiserzeit zur Spätantike stattfindet: Einige Forscher sehen eine Kontinuität der Antike bis zum byzantinischen Bildersturm im 8. Jahrhundert n. Chr., für andere beginnt die Spätantike schon in severischer Zeit und endet die Antike überhaupt mit der Konversion Konstantins zum Christentum. Meistens wird heute der Beginn der Spätantike in die Zeit der diocletianischen Tetrarchie (s. u. S. 182) gelegt, der als Vorstufe die Reichskrise unter den Soldatenkaisern voranging.

Auch für die Frage, wann die Antike endet und das Mittelalter beginnt, gibt es verschiedene Lösungsvorschläge: Mit dem Eindringen der Langobarden in Italien (568 n.Chr.), dem in Byzanz der fast gleichzeitige Tod Kaiser Justinians (565 n.Chr.) entspricht, dem Eindringen der Araber in den Mittelmeerraum (Mitte 7. Jahrhundert n.Chr.) oder dem schon erwähnten byzantinischen Bildersturm des 8. Jahrhunderts n.Chr.

In den folgenden Kapiteln wird versucht, Möglichkeiten und Grenzen der Verknüpfung dieser Abläufe mit absoluten Daten aufzuzeigen.

B. Absolute Chronologie und „chronologisches Netz"

I. Einleitung

Der gelehrte Dr. John Lightfoot, Magister am St. Catherine's College und Vizekanzler der Universität Cambridge, stellte in seinem 1642 veröffentlichten Werk *A Few and New Observations on the Book of Genesis, the most of them certain, the rest probable, all harmless, strange and rarely heard of before* („Einige wenige und neue Beobachtungen zum Buch Genesis, die meisten von ihnen zutreffend, der Rest wahrscheinlich, alle harmlos, merkwürdig und bisher selten vernommen") fest:

Unsere Leiber, Himmel und Erde, das Zentrum und alles andere ringsumher, wurden alle zusammen in einem einzigen Augenblick erschaffen, dazu Wolken voll Wasser, nicht wie wir sie durch Verdampfen erzielen, sondern solche, die man Fenster oder Katarakte des Himmels nennt [...] Der dreifaltige Gott schuf den Menschen um die dritte Stunde des Tages, das heißt um 9 Uhr am Morgen des 23. Oktober 4004 v. Chr.

Man mag beinahe bedauern, dass sich die beruhigende Vorstellung, der liebe Gott habe sich ausgeschlafen und nach einem guten Frühstück morgens an die Arbeit gemacht, nicht halten ließ. Mr. Lightfoots Werk war eines von unzähligen dieser Art: Bestimmungen des Datums der Erschaffung der Welt und ähnliche Berechnungen hatten vom 15. bis ins 17. Jahrhundert Hochkonjunktur, nicht zuletzt vor dem Hintergrund einer teilweise erbitterten Debatte über Ursprünge und Alter der modernen Völker, die wiederum damit zusammenhing, dass unzählige kleinere und größere Herrscher Autorität, und das hieß damals vor allem Antiquität (wenn möglich mit einem Urahnen unter den griechischen Helden vor Troja) brauchten.

Auf eine wissenschaftliche Basis gestellt wurde die Chronologie erst durch die Arbeiten des 1540 geborenen Joseph Justus Scaliger (in allen Einzelheiten dazu Grafton 1993), dessen erstes Werk zum Thema, *De Emendatione Temporum*, 1583 erschien, also zu einer Zeit, in der die praktische Chronologie eine Frage von allgemeinem Interesse war, hatte doch Papst Gregor XIII. im Jahr zuvor eine Kalenderreform durchgeführt, um die Versehen des so genannten Julianischen (auf Julius Caesar zurückgehenden) Kalenders auszugleichen; dabei hatte man vom 4. zum 15. Oktober springen müssen (Vogtherr 2001, 97–103). 1604 erschien der letzte Teil von Scaligers Hauptwerk, *Thesaurus Temporum*, in dem eine der Hauptleistungen die Wiederentdeckung von Eusebius' *Chronik* (geschrieben vor 303 n. Chr.; s. auch unten S. 82) und die Zusammenstellung verschiedener antiker Verzeichnisse wie Olympiaden und Königslisten ist, beziehungsweise die Erkenntnis, wie historische Ereignisse mit diesen Listen in Verbindung gebracht werden können. Endgültig obsolet wurden alle phantasievollen Gründungsdaten der Welt in der zweiten Hälfte des 19. Jahrhunderts durch die neuen Entwicklungen im Bereich der Geologie, die zu der Erkenntnis führten, dass zahlreiche Artefakte und Funde erheblich älter als 6000 Jahre sein mussten (s. o. S. 13 zur Stratigraphie; vgl. auch Holford-Strevens 2005, 28–63).

J. J. Scaliger

Wie lassen sich nun archäologische Überreste absolut auf der historischen Zeitschiene fixieren? Einige Funde, wie zum Beispiel Herrschermünzen oder andere, mit Inschriften, die ein Datum vermitteln, versehene Objekte, datieren sich selbst. In beschränktem Maße sind naturwissenschaftliche Methoden anwendbar (s. u. S. 50 f. und 180).

Historische Ereignisse Die große Masse der Denkmäler muss mit Hilfe historischer Ereignisse datiert werden, die wiederum in antiken historischen Quellen festgehalten sind. Zahlreiche größere Veränderungen und Umwälzungen wie Naturkatastrophen (zum Beispiel der Vesuvausbruch, der Pompeji und Herculaneum begrub) oder Zerstörungen von Städten im Krieg (s. z. B. u. S. 64) spiegeln sich auch in der archäologischen Hinterlassenschaft. Bisweilen ist aber auch die Abfolge oder das Datum der in antiken Quellen überlieferten Ereignisse nicht klar; wichtige Punkte sind dann Himmelserscheinungen wie Sonnenfinsternisse, ein Phänomen, das die Menschen der Antike tief beeindruckte und stets aufgezeichnet wurde. Das meistzitierte Beispiel ist die bei Herodot I 74, 2 f. überlieferte, von Thales von Milet vorausgesagte Sonnenfinsternis, die während einer Schlacht zwischen Lydern und Medern stattfand und astronomisch auf den 28. 5. 585 v. Chr. datiert werden kann. Für viele Ereignisse, gerade der Frühzeit, gibt es zudem mehrere Quellen, sowohl griechische wie auch babylonische bzw. ägyptische.

Antike Überlieferung Die Zuverlässigkeit antiker literarischer Überlieferungen wird oft angezweifelt (dazu ausführlich unten S. 74). Bei den für die Archäologie oft herangezogenen Autoren (Herodot, Thukydides, Pausanias) mag es Unsicherheiten geben, die darauf zurückzuführen sind, dass der Autor zeitlich schon relativ weit entfernt von den Ereignissen war oder die Quellen nicht immer genau sein mochten. Letzteres gilt besonders, wenn ein Autor in fremden Ländern, wie zum Beispiel Herodot in Ägypten oder Babylon, auf mündliche, von Gewährsleuten überlieferte und Übersetzern übertragene Nachrichten angewiesen war. Keiner der angeführten Autoren hatte aber ein Motiv für bewusste Fälschungen und Erfindungen. Ein weit größeres Problem besteht darin, dass moderne Ausgräber oft zu sehr danach strebten, den archäologischen Befund mit antiken Berichten in Übereinstimmung zu bringen und dabei eher Material „zurechtrückten" und Diskrepanzen um jeden Preis ignorierten, als eine Erklärung für die „abweichende" Schilderung des Autors zu suchen. Wurden solche Widersprüche später augenfällig, so fiel dies natürlich in erster Linie auf den antiken Autor zurück, den man vorschnell verdächtigte, Quellen gefälscht oder die von ihm beschriebenen Stätten gar nicht erst gesehen zu haben. Bei vielen „Falschangaben" Herodots zu Babylon und seinen Bauten lässt sich nachweisen, dass sie dadurch zustande kamen, dass Herodot mit Hilfe verschiedener Quellen die Größe und Herrlichkeit einer weltberühmten Stadt zu rekonstruieren suchte, die sich zu seiner Zeit bereits im Niedergang befand und in der viele der von ihm geschilderten Bauwerke im Zustand des Verfalls waren (Nesselrath 1999).

Historische Daten und Ereignisse bilden also einen Referenzrahmen. Wie oben S. 22 deutlich wurde, befassen sich antike Autoren kaum mit Kunstwerken als solchen. Die fest datierten Funde und Monumente bilden Punkte, von denen ausgehend ein chronologisches Netz erstellt werden kann, in das sich die relativ datierten einpassen lassen. In den folgenden

Kapiteln soll dargestellt werden, wie diese Theorie in die Praxis umgesetzt wird, und dabei natürlich auch auf die Schwierigkeiten und Probleme eingegangen werden. Um den Überblick zu erleichtern, wird ungefähr nach Epochen eingeteilt (im Bewusstsein der Künstlichkeit dieser Gliederung). Auf zwei Problemkreise, die griechische Keramik im Vorderen Orient und die Chronologie der korinthischen Keramik, wird gesondert eingegangen, da es sich dabei um zwei wichtige und besonders im letzten Fall auch immer wieder umstrittene Bereiche handelt.

Ziel der folgenden Kapitel ist, einen Eindruck von dem zu vermitteln, was gesichert ist, was man wissen kann, aber auch, wo der gegenwärtige Forschungsstand noch keine Gewissheit erlaubt und daher besser Zurückhaltung geübt wird.

II. Naturwissenschaftliche Methoden

Die naturwissenschaftlichen Methoden, die in der Ur- und Frühgeschichte eine wichtige Rolle spielen (s. allg. Stöckli 1986), sind für die Klassische Archäologie nicht von ganz so großer Bedeutung, vor allem weil deren Genauigkeit zu gering ist oder andere Methoden zur Anwendung kommen.

1. Dendrochronologie

Die wichtigste naturwissenschaftliche Methode für die Klassische Archäologie ist die Dendrochronologie, besonders für die römische Epoche, aus der am meisten Holz erhalten ist.

Die dendrochronologische Altersbestimmung wurde ursprünglich 1919 von dem amerikanischen Astronomen A. E. Douglass entwickelt, um die Sonnenflecken-Periodik anhand der Jahrringe von über 3000-jährigen Mammutbäumen über einen möglichst langen Zeitraum zurückzuverfolgen. Dabei fiel ihm die Einmaligkeit der Jahrringbreitenfolge über große Zeitspannen hinweg auf, was ihn dazu bewog, Holzproben unbekannten Alters durch Vergleich mit bereits datierten Ringbreitenfolgen zu datieren (Grosser 1978). Die ersten Versuche dendrochronologischer Datierungen erfolgten in Europa in den frühen 40er Jahren.

Jahrringe   Das Verfahren beruht auf folgenden biologischen Voraussetzungen: Das Wachstum der Bäume erfolgt in deutlich sichtbaren Jahrringen. Die Breite dieser Jahrringe hängt in erster Linie von klimatischen Einflüssen wie Niederschlagsmenge und Temperatur ab, so dass entsprechend den Schwankungen dieser äußeren Faktoren charakteristische Jahrringbreitenfolgen (so genannte Jahrringmuster) entstehen. Da dieser Holzzuwachs weitgehend unabhängig von den individuellen Wachstumsbedingungen ist, entsprechen sich die Breiten gleichzeitiger Jahrringe einer Art augenfällig. Für die Datierungsmöglichkeit ist dabei wesentlich, dass die Jahrringbreitenfolgen verschiedener Bäume einer Art auch noch bei größeren Entfernungen ihrer Standorte übereinstimmen.

Für Datierungen werden diese Jahrringkurven verglichen und synchronisiert. Mit Hilfe der Überschneidungen der Jahrringe früher beziehungsweise später gefällter Bäume können ganze Sequenzen hergestellt und an bestimmten Punkten an historische Ereignisse geknüpft werden. Für die Datierung von Hölzern unbekannten Alters braucht man eine gesicherte, kontinuierliche Jahrringfolge von der Gegenwart bis zum Zeitpunkt, von dem die undatierten Stücke stammen. Diese wird mit dem „Überbrückungsverfahren" hergestellt, bei dem an die innersten Ringe lebender Bäume überlappend Ringfolgen älteren verbauten oder anderweitig genutzten Holzes angeschlossen werden. Durch fortgesetzte Überbrückung entsteht nach und nach eine vieljährige Chronologie, die als zuverlässig gilt, wenn sie mehrfach belegt und abgesichert ist. Gleichaltrige Kurven werden daher zu einer „Mittelkurve" zusammengefasst, aus der zu sehen ist, ob ein breiter oder schmaler Jahrring auf dem individuellen Schicksal des Baumes oder auf einem allgemeinen Ereignis beruht. Bei einheitlichem Verhalten der Einzelkurven spricht man von Weiserjahren.

Die für die Dendrochronologie benutzte Baumart hängt von der Gegend ab; in Mittel- und Westeuropa werden vor allem Eichenholzchronologien erstellt, da Eiche das in der Antike bevorzugte Baumaterial war. In Süddeutschland konnte damit eine über 1000-jährige Chronologie erstellt werden („rechtsrheinische süddeutsche Eichenchronologie"), im Einzugsgebiet von Rhein, Mosel und Maas sogar eine über 2000-jährige („linksrheinische westdeutsche Eichenchronologie"). In diesen Gegenden gibt es außerdem auch gesicherte Vergleichschronologien für Tanne und Rotbuche. In Norddeutschland gibt es keine Gesamtkurve, aber Regionalchronologien. Im Mittelmeerraum allerdings konnte bislang keine absolute Dendrochronologie erstellt werden.

Eichenchronologien

Eine berechtigte Frage ist, ob mit der Dendrochronologie, die zwar das Fälldatum des Holzes angibt, auch die Datierung des daraus errichteten Objekts angegeben ist. Es gibt in der Tat zahlreiche Belege dafür, dass Bauhölzer früher ad hoc für den Gebrauch gefällt und sogleich verarbeitet wurden (zum folgenden Hollstein 35 f.): Zahlreiche verbaute Hölzer weisen Verformungen auf, die sich sicher erst nach dem Einbau ergeben haben, oder Werkzeugspuren, die unmöglich an abgelagertem trockenen Holz entstanden sein können; zudem stimmt bei zahlreichen Datierungen das Fälldatum mit dem literarisch oder urkundlich belegten Baudatum überein. Außerdem bemerkte bereits der griechische Philosoph Theophrast (372/1–288/7 v. Chr.) in seiner *Historia Plantarum* V 6, 4, grünes Holz sei besser zu bearbeiten. Dass dies in der Antike die allgemeine Überzeugng war, ist auch dadurch belegt, dass mehr als 2000 Jahre lang das wichtigste Werkzeug des Zimmermanns nicht die Säge, sondern Breitbeil und Stoßaxt waren, die nachweisbar am besten im frischen Holz schneiden.

Reiche Holzfunde bieten vor allem die Römerbrücken von Trier, die seit 1963 von H. Cüppers erforscht werden. Die spätesten Pfähle stammen von 315 n. Chr., also wahrscheinlich von den letzten, unter Kaiser Konstantin durchgeführten antiken Wasserbaumaßnahmen (weitere Beispiele unten S. 180 f.). Bemerkenswert ist, dass für die Palastaula (die heutige Basilika) in Trier, deren Bau kurz nach 305 n. Chr. begann, kaum mehr Eichenholz, sondern einige Tannenkanthölzer, meistens aber nur noch 5–6 cm dünne Knüppel von Erlen, Hain- und Rotbuchen, Birken und Birnbaum (die letzten beiden im Bauwesen sehr ungewöhnlich) verwendet wurden (Hollstein 156 f.). Daran lässt sich dramatisch die Holzknappheit sehen, zu der die Übernutzung des Waldes durch die römische Zivilisation geführt hatte. Um die Kosten für den sonst nötigen Transport geeigneten Bauholzes aus entfernten Gegenden zu sparen, begann man im 4. Jahrhundert n. Chr. schwächere Hölzer aus der näheren Umgebung zu schlagen.

Römerbrücken
von Trier

2. Die Radiokarbon-Datierung (^{14}C-Methode)

Die ersten mit der Radiokarbon-Datierung errechneten Daten wurden 1949 von dem Amerikaner W. F. Libby publiziert, der für die von ihm entwickelte Methode 1960 den Nobelpreis erhielt. Die unmittelbaren Folgen für die traditionelle Chronologie des frühgeschichtlichen Europa waren so dramatisch, dass Colin Renfrew im Titel seines 1973 erschienenen Buches mit Recht von der *radiocarbon revolution* sprechen konnte.

Folgendes sind die Voraussetzungen der Methode (Rauert 1978, 111–114; Renfrew 1973, 53–67): In der Atmosphäre wird in großer Höhe aus Kohlenstoff (^{12}C) durch die Reaktion von Stickstoffatomen mit Neutronen aus der kosmischen Strahlung Radiokohlenstoff (^{14}C) gebildet. Dieses seltene Isotop von Kohlenstoff ist instabil und wandelt sich unter Aussendung von Betateilchen (β) wieder in Stickstoff–14 um. Die Halbwertszeit dieses radioaktiven Zerfalls beträgt 5730+/–40 Jahre. ^{14}C wird in der Atmosphäre bald nach seiner Entstehung oxidiert und daher von den Pflanzen bei der Fotosynthese aufgenommen, von wo aus es durch die Nahrungsaufnahme der Tiere in alle lebenden Organismen gelangt. Beim Tod fällt eine Pflanze beziehungsweise ein Tier aus der Nahrungskette und wird ein geschlossenes System, dessen Anteil an Radiokarbon in bekannter Rate langsam zerfällt. Das Todesdatum eines Organismus kann daher ermittelt werden, indem die übriggebliebene Portion an Radiokarbon gemessen wird. Zu diesem Zweck muss eine Probe zuerst gereinigt werden; insbesondere müssen alle Verunreinigungen durch jüngere (Wurzelfasern) oder älteren (Kalk) Kohlenstoff, die das Ergebnis verfälschen würden, entfernt werden. Danach wird der Kohlenstoff aus dem Objekt isoliert, was bei organischen Stoffen (z.B. Knochen, Stoff) durch Verbrennung, bei Karbonaten (verbranntes Holz, verbrannte Pflanzen oder Samen) mittels der Gewinnung des Kohlendioxids durch Säure geschieht. Die Probe wird also bei der Analyse zerstört. Das so gewonnene CO_2 wird in ein Zählrohr gefüllt, in dem jeder Zerfall eines ^{14}C-Atoms als elektrischer Impuls registriert wird. Diese Altersbestimmung funktioniert bei allen organischen Stoffen, die jünger als 60 000 Jahre sind; bei älterem Material ist der Radiokarbon-Gehalt zu gering. Für eine Probe sind unterschiedliche Mengen nötig, bei Knochen sind zum Beispiel 300g erforderlich.

Diese Methode ist deshalb von so großer Bedeutung, weil vor etwa 3100 v.Chr., was ungefähr dem Beginn der 1. ägyptischen Dynastie entspricht, keine Daten mit Kalendermitteln errechnet werden können. Zudem war lange Zeit die einzige Möglichkeit, die Bronzezeit im Mittelmeerraum zu bestimmen, das „cross-dating" mit Ländern, die Handelskontakte zu Ägypten hatten, wie zum Beispiel Kreta, und in denen es daher entsprechende festdatierte Funde gab.

Widerlegung der „Diffusionstheorie"

Bis in die 40er Jahre des 20. Jahrhunderts war allgemein die diffusionistische Ansicht vorherrschend, wonach alle technologischen Fortschritte im prähistorischen Europa aus dem Nahen Osten übernommen worden waren: Kuppelgräber in Thrakien seien von Mykene inspiriert, kupferzeitliche Erfindungen in Spanien (Los Millares) das Werk ägäischer Kolonisten gewesen, und auch die britische Wessex-Kultur, nach der der Beginn der britischen Frühbronzezeit auf 1600 v.Chr. datiert wurde, galt als Argument für Kontakte zu Mykene. Es ist verständlich, dass der völlige Zusammenbruch dieser traditionellen Überzeugungen zuerst vielerorts Schock und Ungläubigkeit hervorrief: Gemäß der durch die ^{14}C-Methode ermittelten Daten blieb zwar die traditionelle und durch Chroniken und Dynastien gesicherte Chronologie in Ägypten und im Nahen Osten gleich, in Europa hingegen musste alles um mehrere Jahrhunderte früher datiert werden: Die Wessex-Kultur ist um 2000 v.Chr. anzusetzen, die Megalith-Gräber in Europa um 3500 v.Chr., die Metallurgie auf dem Balkan um 4500 v.Chr. Es wurde klar, dass keine Chronologie der Frühbronzezeit in Zentraleuropa auf der Basis von Verbindungen zur mykenischen Welt erstellt werden kann und dass viele Funde in England und Zentraleuropa, die man früher aufgrund der vorgefassten diffusionistischen Meinung für „mykenisch" hielt, in Wirklichkeit aus lokaler Produktion stammten. Ein besonders dramatisches Beispiel ist der Ort Vinca bei Belgrad, in dessen archäologischen Überresten ebenfalls ägäischer Einfluss erkannt wurde; bis zu den ^{14}C-Daten wurde daraus geschlossen, dass zwischen der Kupferzeit auf dem Balkan und der ägäischen Frühbronzezeit eine Verbindung bestand beziehungsweise die beiden Epochen etwa gleichzeitig sein müssten. Nach den Radiokarbon-Daten war dieser Ort aber spätneolithisch und existierte bei Beginn der ägäischen Bronzezeit schon lange nicht mehr! Zu den traditionellen Daten besteht damit ein Abstand von 1000 Jahren. Man hatte also ganz offensichtlich die europäischen „Barbaren" völlig unterschätzt: Diese hatten Kupferschmelzen, Steinmonumente, Sonnenobservatorien und vieles andere ohne Hilfe von außen entwickelt.

Unter der teilweise geharnischten Ablehnung, die die neue Methode und die dadurch notwendigen Revisionen der Chronologie hervorriefen, war aber nicht alle Kritik ganz unberechtigt. Allmählich wurde klar, vor allem durch Vergleich mit sicher datierten ägyptischen Funden, dass etwas nicht stimmen konnte. Tatsächlich stellte sich – mit der Verfeinerung der Messtechnik – eine der in Libbys Modell als sicher angenommenen Voraussetzungen der Radiokarbon-Methode als falsch heraus: Die ^{14}C-Menge in der Atmosphäre und damit in allen Lebewesen ist nicht immer gleich. In jüngster Zeit hat dies anthropogene Ursachen: Die Abgase fossiler Brennstoffe seit Beginn der Industrialisierung führen zu einer zunehmenden Erniedrigung des ^{14}C-Gehaltes in der Atmosphäre und damit bis jetzt zu einer Erhöhung des ^{14}C-Alters um etwa 250 Jahre. Im Jahre 1963 hingegen war aufgrund der Kernwaffenversuche der ^{14}C-Gehalt in der Atmosphäre vorübergehend auf das Doppelte des natürlichen Gehalts erhöht. Schwankungen gab es aber auch schon früher: So war vor 600 Jahren die Radiokarbon-Menge in der Atmosphäre höher als heute. 2000-jährige ägyptische Funde enthalten daher etwa 5% mehr ^{14}C als sie „sollten", was sie bei der Radiokarbon-Datierung „jünger" macht.

Notwendigkeit der Kalibrierung

Korrigieren lassen sich diese Abweichungen mit der oben besprochenen Dendrochronologie: Das Baumring-Forschungsinstitut der Universität von Arizona entwickelte eine Baumjahrring-Chronologie, die jetzt etwa die letzten 8200 Jahre umfasst. Dazu wird die in den Weißen Bergen Kaliforniens wachsende Borstenkiefer (*Pinus aristata*) benutzt, das älteste Lebewesen der Erde, das mehrere tausend Jahre alt werden kann. Mit Hilfe der Überbrückungs-Methode (s.o.) wurde eine lückenlose Folge von Jahrringen erstellt, bei der das Alter jedes Rings festliegt. Misst man solche Holzproben mit der Radiokarbon-Methode, so kann man die Abweichung feststellen und das ^{14}C-Alter in Kalenderjahre umrechnen (Rauert 1978, 114f.). 1970 hat H. Suess von der Universität Kalifornien eine Korrekturkurve (*calibration chart*) für die letzten 7300 Jahre erstellt, mit deren Hilfe sich ^{14}C-Daten in Kalenderjahre umrechnen lassen. Radiokarbon-Daten vor 1200 v.Chr. müssen mit dieser Tabelle kalibriert werden, um die korrekte Datierung zu erhalten.

Für die Klassische Archäologie ist von Bedeutung, dass die Radiokarbon-Methode neben den *crosslinks* mit der historischen Chronologie Ägyptens eine zweite Möglichkeit liefert, eine absolute Chronologie der ägäischen Bronzezeit zu etablieren (Bristol 1996). Für den Beginn der Frühbronzezeit konnte damit ein Datum Ende des 4. Jahrtausends v. Chr. bestimmt werden. In Kreta kann Radiokarbon-Chronologie auch direkt „getestet" werden: In der um 2000 v. Chr. beginnenden mittelminoischen Periode erscheinen ägyptische Skarabäen der 11. Dynastie (2106–1963 v. Chr.). Sehr wichtig für die Frühbronzezeit waren außerdem die von M. Korfmann und B. Kromer 1993 publizierten etwa 100 Daten für Troja, mit denen die lange währende Diskussion um den Beginn von Troja I entschieden war: Die Anfangszeit der Besiedlung auf Hisarlik dauerte von etwa 2920 bis 2350 v. Chr. Auch eine der heftigsten Kontroversen, die um eine Datierung jemals geführt wurde, konnte mit der Radiokarbon-Methode entschieden werden: Der Vulkanausbruch auf Thera, der die spätminoische Stadt auf Akrotiri zerstörte, muss im 17., spätestens im mittleren 16. Jahrhundert v. Chr. stattgefunden haben, aber nicht zum „traditionellen" Zeitpunkt um 1500 v. Chr. Hier spielten vor allem die Proben von Getreidekörnern und Samen aus Akrotiri eine wichtige Rolle.

Der bedeutendste Gewinn dieser Methode ist es, die Archäologie der gesamten Welt in einen umfassenden Rahmen gebracht zu haben. Bis zu ihrer Entwicklung waren die Kontinente nahezu voneinander „abgeschnitten", jetzt sind prähistorische Kulturen auf einer weltweiten Basis vergleichbar.

3. Thermolumineszenz

Echtheitsbestimmung bei Keramik

Bei Keramik kann die Thermolumineszenz-Methode angewendet werden (zum folgenden Weiner 1978, 151–161). Sie basiert darauf, dass jeder Körper beim Erhitzen zunächst Wärmestrahlung, danach sichtbares Licht (Rot-, Gelb-, am Schluss Weißglut) aussendet. Einige Festkörper zeigen jedoch bereits bei tieferen Temperaturen eine zusätzliche Lichtemission, die aber nur beim erstmaligen Aufheizen entsteht. Diese einmalige Freisetzung von gespeicherter Energie wird Thermolumineszenz (TL) genannt.

Zahlreiche Gesteine und Mineralien – Letztere vor allem auch im Ton erhalten – zeigen TL, verursacht durch die geringen schwach radioaktiven Uran- und Thorium-Mengen, die sie enthalten. Diese radioaktiven Teilchen werden aus der natürlichen in der Atmosphäre vorkommenden Strahlung aufgenommen. Beim Brand wird die Thermolumineszenz der Mineralien des Tons ausgeheizt, so dass ihre TL und diejenige der beim Brennen neu entstandenen Reaktionsprodukte wieder bei Null beginnen. Die Messung der TL ermittelt daher den Zeitpunkt des letzten Ausheizens der Keramik auf Temperaturen von mindestens 500°C, also den Zeitpunkt des Brandes. Wegen der bei keramischen Proben meist nur schwachen TL-Effekte muss die TL-Strahlung in möglichst kurzer Zeit freigesetzt werden. Dazu wird die Probe mit hoher Geschwindigkeit aufgeheizt, die entstehende Strahlung von einer empfindlichen fotoelektrischen Messkette aufgenommen und von einer Registriereinrichtung als Ausleuchtkurve, Ausheizkurve oder

Glow-Kurve aufgezeichnet. Da die TL-Strahlung damit wieder ausgeheizt ist, kann diese Methode nur einmal angewendet werden.

Erste TL-Datierungen an keramischen Scherben wurden ab 1960 publiziert. Die Ungenauigkeit dieser Methode beträgt allerdings 7–10%, das heißt, das erhaltene Datum für eine Scherbe aus dem 1. Jahrhundert n. Chr. kann schon um 130 Jahre verfehlt sein. Für die Klassische Archäologie ist diese Abweichung zu hoch, so dass die Methode für die Chronologie nicht viel Bedeutung hat. Zum Einsatz kommt sie aber, um die Echtheit von keramischen Objekten zu ermitteln. Theoretisch könnte ein gewiefter Fälscher seine „griechischen" Vasen bestrahlen, so dass sie der Prüfung durch das TL-Verfahren standhalten würden, praktisch ist dieser technische Aufwand wohl doch zu groß, so dass Fälschungen mit der TL-Methode sicher bestimmt werden können.

4. Andere Methoden

Zwei andere naturwissenschaftliche Methoden sollen, da sie in der Klassischen Archäologie kaum von Bedeutung sind, nur kurz gestreift werden.

Die „Obsidian-Datierung" wird bisher nur in der mittel- und nordamerikanischen Archäologie angewandt. Sie beruht auf der Beobachtung, dass Obsidiane, vulkanische Gläser, aus ihrer Umgebung Wasser aufnehmen und sich dabei von ihrer Oberfläche her in charakteristischer Weise verändern. Die Wasseraufnahme beginnt mit dem Erkalten der Oberfläche des Obsidianstroms; bei der Herstellung von Artefakten beginnt sie wiederum neu, wenn durch die Bearbeitung eine neue Oberfläche entsteht. Die Dicke dieser „Hydratationsschicht", deren Wachstum einem bestimmten Zeitgesetz folgt, kann mikroskopisch gemessen werden, woraus sich theoretisch das Alter des Objekts bestimmen lässt (Weiner 1978, 162 f.). Mit chemisch-analytischen Methoden kann auch die Zunahme des Wassergehaltes im Glas bestimmt werden.

Obsidian-Datierung

Allerdings haben biochemische und klimatische Einflüsse zur Folge, dass es sechs Stufen von Hydratationsgeschwindigkeiten gibt. Weitere Unterschiede ergeben sich durch die verschiedenen Arten der Obsidiane. Daher vermag die Hydratationsschicht bis jetzt noch keine absoluten Daten zu liefern. Feste Datierungen können bislang nur im Anschluss an dendrochronologische oder ^{14}C-Datierungen und nur für Obsidiane mit jeweils gleicher chemischer Zusammensetzung errechnet werden.

Dennoch könnte das Verfahren für die Klassische Archäologie vielleicht einmal interessante Perspektiven bieten, da auf den Inseln Pantelleria, Lipari und Melos sowie in Ostanatolien bedeutende Obsidianquellen vorkommen.

1912 wurde in Skandinavien die Warven-Chronologie entwickelt, die auf der Zählung der Bänder (Warven) im Bänderton beruht, der in den stehenden Gewässern des abschmelzenden nordischen Inlandeises abgelagert wurde. Dabei ergeben ein helles Sommer- und ein dunkles Winter-Band einen „Jahrring"; Nullpunkt sind die heute noch vorhandenen Gletscher des skandinavischen Inlandeises. Mit dieser Methode konnte man das Ende der Eiszeit auf etwa 8300 v. Chr. datieren (Stöckli 1986, 13).

Warvenchronologie

III. Antike Chronologiesysteme

Ein grundsätzliches Problem, mit dem auch schon die antiken Historiker konfrontiert waren, ist das Fehlen eines verbindlichen Kalenders. Für ihre Angaben stützten sie sich daher auf die entsprechenden lokalen Traditionen beziehungsweise Zählweisen, nach den höchsten Beamten, Generationen oder Herrscherären (s. z. B. u. S. 76 zu den Diskussionen um Thukydides' Berechnungsgrundlagen). Hier soll kurz auf die wichtigsten Zählungen eingegangen werden, die im Folgenden immer wieder vorkommen.

1. Griechisch

a) Olympiaden

Ein wichtiges gesamtgriechisches Ereignis waren die alle vier Jahre stattfindenden sportlichen und musikalischen Wettkämpfe im Zeus-Heiligtum von Olympia. Wie Pausanias (um 115–180 n. Chr.) III 21,1; und VI 22, 3 berichtet, wurden Listen der Sieger geführt. Diese wurden zuerst am Ende des 5. Jahrhunderts v. Chr. von dem Sophisten Hippias von Elis zusammengestellt und waren sicher spätestens seit hellenistischer Zeit allgemein zugänglich (s. Samuel 1972, 189–194). Überlieferungen davon enthalten oft auch Angaben von Ereignissen in den Zwischenjahren. Wie verbreitet die Kenntnis dieser Liste war, lässt sich daraus schließen, dass auch Papyri davon gefunden wurden (z. B. POxy 12 = FGrHist 255; s. u. S. 78 zu Akragas). Die Liste der Sieger wurde zum ersten Mal von dem Historiker Timaios (ca. 350–260 v. Chr.; s. u. S. 80) verwendet; danach waren historische Chronologien auf Grundlage der Olympiaden häufig.

1. Olympiade: 776 v. Chr.

Die Olympiadenzählung beginnt 776 v. Chr. = Ol. 1,1. Diese Datierung wird durch äußere Belege bestätigt: Diodor XX 5, 5 erwähnt eine Sonnenfinsternis in Ol. 117,3, die astronomisch auf den 15. August 310 v. Chr. bestimmt werden kann. Von dort zurückgerechnet, ergibt sich für Ol. 1,1 das Datum 776 v. Chr. In spätrömischer Zeit datiert Eusebius *Praep. Evang.* X 9 das fünfzehnte Regierungsjahr des Kaisers Tiberius in Ol. 201,4; das entsprechende Jahr ist (u. a. durch eine Vielzahl epigraphischer und literarischer Quellen) auf 28 n. Chr. festgelegt; von dort aus ergibt sich wiederum 776 v. Chr. für Ol. 1,1. Das olympische Jahr begann im Sommer, da zu dieser Jahreszeit die Spiele abgehalten wurden.

Seit hellenistischer Zeit gab es offenbar eine vollständige und zusammenhängende Siegerliste. Diese beziehungsweise das Epochendatum 776 v. Chr. war von da an und auch in römischer Zeit Grundlage für die wissenschaftliche Chronologie.

Die olympischen Spiele fanden bis zum Ende des 4. Jahrhunderts. n. Chr. regelmäßig statt, bis sie durch den christlichen Kaiser Theodosius I. 393 n. Chr. als heidnisches Götterfest abgeschafft wurden.

b) Archontenlisten

Aufgrund der Quellenlage sind wir, was staatliche Aufzeichnungen anbelangt, über Athen am besten orientiert. Die neun Archonten waren ursprünglich das höchste Kollegium von Staatsbeamten in Athen und allen von ihm abhängigen und beeinflussten Staaten; doch die im 6. Jahrhundert v. Chr. politisch bedeutenden Archonten waren im 5. Jahrhundert v. Chr. im Wesentlichen zu einem Kollegium von Routinebeamten geworden, deren Aufgaben im richterlichen und religiösen Bereich lagen. Zum Archon konnte man nur einmal im Leben gewählt werden und war danach Mitglied des Areopags auf Lebenszeit (Aristot. Ath. Pol. 3, 3–6). Der Beginn des jeweils einjährigen Archontats war in der Liste für 683/2 v. Chr. verzeichnet (ebenso auf dem Marmor Parium FGrHist 239 A 32). Spätestens Ende des 5. Jahrhunderts v. Chr. war es übliche Praxis, das Jahr nach dem jeweiligen höchsten Archon zu benennen (s. u. S. 83 zu den Panathenäischen Amphoren und den Urkundenreliefs); dieser Beamte wird daher als eponymer („namengebender") Archon bezeichnet.

Eponymer Archon in Athen

Es ist umstritten, wann die offiziellen Archontenlisten beginnen; Herodot hatte jedenfalls noch keine zur Verfügung. Die früheste bislang gefundene derartige Inschrift, die Teile von Archontennamen aus dem letzten Viertel des 6. Jahrhunderts v. Chr. enthält, wurde epigraphisch in die 20er Jahre des 5. Jahrhunderts v. Chr. datiert. Alle Listen dieser Art (Olympioniken, Sieger bei den Pythien u. dergl.) entstanden erst spät im 5. Jahrhundert v. Chr., so dass wohl auch in Athen mit einer öffentlichen Archontenliste nicht vor dem späteren 5. Jahrhundert v. Chr. zu rechnen ist (Samuel 1972, 197).

Gut gesichert ist die Zeit von 480/79–302/1 v. Chr., für die Diodors (1. Jh. v. Chr.) *Bibliotheke* 11–20 eine komplette Liste der Archonten liefert; ergänzt und bestätigt werden die Angaben durch das Marmor Parium und die anonyme Olympiadenchronik P.Oxy. 12. Da diese drei hauptsächlichen und einige andere Quellen übereinstimmen, kann man annehmen, dass die Archontenliste vom 5. Jahrhundert v. Chr. an eine einheitliche Tradition bildete (Samuel 1972, 206). Viel schwieriger ist die Situation in der darauffolgenden Zeit: Die hellenistischen Archontenlisten sind bis heute kontrovers, da ihre Rekonstruktion fast ausschließlich von epigraphischen Zeugnissen abhängt. In der römischen Zeit ist die Überlieferung noch schlechter, was aber für die Archäologie nicht mehr relevant ist, denn römerzeitliche griechische Archonten wurden bereits in der Antike nie für die historische Chronologie gebraucht.

c) Marmor Parium

Von dieser nach ihrem Fundort, der Insel Paros, benannten Chronik, sind zwei große Bruchstücke erhalten; Fragment A (Zeilen 1–93) kam 1627 aus Smyrna in den Besitz des Grafen Thomas Howard von Arundel, doch gingen die Zeilen 1–45 während der Wirren unter Charles I. verloren und sind nur aus der Erstausgabe (J. Selden, Marmora Arundelliana, 1628, 1 ff.) bekannt; der gerettete untere Teil ist seit 1667 in Oxford. Fragment B (Zeilen 101–132) wurde erst später, 1897, auf Paros gefunden und befindet sich heute im Museum der Insel (Meister 1999). Ediert ist der ganze Text von F. Jacoby, FGrHist 2B (1929) 239 mit dem Kommentar in FGrHist 2D (Berlin 1930).

Aufstellung der Chronik 264/3 v. Chr.

Es handelt sich um eine griechische Universalchronik, verfasst von einem Inselgriechen, vielleicht einem Parier, die im Jahr 264/3 v. Chr. zur Belehrung und Unterhaltung der Öffentlichkeit auf Paros aufgestellt wurde. Sie beginnt mit dem mythischen athenischen König Kekrops 1581/0 v. Chr. und enthält politische Ereignisse, vor allem der attischen Geschichte, in subjektiver Auswahl – so ist z. B. der Peloponnesische Krieg nicht erwähnt –, aber auch kultur-, vor allem literaturgeschichtliche Daten. Der Verfasser hatte ein starkes Interesse für die großen Festspiele; erstaunlicherweise fehlen aber die Olympischen Spiele.

Die Chronik reicht bis zum Jahr der Aufstellung 264/3 v. Chr., als Diognetos Archon war (erhalten sind aber nur die Angaben bis 299/8 v. Chr.), und gibt jeweils den zeitlichen Abstand der Ereignisse zu diesem Punkt an, was eine recht komplizierte Methode ist. Die Einträge beginnen mit der Formel „Von diesem [= Diognetos] … Jahre [entfernt ereignete sich …]". Für die Frühzeit werden außerdem die regierenden athenischen Könige genannt, vom Jahre 683/2 v. Chr. an kommen die eponymen athenischen Archonten hinzu, was weitere Querverbindungen und Verifizierungen möglich macht. Der Einbezug der Archonten zeigt, dass von den verschiedenen Quellen, aus denen der Verfasser seine Chronik zusammenstellte, wohl vor allem athenische wichtig waren.

2. Römisch

a) Konsullisten und Epochendatum

Wie in Athen die Archonten, so strukturierten in Rom die Amtsjahre der Konsuln – seit 154 v. Chr. am 1. Januar, vorher Mitte März beginnend – die öffentliche Zeit. Seit dem gemeinsamen Konsulat von I. Brutus und L. Tarquinius (509 v. Chr.) können die so genannten *Fasti* (Beamtenlisten) für jedes Jahr der Republik Rechenschaft geben. Die verschiedenen Überlieferungen stimmen so stark überein, dass sie sicher eine einheitliche Tradition repräsentieren; Abweichungen treten vor allem in Einzelheiten wie der Reihenfolge der Namen auf, und Unklarheiten betreffen die frühen Jahre (dazu Samuel 1972, 254). Erhalten sind die Fasti, die das chronologische Gerüst für die römische Republik liefern, allerdings nur in Fassungen der augusteischen oder späteren Zeit, so dass man mit Rekonstruktionen rechnen muss, die auf die Hervorhebung bestimmter Personen oder Familien zielen (vgl. Rüpke 2006).

Ab urbe condita

Da die Römer ihre Chronologie nicht an Olympiaden knüpfen wollten, schufen sie ein eigenes System mit der Gründung Roms als Epochenjahr, doch schon in römischer Zeit selbst war man sich bewusst, keine Einigung über dieses Datum erzielen zu können: So schreibt Cicero, *Brutus* 72 von der *inter scriptores … controversia* hinsichtlich der Anzahl Jahre zwischen der Gründung und einem durch die Konsuln datierten Ereignis. Zwei Berechnungen sind überliefert:

Am häufigsten erwähnt ist die Zählung des Terentius Varro, des Universalgelehrten des 1. Jahrhunderts v. Chr. Censorinus berichtet in seinem 238 n. Chr. entstandenen Werk *De die natali* 21,4–6, das Konsulat des Ulpius und Pontianus (nach heutiger Zählung 238 n. Chr.) sei gemäß varronischer Zählung 991 Jahre *ab urbe condita* oder im Jahre 1014 der Olympischen Ära (= Ol. 254,2). Damit kommt man auf ein Gründungsdatum von 754 v. Chr. beziehungsweise Ol. 6,2, das heißt das Jahr, das im Sommer 754 zu Ende geht. Doch obwohl sehr bekannt, wurde offensichtlich nicht dieses Datum als chronologische Basis genommen, sondern man bevorzugte die bei Dionysios von Halikarnass *Ant. Rom.* I 75 überlieferte Tradition, der Ol. 7,1 (= 752/1 v. Chr.) als das erste Jahr der Stadt Rom bezeichnet; er parallelisiert dabei das römische Jahr, das am 21. April beginnt, mit der im Sommer beginnenden olympischen Zählung; nach dieser Rechnung müsste die Gründung Roms also Ol. 6,4 beziehungsweise am 21. April 752 v. Chr. stattgefunden haben (S. Feeney 2007, 7–42, 68–107).

Dieses Epochendatum von Ol. 6,4 für die Gründung Roms fand die größte Verbreitung; es wurde am Ende des 1. Jahrhunderts v. Chr. vom Verfasser der *Fasti Consulares et Triumphales Capitolini* verwendet und auch von Eusebius (s. u. S. 82), wenn er die Gründung Roms ab Abrahamo 1246 („im Jahre 1246 seit Abraham") datiert.

b) Ären

Im alltäglichen Gebrauch war die Zählung *ab urbe condita* weniger verbreitet; sie fand vor allem in literarischem Zusammenhang Anwendung. Andere Ären, das heißt fortlaufende Jahreszählungen von einem festgelegten Ausgangspunkt an, entstanden in Ägypten und Babylonien, wo nach den Regierungsjahren des Herrschers gezählt wurde. Wird diese Zählung nach dem Tod des Dynasten fortgeführt, entsteht eine Ära. In der griechischen Welt begann diese Zählweise erst nach dem Ende der Polis in den hellenistischen Königreichen: Alexander der Große übernahm die Datierung nach Regierungsjahren von den Achämeniden für sein Reich (vgl. allg. Leschhorn 1993, v. a. 4–9). In hellenistischer und römischer Zeit gibt es daher nahezu unendlich viele Ären, aber sie waren auf bestimmte Regionen beziehungsweise Herrschaftsgebiete (vor allem im Osten und in Kolonien) beschränkt. Beispiele sind die Seleukidenära in Kleinasien ab 312/1 v. Chr. oder die pontische Königsära des Mithridates VI., die im Bosporanischen Reich übernommen wurde.

3. Umrechnung in die christliche Zählung

Datierungen nach amtierenden Magistraten, wie sie im griechischen und römischen Alltag gebräuchlich waren, hatten den Nachteil, unpraktisch für längere Zeiträume zu sein; bei jährlich wechselnden Beamten ist es schon schwierig, sich zehn aufeinander folgende Jahre zu merken. Der Wunsch, die Jahre durchzuzählen, erforderte Überlegungen, welches Ereignis von so einschneidender Bedeutung war, dass es als allgemeinverbindlicher

Ausgangspunkt für eine nicht nur lokale Ära dienen könnte. Ein Anlass dazu war der Umstand, dass man unter römischer Besatzung im spätantiken Ägypten eine neue Zählung angefangen hatte, die sich rasch verbreitete, nämlich nach dem Kaiser Diokletian (284–305 n. Chr.), mit dem 29. August 284 als Anfangstag, der in den ägyptischen Kalender umgesetzt wurde als der erste Thoth des Jahres 1 Kaiser Diokletians. Doch für Christen war dies eine unerträgliche Zählweise, da Diokletian ein brutaler Christenverfolger gewesen war. – Es war ein aus dem heutigen Rumänien stammender, seit 496 n. Chr. in Rom lebender Mönch namens Dionysius Exiguus (um 470–556 n. Chr.), der als Reaktion darauf die christliche Zählweise begründete: Er wollte die Geburt Jesu als Ausgangspunkt nehmen, die Jahre „der Fleischwerdung des Herrn", *anni incarnationis Domini,* wie er es formulierte, zählen, wovon der heutige Begriff der Inkarnationsära stammt. Als erstes dieser Jahre berechnete er das Jahr 754 nach der Gründung Roms. Die Geburt Christi fand am ersten Tag des Jahres 1 statt; ein Jahr „0" existiert daher nicht (was man sich bei Umrechnungen klar machen muss). Auf das Jahr 247 diokletianischer Ära sollte nach Dionysius das Jahr 532 n. Chr. folgen. Damit war die Zählweise begründet, deren wir uns noch heute bedienen. Doch obwohl sich Dionysius als Kirchenrechtler Ansehen erworben hatte und aufgrund seiner Kenntnisse sowohl der griechischen wie der lateinischen Sprache auch ein Mittler zwischen West und Ost war, sollte es noch Jahrhunderte dauern, bis sich diese Zählweise durchsetzte (ausführlich Vogtherr 2001, 88–94).

Zwar übernahm der Papst diese Zählung, aber der Papst war im 6. Jahrhundert n. Chr. im Wesentlichen der Bischof von Rom und hatte noch keinen großen politischen Einfluss über Mittelitalien hinaus. Erst im 8. Jahrhundert n. Chr. setzte sich die christliche Zählung durch, weil sie in den Werken der frühmittelalterlichen Geschichtsschreibung verwendet wurde. Eine entscheidende Rolle bei der Verbreitung spielte dabei der britische Mönch und Gelehrte Beda Venerabilis (gest. 735 n. Chr.): In seiner *Historia ecclesiastica gentis Anglorum,* der Kirchengeschichte des Volkes der Engländer, ist die Jahreszählung seit Christi Geburt zum ersten Mal durchgehend angewendet. Der große Erfolg dieses historiographischen Standardwerks sorgte für die Verbreitung der neuen Ära über ganz Europa.

IV. Griechische Keramik im Vorderen Orient (Geometrische und Archaische Zeit)

722 v. Chr.: Zerstörung von Samaria durch Sargon II.*
720 v. Chr.: Zerstörung von Hama durch Sargon II.
631 v. Chr. und bald danach: Gründung von Kyrene und Taucheira durch griechische Kolonisten*
604/3 v. Chr.: Zerstörung von Ashkelon, Tel Miqne-Ekron, Tel Batash-Timnah durch Nebukadnezar
Ende 7. Jahrhundert v. Chr.: Aufgabe von Meshad Hashavyahu
um 600 v. Chr.: Zerstörung von Alt-Smyrna durch Alyattes*
560 v. Chr.: Grab des Alyattes in Sardeis*
525 v. Chr.: Teilweise Zerstörung (beziehungsweise Aufgabe) von Tel Defenneh durch Kambyses*
499 v. Chr.: Sardeis durch eine Koalition von Griechen niedergebrannt

In dieser Überblickstabelle sind die vermeintlichen Fixpunkte, die m. E. sicher aufgegeben werden müssen, bereits weggelassen. Unsichere beziehungsweise aufgrund schon etablierter Stilsequenzen gewonnene Datierungen, bei denen weitere Forschungen neue Erkenntnisse bringen können, die man aber nur unter Vorbehalt verwenden sollte, sind mit einem * gekennzeichnet.

Wie oben auf S. 11 f. besprochen, sind Zerstörungsdaten ein wichtiges Hilfsmittel für Datierungen und spielen vor allem im Vorderen Orient eine große Rolle, wo Zerstörungsschichten oft mit assyrischen, durch die entsprechenden Chroniken fest datierten Feldzügen in Verbindung gebracht werden können. Dennoch hat sich gerade bei den im Folgenden diskutierten Daten und Orten, die oft immer noch als Fixpunkte angesehen werden, bei näherer Untersuchung herausgestellt, dass manche Kombination von „Schicht mit Ereignis" nicht so unproblematisch ist, wie es auf den ersten Blick scheint. Diese Probleme haben, im Vergleich zu ihrer Bedeutung, recht wenig Aufmerksamkeit in der Forschung erfahren, was verständlich ist, da ein (vermeintlich) sicheres Datum angenehmer ist als die sich sonst in der Regel ergebende Aporie. Der Hauptgrund, weshalb Fixpunkte sich oft als unhaltbar erweisen, ist, dass sie aufgrund von Zirkelschlüssen zustande kamen: Fragmente früher griechischer Keramik in den Zerstörungsschichten wurden aufgrund bereits vorhandener stilistischer Chronologien ungefähr datiert, danach die so bestimmte Schicht mit dem zeitlich am nächsten liegenden Ereignis in Verbindung gebracht und daraus dann gefolgert, ein bestimmter Stil sei zu einem bestimmten Zeitpunkt noch im Gebrauch, in seiner Blüte, in seiner spätesten Phase gewesen. Die folgenden Beispiele, die meist in Handbüchern und Einführungen erwähnt werden, sollen diese Probleme verdeutlichen.

Zerstörungsschichten

1. Megiddo

Megiddo in Nordisrael zwischen Tel Abu Hawam und Samaria, ist einer der wichtigsten Orte für die Bronze- und Eisenzeit in Palästina, denn der Ausgrabungsbefund zeigt 26 Schichten beziehungsweise 14 verschiedene

Städte und Befestigungsanlagen übereinander. Zur Zeit der Omriden-Dynastie (die das Nordreich mit der Hauptstadt Samaria beherrschte) im 9. Jahrhundert v. Chr. war Megiddo eine bedeutende militärische und administrative Basis mit durchdachter Stadtplanung, deren archäologische Überreste zudem einen Einblick in die komplizierten kulturellen und politischen Beziehungen zwischen den rivalisierenden Staaten Israel und Judah zeigen (allg. s. Kempinski 1989).

Megiddo wurde durch Tiglat-Pilesar III. 733/2 v. Chr. erobert und zum Zentrum der Provinz Gilead gemacht. Die Stadt wird mehrfach in assyrischen Inschriften erwähnt, doch ihre Befestigungen verfielen in dieser Zeit; stattdessen wurde ein kleineres Fort gebaut. Der Ort spielte noch einmal eine Rolle in den Umwälzungen von 625–605 v. Chr., als die ägyptischen Armeen unter Psammetich I. und Necho die Assyrer in Palästina ablösten: Zum letzten Mal wird Megiddo in der Bibel erwähnt (2. Könige 23, 29–30 und 2. Chronik 35, 20–24) im Zusammenhang mit dem Versuch des Königs Josiah von Juda, 609 v. Chr. an diesem Ort den Pharao Necho aufzuhalten. 605 v. Chr. erlitten die Ägypter in Karchemisch eine endgültige Niederlage gegen die Babylonier; das Perserreich, das danach die traditionellen Kräfte in Palästina ablöste, war vor allem an den Küstenregionen und an den phönizischen Häfen interessiert, so dass Megiddo zu einer kleineren Militärbasis reduziert wurde. Diese dramatischen Ereignisse lassen sich archäologisch kaum verifizieren: Höchstwahrscheinlich stand der Ort seit den 20er Jahren des 7. Jahrhunderts v. Chr. unter ägyptischer Herrschaft. In den Schichten III und II, die in diese Zeit gehören (aber teilweise vermischt sind, da die Häuser der Schicht III in II wiederverwendet wurden), ist aber keine griechische Keramik wie an anderen Orten dieser Zeit gefunden worden. Es gibt also hier kein Anzeichen für griechische Söldner in ägyptischen Diensten.

Niederlage der Ägypter

Aus Schicht V, die Cook 1972, 262 für nicht später als 850 v. Chr. hielt, stammen 5 attische mittelgeometrische Scherben. Für Coldstream 1968, 394 f. war damit ein fester Punkt gegeben, da Mittelgeometrisch I gerade erst begonnen habe, als Schicht V geschlossen wurde. Doch sowohl die Stratigraphie von Megiddo wie auch gerade die Datierung von Schicht V ist so umstritten, dass man bis auf weiteres davon absehen sollte, daraus einen Fixpunkt abzuleiten.

2. Tel Abu Hawam

Tel Abu Hawam in Israel, etwas nördlich von Megiddo in der Nähe des heutigen Haifa gelegen, illustriert ebenfalls eines der Probleme eindrucksvoll: Die wenigen griechischen Importe aus der Zerstörungsschicht (Schicht III) bestehen aus dem Fragment eines thessalisch-kykladischen Skyphos (eines becherartigen, zweihenkligen Trinkgefäßes), mit hängenden Halbkreisen verziert, einer schwarzglasierten Schale und dem Fragment eines weiteren Skyphos, der von den Ausgräbern in die Periode Mittelgeometrisch II bis Spätgeometrisch I datiert wurde. Könnte man die Zerstörung des Ortes genau datieren, würde dies einen festen Anhaltspunkt für die Übergangsphase von mittel- zu spätgeometrischer Keramik liefern, doch dieses Ereignis wurde von verschiedenen Forschern mittlerweile drei verschiedenen Herrschern zugewiesen: dem Pharao Scheschonk I. (926 v. Chr.), dem syrischen König Hazael (815 v. Chr.), und Jehu, dem König von Israel (840 v. Chr.); dagegen glauben die Ausgräber, dass Schicht III bis 750 v. Chr. dauerte (Hannestad 1996, 45). Für die Keramik ergibt dies inzwischen vier *termini ante quem*, die über mehr als hundertsiebzig Jahre verteilt sind!

3. Samaria

Samaria (hebräisch Schomron) war Regierungssitz der Könige des Nordreiches Israel und lag strategisch günstig, über dem fruchtbaren Ackerland auf einem etwa 900 m hohen Hügel, der den Zugang nach Sichem (heute Nablus) und von dort aus nach Jerusalem und Megiddo beherrschte.

Die Importkeramik besteht aus zwölf attischen Scherben der Periode Mittelgeometrisch II, doch sowohl Chronologie wie Stratigraphie des Ortes sind umstritten (Hannestad 1996, 46 f.): Die Ausgräber, und ihnen sich anschließend Coldstream 1968, 304 und Cook 1969, 13 glauben, dass die Periode V in Samaria in der ersten Hälfte des 8. Jahrhunderts v. Chr. endete, so dass das Ende von attisch Mittelgeometrisch II nicht später als etwa 750 v. Chr. liegen sollte. Die unmittelbar über Periode V liegende Schicht der Zerstörung durch Feuer wird als Beleg für das gewaltsame Ende der Stadt durch die Assyrer unter Sargon II. 722 v. Chr. angesehen. Dieser Fixpunkt ist auch für die Datierung der dort gefundenen samaritanischen Keramik wichtig. Auch eine Schuttfüllung aus einer Masse an verbrannten Elfenbeinplaketten (ursprünglich Möbeldekorationen) wird der – laut Ausgräbern gründlichen und weiträumigen – assyrischen Zerstörung zugeschrieben.

Assyrische Zerstörung?

Sehr ernstzunehmende Zweifel hat aber Forsberg 1995, 17–50 an dieser Interpretation geäußert. So konnte er zeigen, dass der archäologische Befund der Zitadelle die von vornherein als gesichert angenommene assyrische Zerstörung nicht belegt: Die relativchronologisch den israelitischen Bauten folgenden Überreste werden von den Ausgräbern einfach als „frühpost-israelitisch" bezeichnet und der Bautätigkeit neuer Siedler kurz nach 722 v. Chr. zugeschrieben, was aber durch keine äußeren Angaben oder Daten wahrscheinlich gemacht wird. In dem ausgedehnten Palastbezirk kann aufgrund der intensiven hellenistischen und römischen Bauaktivitäten nicht mehr festgestellt werden, ob er überhaupt einer heftigen Zerstörung ausgesetzt war. Forsberg 1995, 29–33 bestreitet dies, vor allem weil das unmittelbar angrenzende „Ostraka-Haus" – benannt nach einem dort gefundenen Komplex beschriebener Scherben, die um 750 v. Chr. zu datieren sind –, ein großes Vorratsgebäude in der Südwest-Ecke der Zitadelle, keine Anzeichen einer Zerstörung zeigt. Solche Spuren, vor allem auch von Feuer, zeigen dagegen mehrere andere Räume der Periode V, in denen auch der erwähnte bemerkenswerte Fund von über 145 verbrannten, kunstvollen Elfenbeinappliken gemacht wurde. Sie wurden wahrscheinlich von phönizischen Künstlern im zweiten Viertel des 9. Jahrhunderts v. Chr. für König Ahab hergestellt und bilden vielleicht den realen Hintergrund für

Elfenbeinfunde
das in 1. Könige 22, 39 erwähnte „Elfenbeinhaus" dieses Königs. Da aber gerade solche Elfenbeinkunstwerke von den Assyrern hochgeschätzt waren, hätten assyrische Eroberer sie wohl viel eher eingesammelt und wiederverwendet; eine plausible Alternative für die Zerstörung wäre daher Jehus Sturz der Omriden-Dynastie 841 v. Chr. Forsberg 1995, 37–47 kommt nach sorgfältiger Analyse der Schriftzeugnisse zu dem Ergebnis, dass auch die literarische Überlieferung keine physische Zerstörung der Stadt durch Sargon II. beziehungsweise den in der Bibel (2. Könige 17, 1–6 und 18, 9–11) für die Einnahme Samarias verantwortlich gemachten Salmanassar nahelegt. Im Gegenteil war Samaria in den späten 720er Jahren offensichtlich eine intakte Stadt von erheblicher Wichtigkeit, die der Allianz gegen Assyrien bedeutende militärische Mittel zur Verfügung stellen konnte, als sich Sargon 720 v. Ch. nach Westen wandte. Die Truppe von Wagenlenkern wurde von Sargon nach der Einnahme der Stadt in seine eigene Armee übernommen. Als Fixpunkt in der Chronologie der attischen geometrischen Keramik sollte Samaria daher wohl besser ausscheiden.

4. Hama

Zerstörung durch Sargon II.
Hama in Syrien ist dagegen ein sicherer Punkt: Die Stadt wurde, wie in assyrischen Quellen verzeichnet, von Sargon II. 720 v. Chr. zerstört und danach bis in hellenistische Zeit nicht wieder aufgebaut und bewohnt. Damit ist ein fester *terminus ante quem* für alle griechischen Importe gegeben (Cook 1972, 262; Hannestad 1996, 48). Diese bestehen aus Fragmenten eines attischen Kraters der Periode Mittelgeometrisch II, die über einer großen Fläche der verbrannten Zerstörungsschicht bei Gebäude II des Tempels gefunden wurden; der Neubau des Tempels nach 800 v. Chr. bildet die obere zeitliche Grenze. Drei spätgeometrische Fragmente wurden im Gebiet der königlichen Residenz gefunden; sie konnten zwar keinem bestimmten Kontext zugewiesen werden, müssen aber auch aus der Zerstörungsschicht hergebracht worden sein, da die unmittelbar darüber liegenden Schichten aus hellenistischer Zeit stammen. Das Hauptargument, dass der Ort nach der Zerstörung mehrere Jahrhunderte lang verödet dalag, ist bis heute nicht widerlegt (s. u. S. 108 zur Francis-Vickers-Chronologie). Die spätgeometrischern Scherben müssen daher vor 720 v. Chr. entstanden sein; dies bestätigt die traditionelle Chronologie, nach der die spätgeometrische Periode von etwa 750–720 v. Chr. anzusetzen ist.

5. Tyros

Die phönizische Küstenstadt Tyros (heute im Libanon) war eines der bedeutendsten Handelszentren der Antike, gründete Handelskolonien an den Küsten des Mittelmeers (u. a. Karthago) und erreichte im 9. Jahrhundert v. Chr. seinen Höhepunkt: Zu dieser Zeit unterhielt Tyros Beziehungen zu allen bekannten Städten der damaligen Welt.

Es ist daher nicht überraschend, dass die Stadt in der Levante die ergiebigste Quelle für frühe griechische Importkeramik ist, von der hunderte von Fragmenten von spät-protogeometrischer bis spätgeometrischer Zeit gefunden wurden, allerdings nur wenige davon in ungestörtem Kontext. Von dieser Keramik können aber keine absoluten Daten gewonnen werden, da es bis heute keine unabhängige Chronologie für Tyros gibt. Zwar geht die vorhandene Chronologie der Könige der Stadt sogar bis in das 10. Jahrhundert v. Chr. zurück, doch kann sie an keinem Punkt mit dem archäologischen Material verknüpft werden. Auch hier wurde daher zu der fragwürdigen Methode gegriffen, die Chronologie des Ortes anhand der konventionellen Chronologie der griechischen Keramik festzulegen und dann entsprechende Rückschlüsse zu ziehen (so Bikai 1978, 66–68; besonders problematisch a. O. 67 die Parallele zu den umstrittenen Schichten in Samaria). Der einzige äußere Anhaltspunkt ist eine ägyptische Urne am Ende von Schicht III, die von Bikai 1978, 67 „nach 750 v. Chr." datiert wird. Im gleichen Stratum wurde aber auch ein Keramikfragment der Periode Mittelgeometrisch II (nach konventioneller Datierung etwa 800–750 v. Chr.) gefunden. Trotz zahlreicher Importe gibt Tyros für die Chronologie bislang nichts her.

6. Tarsos

Tarsos, heute am ehesten als Geburtsort des Apostels Paulus bekannt, liegt im Westen Kilikiens, am Unterlauf des Flusses Kydnos, 16 km von der Küste entfernt

Bereits die Ausgräber waren der Meinung, Tarsos sei von Sanherib 696 v. Chr. zerstört und später von ihm wieder aufgebaut worden, wobei das zweite Ereignis vor 681 v. Chr., dem Todesjahr des Herrschers, stattgefunden haben müsste. Forsberg 1995, 51 ist allerdings nicht ganz korrekt, wenn er dies als die allgemeine Meinung bezeichnet, denn bereits Fittschen 1969, 207–209 hat klargemacht, dass Tarsos als Markstein für die Chronologie der griechischen Keramik ausscheiden muss.

Kriegszüge des Sanherib

Wichtigster Fund griechischer Importkeramik ist ein protokorinthischer Aryballos im Übergangsstil von runder zu ovoider Form, der nach konventioneller Datierung (s. u. S. 73 f.) in das späte 8. Jahrhundert v. Chr., nicht später als etwa 700/690 v. Chr., datiert wird. Aufgrund der Stratigraphie glaubten die Ausgräber aber, die Schicht, in der das Gefäß gefunden wurde, sei vor der assyrischen Zerstörung entstanden, die das unmittelbar angrenzende Gelände traf. Daher müsse die Phase des Übergangsstils der Aryballoi erheblich hinaufdatiert werden. Dabei handelt es sich ganz offensichtlich um einen Zirkelschluss, „indem erst mit Hilfe der als gesichert angesehenen Datierung des Aryballos die Zerstörungsschicht zeitlich ungefähr fixiert, dann mit dem so gewonnenen Datum das Alter des Aryballos festgelegt wird" (Fittschen 1969, 208).

Ist schon diese Fundinterpretation zweifelhaft, so spricht noch mehr die schriftliche Überlieferung gegen eine Zerstörung von Tarsos durch Sanherib. Die legendenhafte Passage bei Eusebius, der sich auf die *Babyloniaka* des Berossos (eines Zeitgenossen Alexanders des Großen) stützt (FGrHist 680 F 7c) erwähnt keine Zerstörung, sondern nur die Erbauung der Stadt durch den Assyrerkönig: *„Und die Stadt Tarson, so berichtet er,* *erbaute derselbe, nach dem Ebenbilde Babelons, und er legte der Stadt den Namen Tharsin bei"* (Euseb. [Arm.] Chron. p. 13, 18–14,5 [J. Kaerst]).

Weit schwerer wiegt, dass die Hauptquelle, der erhaltene Originalbericht des Sanherib, entgegen oft geäußerten Annahmen, keinen Hinweis auf eine Zerstörung von Tarsos gibt (vgl. auch Forsberg 1995, 57–61). In den entsprechenden Zeilen (75 f.) des auf einem achtseitigen Prisma gemeißelten Berichtes (heute in London, British Museum 103000, Kolumne IV) ist davon die Rede, dass sie „Ingirâ und Tarsos eingenommen und ihre Beute weggetragen hätten". Es gab also offenbar keine Belagerung und die beiden Städte, die wohl ohnehin keine nennenswerte Rolle bei anti-assyrischen Aktivitäten gespielt hatten, wurden ohne Widerstand eingenommen. Wenn eine Stadt zerstört wurde, wird dies in assyrischen Feldzugschroniken dieser Zeit ausdrücklich vermerkt, oft mit der Betonung „ich zerstörte, ich verwüstete, ich verbrannte mit Feuer". Weder aus dieser Inschrift noch aus dem Ausgrabungsbefund kann auf eine systematische Zerstörung oder auf einen planmäßigen Wiederaufbau geschlossen werden. Ob das zerstörte Gelände in Tarsos mit einem bestimmten Ereignis in Verbindung zu bringen ist, muss erst noch festgestellt werden.

7. Ashkelon, Tel Miqne-Ekron, Tel Batash-Timnah und Meshad Hashavyahu

Wie gezeigt, ist die Stratigraphie mehrerer Orte der südlichen Levante (Megiddo, Samaria, Tel Abu Hawam), an denen frühe griechische Keramik gefunden wurde, problematisch; bei Coldstream 1986, 302–321 beruhen die „Fixpunkte" oft auf nur wenigen Fragmenten protogeometrischer beziehungsweise geometrischer Keramik. Erst Ausgrabungen jüngerer Zeit an einigen Orten in Israel haben sicher datierbare Zerstörungsschichten zutage gefördert: Ashkelon, Tel Miqne-Ekron und Tel Batash-Timnah waren im 8./7. Jahrhundert v. Chr. von den Nachfahren der biblischen Philister bewohnt, alle drei Orte wurden gewaltsam zerstört, und alle enthalten im Zerstörungshorizont sehr ähnliche Ansammlungen lokaler und importierter griechischer Keramik, wobei Letztere vor allem aus ostgriechischen und einigen korinthischen Scherben besteht (im Folgenden werden Waldbaum – Magness 1997 zusammengefasst).

Ionische Schalen   Am zahlreichsten vertreten sind dabei ionische Schalen, kleine, zweihenklige Trinkschalen, die in Rhodos und wahrscheinlich auch in Milet und Samos hergestellt wurden; eine für die Funde aus Israel typische Variante ist aus sehr feinem Ton, dünnwandig, mit glänzendem schwarzen Überzug, über dem innen und außen drei Linien (weiß-rot-weiß) angebracht sind. Fragmente von mindestens sieben solcher Schalen wurden in der Zerstörungsschicht von Tel Miqne-Ekron, zusammen mit lokaler Keramik, gefunden, ebenfalls mehrere Exemplare davon und von anderen Typen ionischer Schalen in der Zerstörungsschicht von Ashkelon. Schalen mit Streifendekor kamen auch in Al Mina, Tarsos und Tocra zum Vorschein.

In den Zerstörungsschichten von Tel Batash-Timnah und Ashkelon (nicht in Tel Miqne-Ekron) wurden griechische Kochtöpfe (*chytrai*) gefunden, grobe, einhenklige Krüge mit flachem Henkel und auswärts gerolltem

Rand aus stark glimmerhaltigem Ton. Solche Kochtöpfe gab es auch in Tocra. Eine vollständige frühe samische Transportamphora wurde in Tel Batash-Timnah, Fragmente desselben Gefäßtyps auch in Ashkelon gefunden.

Diese drei Orte enthielten also im Wesentlichen das gleiche Material im gleichen Horizont und aus einem gut stratifizierten Kontext, und ihr Ende muss mit der weiträumigen Zerstörung zusammenhängen, die damals ganz Palästina traf. Die literarische Quelle zu diesem Ereignis liefert die babylonische Chronik, die alle militärischen Unternehmungen Nebukadnezars zwischen 605 und 595 v. Chr. verzeichnet. Von den drei besprochenen Orten ist darin Ashkelon genannt, das im Monat Kislev im ersten Jahre der Regierung Nebukadnezars II., das heißt im November/Dezember 604 v. Chr. fiel. Tel Miqne-Ekron war wahrscheinlich, wie aus einem aramäischen Papyrustext des späten 7. Jahrhunderts v. Chr. erschlossen werden kann, das erste Ziel des Feldzugs von 603 v. Chr. Jedenfalls kann die Zerstörung nicht später als 601 v. Chr. stattgefunden haben, als die Eroberung des Philisterlandes vollendet war. Kein Textzeugnis gibt über Tel Batash-Timnah Auskunft, aber dessen geographische Nähe zu Tel Miqne-Ekron, die Übereinstimmung sowohl der Fundkomplexe wie auch der Art der Zerstörung legen nahe, dass beide Stätten zur gleichen Zeit ein gewaltsames Ende fanden. Für Ashkelon beziehungsweise die dortige Keramik gibt es also ein gesichertes Enddatum, für Tel Miqne-Ekron und Tel Batash-Timnah ein höchst wahrscheinliches.

Feldzüge des Nebukadnezar

Meshad Hashavyahu ist ein kleiner Küstenort in Israel, etwa 6 km südlich von Tel Aviv, an dem so viele griechische Keramik gefunden wurde, dass er als griechische Siedlung oder Garnison interpretiert wurde: Die Anzahl der Oinochoen, mittelgroßer Weinkannen mit Kleeblattmündung und dem typischen ostgriechischen „Wild Goat Style"-Dekor war proportional zur gesamten gefundenen Keramik so hoch wie sonst nirgendwo in Israel. Die früher auch „Rhodischer Wildziegenstil" genannte Verzierung ist geradezu ein Markenzeichen ostgriechischer Gefäße des 7. Jahrhunderts v. Chr., aber man hält heute nicht mehr Rhodos, sondern Milet für den Hauptproduktionsort, sowie Klazomenai, Chios und wahrscheinlich noch weitere Orte. Die Bemalung besteht aus Tierfriesen, in denen die namengebende Wildziege dominiert, aber auch andere, manchmal phantastische Tiere auftreten sowie florale und geometrische Ornamente und eine Reihe von Lotosknospen und -blüten unmittelbar über dem Fuß. An den übrigen Fundorten insgesamt in Israel ist Wild Goat Style eher selten. In Meshad Hashavyahu wurde zudem eine ebenso große Anzahl importierter griechischer Kochtöpfe gefunden (so wie in Tel Batash-Timnah und Ashkelon); etwa achtzehn können sicher aus den Fragmenten rekonstruiert werden. Nebst einigen Scherben ionischer Schalen wurden Fragmente von frühen samischen Transportamphoren gefunden, wie sie auch in Ashkelon vorhanden sind (Waldbaum – Magness 1997, 29–33). Die Datierung von Meshad Hashavyahu (und damit auch die Konsequenzen für die dort gefundene Keramik) ist nicht so unumstritten, wie es oft scheint. So beruft sich Cook 1972, 264 darauf, dass die Keramik zusammen mit einigen hebräischen Inschriften gefunden wurde, der Ort aber 609 v. Chr. von den Ägyptern besetzt worden sei, woraus er schließt, dass die Keramik vor diesem Datum entstanden sein muss. Damit ließe sich auch festlegen, dass der dort auftre-

Meshad Hashavyahu

„Wild Goat Style"

tende mittlere Wild Goat Style nicht später als 620 v. Chr. begann. Der Ausgräber hat aber die Schichten zumindest teilweise aufgrund von Cooks schon früher vorgenommener stilistischer Datierung der Wild Goat Style-Keramik datiert.

Eine Schwierigkeit liegt darin, dass Meshad Hashavyahu im Unterschied zu den meisten anderen Orten im Vorderen Orient mit keiner aus literarischen Quellen bekannten antiken Stätte in Verbindung gebracht werden kann. Der Ort war zudem nur für kurze Zeit belegt: Es gibt auf dem größten Teil des Geländes nur eine, an zwei begrenzten Orten zwei Schichten. Bemerkenswerterweise gibt es keine Zerstörungsschicht, sondern die Siedlung wurde offensichtlich einfach aufgegeben. Dafür wurden verschiedene Erklärungen aufgeboten, die aber alle angesichts des Befundes nicht zu überzeugen vermögen (referiert bei Waldbaum – Magness 38f.): Die oben bereits erwähnte Datierung wird historisch so interpretiert, dass der Ort zur Zeit des Königs Josiah (639–609 v. Chr.) unter judäischer Kontrolle stand und aufgegeben wurde, als der König bei Megiddo von dem ägyptischen Pharao Necho geschlagen wurde. Eine andere Meinung hält den Ort für eine Militärgarnison, in der nicht nur griechische, sondern auch phönizische und judäische Söldner, alle im Dienste des ägyptischen Pharaos, stationiert gewesen seien und die 604 v. Chr. bei der gleichen babylonischen Militäraktion, in der Nebukadnezar auch Ashkelon (s.o. S. 67) zerstörte, unterging. Eine dritte Version hält Meshad Hashavyahu ebenfalls für eine Militärgarnison, aber des judäischen Königs Jojakim während der kurzen Phase der Unabhängigkeit von Babylon zwischen 601 und 598/7 v. Chr.; das Fort sei aufgegeben worden, als Jojakim während Nebukadnezars Feldzug gegen Jerusalem 598/7 v. Chr. getötet wurde. Es gibt aber, wie erwähnt, keinerlei Anzeichen für ein gewaltsames Ende des Ortes und auch keine für eine ägyptische Besetzung, ja noch nicht einmal für Kontakt zu Ägypten. Alle bisher vorgeschlagenen Datierungen für das Ende des Ortes liegen aber jedenfalls am Ende des 7. Jahrhunderts v. Chr., was unbestritten sein dürfte, wenn auch kein absoluter Fixpunkt gewonnen werden kann, und irgendein Zusammenhang der Aufgabe von Meshad Hashavyahu mit der babylonischen Besetzung des südlichen Palästina dürfte wahrscheinlich sein.

Obwohl korinthische Keramik die am meisten verbreitete Handelsware des 7. und frühen 6. Jahrhunderts v. Chr. war (s.u. S. 73), ist sie erstaunlicherweise in der südlichen Levante nicht verbreitet; die gefundenen Fragmente sind so spärlich und klein, dass sie keine weiteren Aussagen zulassen. Importierte attische Keramik ist in Palästina erst in den Schichten persischer Zeit verbreitet, wurde aber an keinem der oben besprochenen Orte gefunden.

8. Smyrna

Die antike Stadt Smyrna liegt in der heutigen Türkei im Norden des Golfes von Izmir; um etwa 700 v. Chr. wurde die bereits existierende Siedlung von Ioniern aus Kolophon übernommen und ausgebaut, und u.a. mit einem orthogonalen Straßensystem und Tempeln versehen. Dieses Alt-Smyrna wurde von dem lydischen König Alyattes erobert und zerstört (Herodot I 16, 2); die Spuren dieses Ereignisses sind sowohl an dem Athenatempel wie auch an den Wohnhäusern klar festzustellen. Alyattes regierte (nach der mit Hilfe Herodots erschlossenen Chronologie) von 617–560 v. Chr. Zu Beginn seiner Herrschaft war er noch für fünf Jahre mit dem von seinem Vater übernommenen Krieg gegen Milet beschäftigt (Herodot I 18, 2). In seinen späten Regierungsjahren annektierten die Lyder Karien, was sicher erst unternommen wurde, nachdem die gefährlichen ionischen Städte im Rücken ausgeschaltet waren.

Zerstörung durch den Lyderkönig Alyattes

In der Zerstörungsschicht wurde eine große Menge an korinthischer Keramik gefunden, von denen die jüngsten Fragmente in die Blütezeit des frühkorinthischen Stils gehören. Für den Übergang zum Mittelkorinthischen (s. u. S. 73) gibt es noch keine Anzeichen.

Da die Zerstörung Alt-Smyrnas demnach noch vor dem Ende des frühkorinthischen Stils stattgefunden haben muss, das um 600/590 v. Chr. datiert ist, wird sie meist auf etwa 600 v. Chr. datiert. Die Datierung erfolgte aber auch hier nach der Keramik in der Zerstörungsschicht; aus den literarischen Quellen lässt sich ein konkretes Datum für das Ereignis in der langen Regierungszeit des Alyattes nur wahrscheinlich machen, aber nicht sicher fixieren.

9. Daphnai

Das heutige Tel Defenneh am Rand des Ostdeltas, am pelusischen Arm des Nils (heute zwischen Delta und Suezkanal), war eine wichtige ägyptische Grenzfestung, von der Herodot II 30, 2 f. berichtet:

Ägyptische Grenzfestung

Zur Zeit des Königs Psammetichos lag eine Besatzung in der Stadt Elephantine gegen die Aithiopier, im pelusischen Daphnai eine andere gegen die Araber und Assyrer, eine dritte in Marea gegen die Libyer. Noch zu meiner Zeit lagen an denselben Plätzen, an denen sie schon zur Zeit des Psammetichos lagen, auch Besatzungen der Perser; denn sowohl in Elephantine als auch in Daphnai halten die Perser Wache. (Übersetzt von E. Richtsteig, München 1961.)

Die ältesten Überreste des Ortes stammen noch aus der Ramessidendynastie, das Fort wurde von Psammetichos I. (664–610 v. Chr.) erbaut, die ältesten Funde darin sind hauptsächlich griechisch. Daher nahm man an, dass es sich dabei um eines der „Söldnerlager" handelte, die Psammetichos I. den Ioniern und Karern zugewiesen hatte, die ihn im Kampf um die Macht unterstützt hatten. Sie werden ebenfalls von Herodot (II 154, 3) beschrieben und lagen dem Historiker zufolge *„nach dem Meer hin […] an der sogenannten pelusischen Nilmündung"*.

90% der griechischen Keramik wurde in zwei Räumen des Forts gefunden, die wahrscheinlich zu einem späteren Zeitpunkt als Schuttablage benutzt wurden. Man kann feststellen, dass die Keramik zu einem sehr abrupten Ende kam, offensichtlich im Zusammenhang mit der Zerstörung von Teilen der Festung. Für griechische Keramik ist das nächste gesicherte Datum der athenische Perserschutt von 480/79 v. Chr. (s. u. S. 101); von dort aus nach den traditionellen stilistischen Sequenzen zurückgehend, lässt sich feststellen, dass das Material in Daphnai in der Mitte der zweiten

Eroberung Ägyptens durch die Perser

Hälfte des 6. Jahrhunderts v. Chr. aufhörte. Der wahrscheinlichste Anlass dafür ist die Eroberung Ägyptens durch den Perserkönig Kambyses 525 v. Chr.

Die Interpretation ist zwar einleuchtend, aber man muss in Erinnerung behalten, dass diese bisweilen schon als Fixpunkt für die attische Keramik bezeichnete Datierung dadurch zustande kam, dass die Zerstörung des Ortes (beziehungsweise sein Verlassen durch die griechischen Söldner in ägyptischen Diensten) mithilfe der etablierten Vasen-Chronologie datiert und danach mit einem historischen Ereignis in Verbindung gebracht wurde.

10. Sardeis

Grabhügel des Alyattes

Der oben erwähnte Lyderkönig Alyattes starb 560 v. Chr. und ist in Sardeis begraben. Sein Grabhügel ist durch die Beschreibung bei Herodot I 93, 2–3 sicher identifizierbar, vor allem aufgrund seiner Größe. Die Grabkammer unter dem Tumulus ist der früheste bekannte Marmorbau in Sardeis und weist innen ein bemerkenswertes profiliertes Marmorgesims auf. Da das Grab mehrfach ausgeraubt wurde, blieb von den Beigaben nicht viel übrig. Die Fragmente griechischer Keramik müssten aber jedenfalls um (und nicht später als) 560 v. Chr. entstanden sein. Auch aufgrund ihres bereits entwickelten schwarzfigurigen Stils, der ein langes Intervall zum orientalisierenden Stil der Keramik aus der Zerstörungsschicht von Smyrna aufweist, lässt sich schließen, dass die Zerstörung von Smyrna nicht in der Spätzeit der Herrschaft des Alyattes erfolgt sein kann.

Sardeis wurde 547 v. Chr. vom Perserkönig Kyros erobert, aber nicht zerstört; die Stadt wurde Residenz der persischen Satrapen. Eines der Gebäude des Kroisos, vielleicht sein Palast, überdauerte bis in römische Zeit. Auch auf der Akropolis sind Terrassen, Treppen und Mauern aus lydischer Zeit erhalten. Die Torfestung aus Lehmziegelmauerwerk wurde in Steinmauerwerk neugebaut. Dramatische Spuren – eine dicke Ascheschicht – hinterließ dann der ionische Angriff 499 v. Chr., bei dem die Stadt niedergebrannt wurde; 20 Jahre später nahmen die Perser dafür Rache in Athen (s. u. S. 101).

11. Griechische Kolonien in der Kyrenaika

Kyrene

Im dritten Viertel des 7. Jahrhunderts v. Chr. entstanden eine Reihe griechischer Siedlungen in der Gegend des heutigen Libyen, die von den Römern die Bezeichnung *Cyrenaica (provincia)* erhielt. Die früheste, nach der Schilderung bei Herodot IV 150–158 ungefähr um 631 v. Chr. datierte Gründung war Kyrene. Die von einer Hungersnot aus ihrer Heimatinsel Thera vertriebenen Griechen hatten sich zuerst auf einer kleinen Insel vor der Küste, dann beim Strand von Aziris niedergelassen, bis sie nach einigen Jahren die fruchtbare und wasserreiche Ebene von Kyrene entdeckten. Sehr bald, wahrscheinlich innerhalb von zehn Jahren, wurden von Kyrene aus Tochterkolonien angelegt: Taucheira, das heutige Tocra, dessen Gründung auch im Scholion zu Pindars 4. Pythischer Ode (V. 26) erwähnt wird,

Ptolemais, Apollonia (der Hafen von Kyrene) sowie, zu einem unbekannten späteren Zeitpunkt, der westlichste Ort, Euhesperides.

Die Funde griechischer Importkeramik archaischer Zeit aus Tocra weisen ein weites Spektrum auf und sind von hoher Qualität; sie bestehen vor allem aus frühkorinthischer Ware. Man hat daher auch hier nach dem traditionellen Datierungssystem für diese Phase korinthischer Keramik (ca. 625/20–600/590 v. Chr.) geschlossen, dass Taucheira bald nach Kyrene angelegt wurde. Zusätzlich sind diese Funde aber von Bedeutung, weil sie mit denen der 628 v. Chr. gegründeten sizilischen Kolonie Selinus (s. unten S. 75 f.) große Ähnlichkeit aufweisen und damit bestätigen, dass die beiden Gründungen zeitlich nicht weit auseinanderliegen.

Tocra

12. Folgerungen

Diese Übersicht zeigt, dass man bezüglich der chronologischen „Fixpunkte" im Nahen Osten sehr vorsichtig sein sollte. Das Problem liegt hier gerade nicht, wie sonst oftmals, an mangelnden Quellen: Im Gegenteil sind die in zahlreichen orientalischen und griechischen Quellen verzeichneten Feldzüge und kriegerischen Ereignisse dieser Zeit, mit denen man Zerstörungsschichten in Verbindung bringen kann, so zahlreich, dass eine Entscheidung oft nicht möglich ist. Hannestad 1996, 45 sprach mit gewissem Recht für diese Gegend von einer „Überdosis an Geschichte". Dies ist auch der Grund, weshalb die Chronologie Palästinas nach wie vor ständige Revisionen erfährt.

V. Gründungsdaten griechischer Kolonien und ihre Bedeutung für die Chronologie der korinthischen Keramik

Naxos 734 v. Chr.	Mylai 717/6 v. Chr.	Selinus 628 v. Chr.
Syrakus 733/2 v. Chr.	Tarent 706 v. Chr.	Kamarina 599 v. Chr.
Leontinoi 729 v. Chr.	Gela 688 v. Chr.	Massalia 598 v. Chr.
Megara Hyblaia 728 v. Chr.	Istros 657 v. Chr.	Akragas 580 v. Chr.

Für das Chronologiesystem der Klassischen Archäologie sind die Gründungsdaten griechischer Kolonien im westlichen Mittelmeerraum, vor allem in Sizilien und Unteritalien, ebenso wichtig wie die Fundzusammenhänge im Nahen Osten.

Überlieferung des Thukydides

Der Historiker Thukydides aus Athen (460–396 v. Chr.) gibt in Buch VI 3–6 einen Abriss der griechischen Kolonisation Siziliens:

> [3] Von den Hellenen aber gründeten zuerst die Chalkidier, die von Euboia herüberfuhren, Naxos – Thukles hieß der Gründer. […] Syrakus gründete das Jahr darauf Archias. […] Thukles und die Chalkidier legten von Naxos aus, vier Jahre nach der Gründung von Syrakus, die Stadt Leontinoi an, und danach Katana. […] [4] Um die gleiche Zeit kam auch Lamis aus Megara mit Siedlern nach Sizilien und gründete einen Ort namens Trotilos, später kamen sie von dort nach Leontinoi, um da für kurze Zeit Mitbürger der Chalkidier zu werden, wurden wieder herausgeworfen, gründeten Thapsos, wo Lamis starb, die andeern gaben Thapsos wieder auf, um nach dem Rat des Sikelerkönigs Hyblon, der die Feldmark hergab, Megara Hyblaia anzulegen. Nachdem sie dort 245 Jahre gewohnt, wurden sie von Gelon, dem Tyrannen von Syrakus, aus Stadt und Land vertrieben. Vor dieser Vertreibung, hundert Jahre nach ihrer eigenen Niederlassung, gründeten sie Selinus. […] Gela gründeten Antiphemos aus Rhodos und Entimos aus Kreta gemeinsam, mit neuen Siedlern, vierundvierzig Jahre nach der Anlage von Syrakus. […] Ziemlich genau hundertacht Jahre nach ihrer eignen Gründung legten die Geloer Akragas an. […] Zankle wurde ursprünglich gegründet von Kyme, einer chalkidischen Stadt im Opikerland, wo Seeräuber hingekommen waren; […] später wurden sie vertrieben von den Samiern und andern Ioniern, die, von den Persern verdrängt, in Sizilien gelandet waren; diese Samier verjagte nicht viel später Anaxilas, der Tyrann von Rhegion; er besiedelte die Stadt selbst mit einer vermischten Bevölkerung und nannte sie nach seiner eignen alten Heimat um in Messene. [5] Auch Himera wurde von Zankle aus gegründet. […] Akrai und Kasmenai wurden von Syrakus gegründet, Akrai siebzig Jahre nach Syrakus, Kasmenai etwa zwanzig Jahre nach Akrai. Kamarina wurde zuerst von Syrakus angelegt, ziemlich genau hundertfünfunddreißig Jahre nach der Gründung von Syrakus; […] da aber die Kamariner in einem Krieg gegen Syrakus, von dem sie abgefallen, ihre Heimat verloren, übernahm später Hippokrates, der Tyrann von Gela, ihr Land und wurde selbst der Gründer einer neuen Siedlung von Kamarina. Abermals entvölkert von Gelon, wurde sie ein drittes Mal von den Geloern neu gegründet.
> (Nach der Übersetzung von G. P. Landmann, Zürich 1960; gekürzt.)

Gründung von Syrakus

Thukydides gibt also eine Reihe von relativen Daten, die sich auf die Gründung von Syrakus beziehen und durch drei Verbindungen (zwei davon aus anderen Quellen) absolut verankert werden können (Dunbabin 1948, 435 f.):

– Thukydides sagt, die Zerstörung von Megara Hyblaia, die um 483/2 v. Chr. stattfand, sei 245 Jahre nach der Gründung erfolgt; diese muss somit um 728/7 v. Chr. gewesen sein. Megara Hyblaia war etwa gleichzeitig mit Leontinoi, das im fünften Jahr nach Syrakus gegründet wurde, was ein Gründungsdatum für Syrakus kurz vor 732/1 v. Chr. ergibt.

– Kamarina ist 153 Jahre nach Syrakus zu datieren; für diesen Ort ergibt sich aus der Kombination des Scholions zu Pindar Ol. 5,7 (16), I p. 143, 16f. Drachmann (Gründung Kamarinas in der 45. Olympiade) und Ps.-Skymnos Vv. 29–46 GGM I p. 208 Müller (Zerstörung des Ortes durch die Syrakuser 46 Jahre nach der Gründung) ein Datum von 598/7 v. Chr., für Syrakus demnach 733/2 v. Chr.

– Pindar gibt in Ol. 2, 93 an, Akragas habe zur Zeit des Sieges, den er besinge (476/5 v. Chr.), hundert Jahre bestanden; der Scholiast gibt ein Gründungsdatum von 580/79 v. Chr. an. Laut Thukydides liegt die Gründung von Akragas 108 Jahre nach derjenigen von Gela, diese wiederum 45 Jahre nach Syrakus, womit man wiederum auf ein Datum von 733/2 v. Chr. für Syrakus kommt.

Diese Gründungsdaten sind Grundlage für die Datierung der korinthischen Keramik der geometrischen, frühprotokorinthischen und frühkorinthischen Phase, die in großen Mengen an diesen Orten gefunden wurde, und im Anschluss daran auch für die protoattische Keramik und andere Kunstprodukte dieser Zeit (s. u. S. 86). Die korinthische Keramik war zu dieser Zeit marktbeherrschend und in allen griechischen Kolonien, später auch im einheimischen Hinterland, weit verbreitet. Sie ist aufgrund von Material, Form und Dekoration leicht zu erkennen und von einheimischen Imitationen zu unterscheiden: Der korinthische Ton hat eine charakteristische gelbe, manchmal grünliche Farbe und ist weich; die Gefäße sind meist nicht größer als etwa 30 cm. Die Zusatzfarben Rot und Weiß werden großzügig verwendet.

Leitform der korinthischspätgeometrischen Phase ist die weite, offene Kotyle (oft auch als Skyphos bezeichnet), ein zweihenkliges Trinkgefäß; früheste Vertreter sind die nach ihrem charakteristischen Dekor benannten „Chevron"-Kotylen beziehungsweise -Skyphoi (auch Kotyle Typus Aetos 666), die sehr verbreitet sind und in der Literatur oft „coppe cicladiche" genannt werden, und der Thapsos-Skyphos mit Metope (i.e. einer langrechteckigen, meist mit Zickzacklinien gefüllten Aussparung oben auf dem Gefäßkörper). Leitform der anschließenden frühprotokorinthischen Phase ist der kugelige Aryballos, ein in der Palästra verwendetes Salbgefäß; gleichzeitig bildet sich die höhere, schlanke Kotyle aus. Der Aryballos entwickelt sich weiter zu einer ovoiden, dann spitzen („birnenförmigen") Gestalt.

Kotyle und Skyphos

Chronologie nach Payne 1931:
Spätgeometrisch (LG) bis ca 725 v. Chr.
Frühprotokorinthisch (EPC) ca. 725–700 v. Chr.
Mittelprotokorinthisch I (MPC I) ca. 700–675 v. Chr.
Mittelprotokorinthisch II (MPC II) ca. 675–650 v. Chr.
Spätprotokorinthisch (LPC) ca. 650–640 v. Chr.
Übergang (TR) ca. 640–625 v. Chr.
Frühkorinthisch (EC) ca. 625–600 v. Chr.
Mittelkorinthisch (MC) ca. 600–575 v. Chr.
Spätkorinthisch I (LC I) ca. 575–550 v. Chr.
Spätkorinthisch II (LC II) nach ca. 550 v. Chr.

Chronologie nach Amyx 1988 und Dehl 1995:
LG 750–720 v. Chr.
EPC 720–690 v. Chr.
MPC I 690–670 v. Chr.
MPC II 670–650 v. Chr.
LPC 650–630 v. Chr.
TR 630–620/15 v. Chr.
EC 620/15– 600/590 v. Chr.
MC 600/590–570 v. Chr.
LC I 570–550/40 v. Chr.
LC II nach 550/40 v. Chr.

Chronologie-System von H. Payne

Bahnbrechend für die Verankerung dieser Abfolge im absoluten Zeitgerüst waren die Arbeiten von K. Friis Johansen 1923, der als erster die Einteilung der Aryballoi im Frühkorinthischen vornahm, und H. Payne 1931, dessen Chronologie darauf basiert, dass er die früheste in den Kolonien gefundene Keramik in deren Gründungsperiode datierte. Der Titel seines Buches, *Necrocorinthia*, bezieht sich darauf, dass das Material fast ausschließlich aus Gräbern stammt. Mit einigen Modifikationen und Verfeinerungen (s. u. und die Tabellen oben) hat dieses System noch heute Gültigkeit, trotz Einwänden und periodisch wieder aufgenommener Diskussionen, die hier betrachtet werden müssen. Die schwerwiegendsten Einwände kamen von den französischen Archäologen G. Vallet und F. Villard (Vallet – Villard 1952; Vallet – Villard 1958): Sie hielten die thukydideische Datierung von Megara Hyblaia (728 v. Chr.) für falsch, da ihr dort ausgegrabenes Material mindestens 25 Jahre älter sei als das älteste von Syrakus, das um 733 v. Chr. datiert sein müsste. Sie behielten das überlieferte Datum für Syrakus bei, errechneten aber für Megara Hyblaia ein Gründungsdatum von 750 v. Chr., das sich aus dem von ihnen angenommenen hohen Gründungsdatum (nach Eusebius und Diodor) von 650 v. Chr. für Selinus (s. u. S. 75) ergab plus dem bei Thukydides angegebenen Intervall von hundert Jahren zwischen der Gründung von Selinus und Megara Hyblaia. Das Ergebnis würde den Beginn der korinthischen spätgeometrischen Keramik um gut zwanzig Jahre auf 770 v. Chr. vorverlegen, doch allein die Methode dieser Berechnung ist schwindelerregend: So wird die Datierung des Thukydides zugunsten einer bei viel späteren und nicht unbedingt zuverlässigeren Autoren belegten abgelehnt, seine Intervall-Angabe aber beibehalten. Descoeudres 1976, 51 wollte daher auch lieber die bislang ältesten Funde aus Syrakus um dreißig Jahre später an das Ende des 8. Jahrhunderts v. Chr. datieren. Dieser Kunstgriff ist aber ebenso sinnlos, weil gerade das archäologische Material die Argumente für die Heraufdatierung entkräftete: Schon Coldstream 1968, 324 betonte, dass die stilistischen Argumente, die Vallet und Villard für das höhere Alter der Keramik aus Megara Hyblaia gegenüber derjenigen aus Syrakus anführen, nicht überzeugend sind; so wurde unter anderem ein Gefäß mit hohem S-Profil der Lippe, das für Vallet und Villard spät ist, auch schon in dem frühen spätgeometrischen Grab 236 auf Pithekussai (dazu s. u. S. 79) gefunden; zudem konnte man schon damals vermuten, dass aus Megara Hyblaia wohl einfach deshalb mehr Thapsos-Skyphoi stammten, weil der Ort, der seit der Zerstörung 476

Umstrittene Datierung der Gründung von Megara Hyblaia

v. Chr. nicht mehr überbaut war, in den 1940er Jahren großflächig ausgegraben wurde, während das Syrakus der Kolonisationszeit unter mehreren antiken und modernen Städten begraben ist. Fittschen 1969, 204 hat zudem darauf hingewiesen, dass Vallet und Villard am thukydideischen Gründungsdatum für Leontinoi, nämlich 728 v. Chr. festhielten. Die Ausgrabungen aus Leontinoi erbrachten aber Vasenscherben, die aus derselben Zeit stammen mussten wie die Keramik aus Megara Hyblaia, was eine Hinaufdatierung des letzteren Ortes unmöglich macht. Endgültige Klarheit brachten schließlich die neuen Grabungen in Syrakus (und das erneute Studium älterer Funde) durch Pelagatti in den 1980er Jahren, die weitaus mehr Thapsos-Ware geometrischer Zeit erbrachten und damit die Behauptung, Syrakus müsse jünger sein Megara Hyblaia, definitiv widerlegten. Zur Zeit ist von beiden Orten so viel Keramik bekannt, dass Überraschungen, die die konventionelle Chronologie umstoßen könnten, sehr unwahrscheinlich sind.

G. Vallet und F. Villard (Vallet – Villard 1958) lehnten auch das bei Thukydides überlieferte Datum für Selinus ab, das von den Megarern hundert Jahre nach der Mutterstadt Megara Hyblaia gegründet wurde (Thukydides VI 4), was eine Gründung im Jahre 628 v. Chr. ergibt. Dieses Datum ist in der Klassischen Archäologie Eckstein für den Beginn der frühkorinthischen Phase der Keramik (Payne 1931, 22 f.; Neeft 1987, 370). Vallet und Villard hielten Diodorus Siculus, den Universalhistoriker des 1. Jahrhunderts. v. Chr. für glaubwürdiger, der XIII 59,4 die Lebensdauer der Stadt bis zu ihrer Zerstörung durch die Karthager (409 v. Chr.) mit 242 Jahren angibt, was zu einem Gründungsdatum von 651 v. Chr. für Selinus führt. Diese Datierung hat auch der Kirchenhistoriker Eusebius übernommen. Die beiden französischen Archäologen wollten allerdings die konventionelle Datierung des Beginns der frühkorinthischen Keramik beibehalten, ungeachtet dessen, dass sie damit ihren eigenen früheren Folgerungen (Vallet – Villard 1952) widersprachen, die ja das gesamte System erheblich hinaufdatiert hatten. Selinus ist die einzige Kolonie, bei der die literarische Überlieferung zwei so weit voneinander abweichende Daten überliefert; eine überzeugende Erklärung dafür bot aber schon Wentker 1958, 136–139, dessen sprachliche Analyse der entsprechenden Thukydides-Stellen den scheinbaren Widerspruch auflöste: Thukydides bezeichnet die Unternehmung des Gründers als *katoikízein* (im Gegensatz zum sonst üblichen *oikízein*), ein Wort, das er nur verwendet, wenn griechische Bevölkerung in eine bereits vorher von Griechen bewohnte, inzwischen irgendwann verlassene Stadt oder Siedlung „einsiedelt". Offenbar bestand schon vorher, zu dem bei Diodor überlieferten früheren Zeitpunkt eine griechische, wahrscheinlich megarische Siedlung, die zu unbedeutend war, als dass Thukydides sie eigens erwähnt hätte, aber doch so wichtig, dass er das vorangehende Stadium durch seine Wortwahl andeutete; vielleicht ist eine von den einheimischen Elymern vertriebene Gruppe zurückgekehrt. Eine sogar dreifache Gründung ist ja auch von Kamarina belegt. Zum Zeitpunkt dieser archäologischen Diskussion war die Keramik von Selinus nur sehr unzureichend publiziert; obwohl bereits seit dem späten 19. Jahrhundert Grabungen stattgefunden hatten, gelangte fast die gesamte Keramik schlecht dokumentiert ins Magazin, was die spätere Rekonstruktion von Fundzusammenhängen

Gründungsdatum von Selinus

unmöglich machte. Die Aufarbeitung eines gewichtigen Komplexes, des Materials aus dem Malophoros-Heiligtum, erfolgte erst durch Dehl – von Kaenel 1995; die Ergebnisse zeigen aber keinen Widerspruch zu dem thukydideischen Gründungsdatum, das ungefähr den Beginn der frühkorinthischen Phase markiert. Eine Bestätigung ist auch, dass die Zusammensetzung der Keramik weitgehend mit derjenigen aus dem Demeter- und Koreheiligtum von Tocra (s. o. S. 71) übereinstimmt, also der griechischen Kolonie in Libyen, die um die gleiche Zeit (bald nach 631 v. Chr.) gegründet wurde.

Einwände gegen Thukydides

Obwohl die Einwände von Vallet und Villard seit längerem als widerlegt gelten können, wurden sie etwas ausführlicher referiert, da sie schwerwiegende und anhaltende Fogen hatten: Sie bewirkten nämlich ein generelles Misstrauen gegenüber beziehungsweise die völlige Ablehnung der bei Thukydides überlieferten Zusammenhänge, deren Historizität grundsätzlich bestritten wird. Am prägnantesten wurde dieser „Nihilismus" von Ducat 1962 formuliert, der sämtliche Daten vor der Mitte des 6. Jahrhunderts v. Chr. für ungesichert hielt und zu dem düsteren Fazit gelangte, Datierungen, die auf den Gründungsdaten sizilischer Kolonien beruhten, „beruhen auf nichts" (Ducat 1962, 182). Ebenso hielt auch Descoeudres 1976, 50f. die griechischen Daten archaischer Zeit für „protohistorisch", da sie erst zu Beginn des 5. Jahrhunderts v. Chr. aufgrund genealogischer Listen errechnet worden seien. Zweifel aufgrund von vermeintlich im Widerspruch zu den historisch überlieferten Daten stehenden archäologischen Funden wuchsen sich rasch zur Radikalkritik an Thukydides' Methode aus, die zur künstlichen Rekonstruktion von Ereignissen erklärt wurde, die für den Historiker überhaupt nicht mehr erfassbar gewesen seien. Einflussreich für diese Ansicht war auch die Studie von Compernolle 1960, auf die sich Ducat und Descoeudres stützten. Compernolle glaubte nachgewiesen zu haben, dass Thukydides' Daten auf ein einheitliches chronologisches System zurückgingen, das wahrscheinlich in der ersten Hälfte des 5. Jahrhunderts v. Chr. von Antiochos von Syrakus aufgestellt worden sei und mit einem starren Schema von Generationen zu 35 Jahren arbeite. Diese textimmanenten Einwände lassen sich relativ leicht widerlegen; sie unterschätzen sowohl Thukydides wie auch das zu seiner Zeit erreichte Niveau der verfügbaren Aufzeichnungen. Bereits Dunbabin 1948, 452 hat klargestellt, dass die Anfänge der Kolonien nicht in den Nebeln der Dark Ages liegen, sondern „in the full activity of history". Thukydides hatte mit Sicherheit keine schematische Berechnungsgrundlage, was sofort klar wird, wenn man eine solche anzuwenden versucht: So liegen zwischen Syrakus und Gela 45 Jahre, zwischen Gela und Akragas 108, und zwischen Syrakus und Kamarina 135; diese Abstände lassen sich ebensowenig auf ein einheitliches Generationenschema zurückführen wie die sechs oder sieben Jahre, innerhalb deren die ersten vier Kolonien (Naxos, Syrakus, Leontinoi, Megara Hyblaia) gegründet wurden. Daher sind die absoluten Daten, die man erschließen kann, mit keiner stets gleichen, zugrundeliegenden Zahl oder deren Bruchteilen zu errechnen.

Quellen des Thukydides

Keine Generationenzählung bei Thukydides

Bei Thukydides lässt sich keine einheitliche Generationenzählung feststellen, weil er seine Zeitangaben aus früheren Quellen übernimmt, die sich nach den jeweiligen lokalen Eponymenlisten richteten. Die Jahre seit der Gründung wurden zweifellos in den einzelnen Kolonien gesammelt, denn sie spielten eine große Rolle bei der für Hegemonieansprüche wichtigen Frage, welches die erste, älteste Gründung sei. Antiochos von Syrakus, der älteste westgriechische Historiker, dessen Geschichtswerk über Sizilien (*Sikeliká* in 9 Büchern) bis 424 v. Chr. reicht, sammelte diese lokalen Traditionen und brachte sie in eine historische Ordnung, wobei die gut zweihundert Jahre, die ihn von den Ereignissen trennen, keinen unüberbrückbaren Abstand darstellen. Thukydides prüfte das Material an Ort und Stelle nach.

Wenn es also auch bislang keine plausiblen Argumente gab, um ein thukydideisches Datum durch ein anderes zu ersetzen, so sind grundsätzliche Bedenken gegen die aus diesen Angaben erschlossene Chronologie der frühgriechischen Kunst nicht von der Hand zu weisen. Die Voraussetzung der Methode, dass die älteste gefundene Keramik dem Gründungsdatum der Kolonien entspricht, wurde zum Beispiel von Neeft (1987, 371) bezüglich der protokorinthischen Aryballoi als viel zu optimistisch kritisiert.

Grundsätzliche Kritik an der Methode

1. Es lässt sich meist nicht mit absoluter Sicherheit sagen, dass die älteste Schicht beziehungsweise die älteste Nekropole gefunden wurde. Noch schwieriger ist dies an den vielen Orten, wo das Gelände ganz oder größtenteils durch die moderne Stadt überbaut wurde und das frühste Material nur in spärlicher Menge vorhanden ist. Wie entscheidend das Ausmaß der Grabungen und die Masse des Materials sein kann, hat der Fall von Syrakus und Megara Hyblaia (s. o. S. 74) gezeigt.

2. Die Keramik stammt fast ausschließlich aus Gräbern (und nur selten aus Heiligtümern und Siedlungen, s. u. S. 81): Wieviel Zeit vergeht zwischen der Stadtgründung und der Anlage der ersten Gräber? Oft wird eine Zeitspanne von bis zu einer Generation angenommen (vgl. z. B. Descoeudres 1976, 50 Anm. 236 mit der früheren Literatur).

3. Gab es eine „Vorkolonisationsphase", in der bereits Handelskontakte zwischen Griechen und Einheimischen stattfanden und während deren also bereits griechische Keramik importiert wurde? Und wenn ja, ließe sich überhaupt an den Grabungsbefunden feststellen, ob Importkeramik bereits dann oder erst zur Zeit der Gründung in die Kolonie gelangte? Muss man in diesem Zusammenhang auch annehmen, dass antike Gründungsüberlieferungen simplifizierte Wiedergaben komplexer demographischer Prozesse sind, die sich über längere Zeit erstreckten?

Ein kurzer Überblick (vgl. auch Neeft 1987, 363–380) über einige sizilische und unteritalische Kolonien – mit Ausnahmen der bereits besprochenen Selinus, Syrakus und Megara Hyblaia – sowie der Hinweis auf drei wichtige weitere Siedlungen – Pithekussai, Istros, Massalia – sollen diese Probleme etwas klären:

Weitere sizilische Kolonien

Naxos (gegr. 734 v. Chr.) ist unzweifelhaft die älteste griechische Siedlung auf Sizilien, ob davor eine sikulische Siedlung an der Stelle bestand, ist unklar. Die ausgegrabene Fläche ist klein; es kamen aber sehr frühe, runde Aryballoi zum Vorschein.

Leontinoi wurde nach Thukydides VI 3, 3 von Kolonisten aus Naxos vier Jahre nach Syrakus, also 729/8 v. Chr. gegründet; die einheimische Nekropole bezeugt, dass die autochthone Bevölkerung neben den griechischen Kolonisten weiterlebte. Die Funde korinthischer Importe stammen aus dem

Gebiet der griechischen Siedlung und sind, wie die der übrigen Kolonien der ersten Generation (Syrakus, Megara Hyblaia, Naxos, Zankle) in die spätgeometrische Zeit zu datieren.

Was Katane (heute Catania) betrifft, so bleibt bei Thukydides VI 3, 3, unklar, wieviele Jahre genau dessen Gründung nach der von Leontinoi lag; es können dem Text zufolge aber wohl nicht sehr viele gewesen sein, und das Material aus dem späten 8. Jahrhundert v. Chr. würde dem jedenfalls nicht widersprechen.

Zankle muss nach der ältesten Kolonie Naxos, aber vor seiner eigenen Kolonie Mylai, angelegt worden sein, also zwischen 734/3 und 717/6 v. Chr.; unklar bleibt aber, wie lange die „Piraten" aus Kyme vor den Euböern dort waren. Der archäologische Befund zeigt aber die gleiche korinthisch-spätgeometrische Keramik wie in Megara Hyblaia, Naxos und Leontinoi.

Das Gründungsdatum für Mylai (Milazzo), 717/6 v. Chr., wird aus Eusebius chron p. 90b (Helm) (Ol. 16,1) erschlossen. Hier wurden die frühesten griechischen Gräber gefunden, die unmittelbar neben den einheimischen liegen, die der Kolonie vorausgehen; es gibt also in diesem Fall eine horizontale Stratigraphie (Fittschen 1969, 205; Amyx 1988, 414). Die Grabbeigaben bestanden u. a. aus frühprotokorinthischen Kugelaryballoi, Kotylen und Oinochoen.

Gela wurde 690 v. Chr. (Thukydides VI 4, 3: 45 J. nach Syrakus) gegründet. Diese Kolonie lieferte Payne ein wichtiges Argument für die Abfolge der protokorinthischen Keramik: Da keine runden Aryballoi in Gela zum Vorschein kamen, existierte diese Form nicht mehr nach ca. 700 v. Chr. Tatsächlich wurden bis heute nur ovoide Aryballoi nebst zwei dem Übergangstypus angehörende Gefäße gefunden. Das Material hat also bis jetzt die Einteilung nicht widerlegt.

Akragas

Akragas (heute Agrigent) wurde nach Thukydides VI 5,4 153 Jahre nach Syrakus gegründet, womit man auf ein Datum von 582/1 v. Chr. kommt. Diese Datierung erhält eine Bestätigung in den Scholien zu 166e, 168 (I p. 101 Drachmann) der zweiten Olympie des Pindar (geb. 522/518 v. Chr.), laut denen Akragas in der 50. Olympiade gegründet wurde, was ein Datum von 580–577 v. Chr. ergibt. Die erste dieser gelehrten Anmerkungen fügt außerdem hinzu, dass der in dem Siegeslied gefeierte Theron von Akragas seinen Sieg in der 76. Olympiade (= 476 v. Chr.) beziehungsweise 104 Jahre nach der Gründung der Stadt errang (und merkt an, dass Pindar gerundete Zahlen verwendet). Derselbe Sieg ist für die 76. Olympiade auch im Oxyrhynchos-Papyros 222, 1, 18 verzeichnet. Die unabhängige Quelle kommt also auf zwei Jahre genau an Thukydides heran (Amyx 1988, 410–422). Die ältesten Nekropolen wurden erst in der 80er-Jahren des 20. Jahrhunderts ausgegraben; es wurde aber kein Material gefunden, welches der literarischen Datierung widersprechen würde; die früheste Keramik ist nach dem überlieferten System mittelkorinthisch.

Griechische Kolonien in Unteritalien

Was die Situation in Unteritalien anbelangt, so gab es in Kalabrien schon aus der Zeit vor der Kolonisation Importe aus der Levante, wie zum Beispiel Skarabäen; griechische Keramik wurde aber, wie in Sizilien, so auch in Unteritalien, erst im Zusammenhang mit den griechischen Gründungen an der Küste verbreitet.

Das älteste korinthische Material, Thapsos-Skyphoi mit Metope aus spätgeometrischer Zeit, stammt aus Sybaris, wo es keine Spuren einer vorkolonialen Besiedlung gibt. Zu der Keramik passt die Nachricht bei Strabon VI 1, 13 p. 263, wonach die Siedlung um 720 v. Chr. von Achäern aus Elis gegründet wurde. Zur gleichen Zeit wird auch bereits korinthische Keramik nach Kroton importiert, woraus sich schließen lässt, dass dort ebenfalls eine griechische Siedlung bestand, denn in das Hinterland der ionischen Küste findet keine Verbreitung statt.

Taras (heute Tarent) in Apulien, war die einzige Kolonie Spartas und wurde nach Eusebius chron. p. 91 b (Helm) 706 v. Chr. gegründet. Aus der Frühzeit sind bis heute nur vereinzelte, isolierte Gräber bekannt, kontinuierliche Funde gibt es erst seit dem zweiten Viertel des 7. Jahrhunderts v. Chr. Beigaben der protokorinthischen Zeit bestehen fast nur aus Parfumfläschchen, und die im Vergleich zu Gräbern gleichzeitiger Kolonien auffallende Armut der Bestattungen führt natürlich zur Frage, ob sich hier wirkliche Armut der Kolonie oder eine „spartanische", vielleicht gesetzlich geregelte Lebensweise spiegelt. Im ersten Jahrhundert der Existenz der Kolonie ist jedenfalls mehr als 90% der Keramik korinthisch, wobei sich die verwendeten Formen nicht von denen in gleichzeitigen Kolonien Siziliens unterscheiden.

Eine wichtige griechische Kolonie ist das von Siedlern aus Euboia gegründete Pithekussai (Ridgway 1992), für das keine literarische Gründungsüberlieferung vorliegt, dafür ein für Fragen der Chronologie entscheidendes Fundstück, nämlich der namengebende Skarabäus des Bocchoris-Grabes. Der in der griechischen Überlieferung Bocchoris genannte Pharao (ägyptisch Bknrnf/Wohkere) von Sais regierte von 720 v. Chr. an und wurde 715 v. Chr. vom Kuschitenkönig Sabako besiegt und getötet; seine Kartusche liefert also für die Aryballoi und das übrige Grabinventar einen *terminus post quem*. Die korinthische Keramik aus diesem Grab gehört der frühprotokorinthischen Phase an und entspricht den frühsten Importen zum Beispiel aus Sybaris und Mylai, die nach der schriftlichen Überlieferung in dieser Zeit gegründet wurden. Damit bestätigt das Bocchoris-Grab die aus den literarisch überlieferten Gründungsdaten gewonnene Chronologie. Pithekussai lieferte die größte Anzahl Skarabäen, die auf einem griechischen Friedhof gefunden wurden und war offensichtlich ein wichtiger Ausgangspunkt für die Verbreitung östlicher Luxusgüter, die sich nach der Gründung der Kolonie zunehmend in campanischen Grabinventaren, vor allem von Kyme (Cumae), feststellen lassen. Aus diesem Grund scheint der bisweilen erhobene Einwand, bei dem Skarabäus des kurzlebigen Pharaos Bocchoris (der zudem auch schon Abnützungsspuren zeigt), könnte es sich um ein in Ehren gehaltenes „Erbstück" handeln, das erst nach langer Zeit in das Grab gelangte, nicht überzeugend (s. auch u. S. 109 zur Francis-Vickers-Chronologie).

Pithekussai

Für die chronologische Verankerung der ostgriechischen Keramik (s. u. S. 86) sind vor allem die Fundzusammenhänge aus dem Nahen Osten wichtig, da diese Keramik fast nur in die griechischen Siedlungen in Ägypten und Libyen sowie in das Schwarzmeergebiet exportiert wurde. Von den Kolonien im Pontos weist Istros (heute Histria in Rumänien) eine gute Stratigraphie auf. Die Siedlung wurde laut Eusebius chron. p. 95b (Helm) in

Istros

der 30. Olympiade, das heißt 657/6 v. Chr. von Milet gegründet, was einen *terminus post quem* für die dort gefundene ostgriechische Keramik darstellt. Allerdings sind wohl auch hier Zweifel an der Zuverlässigkeit des Autors nicht von der Hand zu weisen: Wie schon bei den sizilischen Gründungsdaten sichtbar wurde, hat Eusebius die Tendenz, zu hohe Daten anzugeben. Dies gilt auch von seiner Angabe zu Olbia (laut Chron. p. 95 [Helm] 647/6 v. Chr., aber in Olbia selbst wurde keine vor 600 v. Chr. datierbare Keramik gefunden), das der gleichen Welle der milesischen Kolonisation angehört.

Massalia

Ein sicherer Punkt ist wohl die Datierung der Gründung Massalias (Marseille in Südfrankreich) um 600 v. Chr., die von Timaios bei Ps.-Skymnos v. 211–214 (= FGrHist 566 F 71) mit „120 Jahren vor Salamis" angegeben wird. Der sizilische Historiker Timaios von Tauromenion (Taormina), der sich auch mit Chronologie befasste und der Olympiadenrechnung in der Geschichtsschreibung zum Durchbruch verhalf (s. o. S. 56), lebte von ca. 350–260 v. Chr. und dürfte damit noch nahe genug an den ursprünglichen Quellen gewesen sein, um ein zuverlässiges Datum zu überliefern. Eine zumindest relative Bestätigung ist auch hier, dass die Keramik von Kamarina (gegründet 598 v. Chr.) ein sehr ähnliches Bild bietet. Nebst den korinthischen gibt es ostgriechische (ionische Schalen) sowie bemerkenswert zahlreiche attische Importe, die wie in Etrurien hier sehr früh beginnen. Vom Beginn der Siedlung an ist ein starker, kontinuierlicher und stets wachsender Import festzustellen, was die rasche politische und ökonomische Entwicklung der Stadt seit dem Beginn des 6. Jahrhunderts v. Chr. deutlich macht.

Insgesamt liefert dieser Überblick Argumente für die Zuverlässigkeit des thukydideischen Systems:

1. In Megara Hyblaia, Sybaris und Gela bestand nachweislich keine einheimische, vorgriechische Siedlung, in Mylai ein deutlicher Abstand zwischen der sikelischen Siedlung, die vom 11.–9. Jahrhundert v. Chr. nachweisbar ist, und der griechischen Kolonie. Die Wahrscheinlichkeit, dass die ältesten gefundenen Schichten das früheste griechische Material enthalten, das zudem auch nicht schon vorher an den Ort gelangt sein konnte, ist daher groß, zumal in dem später nicht überbauten Megara Hyblaia. Es ist zudem kaum anzunehmen, dass an jedem Grabungsort die ältesten Schichten verfehlt wurden.

Zuverlässigkeit des Thukydides

Das archäologische Material bestätigt außerdem die relative Chronologie, d. h. die Reihenfolge der Koloniegründungen. Das älteste Material findet sich in den frühesten Gründungen, das heißt spätgeometrische Importe in Sizilien blieben auf die Kolonien an der Ostküste (Naxos, Syrakus, Megara Hyblaea, Zankle, Leontinoi) beschränkt, während die Keramik in den Kolonien der zweiten Generation eine deutlich spätere Stilstufe aufweist. Dies spricht jedenfalls grundsätzlich für die Glaubwürdigkeit der historischen Tradition (Dunbabin 1948, 458; Dehl 1984, 21 f.).

Die Keramikfunde aus dem Nahen Osten, die aufgrund von Zerstörungshorizonten oder bei Herodot überlieferten historischen Ereignissen datiert werden, stützen die aus Thukydides gewonnenen sizilischen Daten. (Das Material ist bisweilen mit Unsicherheiten oder Ungenauigkeiten behaftet, steht aber nirgendwo in Widerspruch zum traditionellen System.) Das an ähnlich datierten Orten gefundene Material unterscheidet sich zwar oft in der Quantität, stimmt aber in der Zusammensetzung überein, wie zum Beispiel das von Selinus und Tocra.

2. Falls es eine Zeitspanne zwischen Anlage der Siedlung und den ersten Gräbern gab, so ist sie vernachlässigbar. Ridgway 1992, 103 ist aufgrund seiner Studien in Pithekussai auf eine Zahl von 1500–2500 Bestattungen im ersten halben Jahrhundert (750–700) der Kolonie gekommen und zitiert dazu Berechnungen, wonach man in Ackerbaugesellschaften mit dreißig Toten pro tausend Einwohner jährlich rechnen könne, also etwa dreimal mehr als in modernen Gesellschaften. Die Grabungen ergaben zudem eine enorm hohe Kindersterblichkeit, worin sich Pithekussai nicht von anderen Kolonien unterscheiden dürfte.

Aufschlussreich ist außerdem ein Vergleich mit einem neuzeitlichen Kolonisationsunternehmen, für das entsprechende Zahlen vorliegen. Die Statistik von Sydney in den ersten zwanzig Jahren seines Bestehens zeigt, dass im ersten Jahr 41 von 1000 Menschen starben; auch in allen darauffolgenden Jahren verändern sich diese Zahlen nicht signifikant. Der Umstand, dass in den ersten Jahren einer Kolonie die durchschnittliche Bevölkerung jünger und kräftiger ist als in einer normalen Gesellschaft, hat offensichtlich auf die Sterberate keinen Einfluss; sie ist von Anfang an in einer Kolonie ebenso hoch wie in einer gewachsenen, durchmischten Gesellschaft. Womöglich hängt dies auch damit zusammen, dass die ersten Siedler größeren Gefahren und Belastungen ausgesetzt waren als die folgenden Generationen; auch dürfte nicht nur die Kindersterblichkeit, sondern auch die Gefahr, an einer Geburt zu sterben, hoch gewesen sein. Eine signifikante Lücke zwischen Gründungsdatum und ersten Bestattungen anzunehmen scheint daher unnötig.

Vergleich mit neuzeitlichem Unternehmen

3. Vorkoloniale Handelskontakte fanden nicht in nennenswertem Ausmaß statt; die Funde sprechen eher für das „traditionelle" Kolonisationsmodell mit größeren Bevölkerungsverschiebungen, die durch Thukydides datiert sind. Morris 1996, 56 betont die „apparent abruptness of the arrival of Greek elements"; ausgedehnte Siedlungen und griechische Heiligtümer erscheinen fast plötzlich in spätgeometrischer Zeit.

Nach dem heutigen Kenntnisstand des Materials wurde korinthische Keramik nicht vor der Gründung der Kolonien in den betreffenden Regionen vertrieben; bei der Verbreitung der Importkeramik spielten die Kolonien die entscheidende Rolle (Dehl 1984, 98 f.).

Allgemeine Schlussfolgerungen
Trotz der insgesamt positiven Ergebnisse zugunsten der traditionellen, thukydideischen Chronologie sollte man sich immer der Problematik gewisser Prämissen bewusst bleiben:

Tatsächlich hat sich dieses Datierungssystem inzwischen so sehr verselbständigt, dass oft selbst Fachleuten nicht mehr klar zu sein scheint, worauf es beruht; so kann man zum Beispiel immer wieder lesen, die korinthische Keramik sei „unabhängig" („independently") datiert. Bowden 1991 hat in amüsanter tabellarischer Form dargestellt, wie die durch die antike Geschichtsschreibung überlieferten historischen Ereignisse beziehungsweise Gründungsdaten bestimmten Keramikdatierungen von einer

Keine „unabhängigen" Daten

archäologischen Publikation zur nächsten immer selbständiger werden. Ebenso häufig ist daher die Annahme, die aus der Literatur gewonnenen Datierungen würden durch das damit ja erst datierte Material bestätigt (so z. B. Miller 1970, 167f. 177. 180). Es soll daher noch einmal klar betont werden, dass es keine unabhängigen, materialimmanenten Daten gibt, und man sich stets vor Zirkelschlüssen hüten sollte: das archäologische Material datiert keine Ereignisse! Auch wenn man Datierungen in Frage stellt, so bleibt in Sizilien Thukydides die entscheidende Referenzgröße bei Interpretationen wie „früher" oder „später".

Unzuverlässigkeit des Eusebius

Korrekturen an Thukydides lassen sich nicht mit Eusebius oder anderen späteren Autoren begründen. Der Kirchenhistoriker Eusebius von Caesarea (geb. um 264/5 n. Chr.) erstellte synchronistische Tabellen, um das höhere Alter und damit den Vorrang der jüdischen Religion vor der heidnischen zu beweisen; sie reichten von der auf 2106/05 v. Chr. datierten Geburt Abrahams bis 303 n. Chr., in der zweiten Auflage bis 325. Das griechische Original des Werks ist verloren; erhalten ist die lateinische Übersetzung, Ergänzung und Fortführung bis 378 n. Chr. des Hieronymus (geb. um 347 n. Chr.). Eusebius' Chronik ist durchaus von Wert, wenn sie von anderen Quellen gestützt wird (s. u. S. 83 zu den Panathenäischen Amphoren), doch grundsätzlich ist es methodisch fragwürdig, einen Autor, der noch vergleichsweise nahe am Geschehen war, beziehungsweise sich auf direkte lokale Quellen stützen konnte, zugunsten eines viel späteren abzulehnen (vgl. auch u. zur Francis-Vickers-Chronologie).

Schematismus der Stilphasen

Die Fragen und Zweifel, die bereits im Kapitel zur stilistischen Entwicklung (s. o. S. 24 f.) formuliert wurden, behalten natürlich auch hier ihre Gültigkeit, wenn es um die Unterteilung der Phasen geht: Wie lange dauert eine Stilphase? Kann nicht eine Phase auch noch eine Weile weitergehen, wenn bereits eine neue „erfunden" wurde? Bei Paynes Chronologie (s. o. S. 73) wird rasch sichtbar, dass seinen Epochen jeweils Einteilungen in Dreiviertel-Jahrhunderte zugrunde liegen; daher wurde die länger dauernde mittelprotokorinthische Phase in die Stufen I und II aufgeteilt, dafür aber die folgenden spätprotokorinthische und Übergangs-Phase zusammengedrückt, was verständlicherweise Unbehagen und Skepsis auslöste. Dieser Schematismus bleibt bestehen, wie sehr man das System auch modifiziert und im Lichte neuer Funde verfeinert. Gerade bei der Keramik hat die von Payne und Amyx angewandte stilistische Methode der Einteilung zudem den Nachteil, dass sie sich auf die qualitätvollen und charakteristischen Einzelstücke stützt; damit bleibt ein großer Teil von der (ohnehin oft umstrittenen) Zuordnung ausgeschlossen. Problematisch ist diese Art der Erfassung auch, weil in Korinth seit Beginn der frühprotokorinthischen Phase Serienproduktion nachgewiesen ist (dazu Dehl – von Kaenel 1995, 22–28). Kein noch so feines Netz kann Grenzfälle, Übergangsphasen, „Ungleichzeitiges" oder auch die möglichen Unterschiede in Stil und Qualität bei einem einzelnen Maler erfassen. In dieser Hinsicht scheint auch der sonst sehr skeptische Neeft (1987, 379) zu optimistisch, wenn er die Aryballoi auf 5 Jahre genau einteilt.

Das aus den Gründungsdaten gewonnene System stellt also die größtmögliche Annäherung an die 'historische Wirklichkeit' dar. Vollständig ausschließen lassen sich Überraschungen aber nie.

VI. Archaische Zeit in den griechischen Kerngebieten

1. Vasenmalerei: Frühattische Keramik

Die Datierung der frühen schwarzfigurigen Keramik aus Athen beruht zu großen Teilen auf der Betrachtung von Zügen und Motiven, die von der korinthischen Keramik übernommen wurden. Von der Mitte des 7. Jahrhunderts v. Chr. an wurde in Athen die in Korinth erfundene schwarzfigurige Technik und mit ihr auch Verzierungen wie Tierfries und Füllornamente übernommen; kopiert werden in Athen auch die mittelkorinthischen Komastenschalen. Stilistische Vergleiche mit datierter korinthischer Keramik ermöglichen die Einordnung; vor allem die engen Beziehungen zwischen attischer und korinthischer Keramik im Mittelkorinthischen und Spätkorinthischen I ermöglichen ein „cross-checking", da in dieser Epoche ein Austausch von Formen, Themen, Techniken und sogar Stilelementen stattfand. Am Ende der Mittelkorinthischen Epoche (575 v. Chr.) wechselt die der Vasenchronologie zugrundeliegende Basis von der korinthischen zur attischen Keramik.

„cross-checking"

a) Panathenäische Preisamphoren

Ein Fixpunkt der frühattischen Keramik sind die frühesten Panathenäischen Preisamphoren; der Beginn dieser Serie wird im folgenden besprochen.

Seit dem frühen 7. Jahrhundert v. Chr. wurde eine Reihe von panhellenischen Spielen mit sportlichen und musikalischen Wettkämpfen gegründet, so zum Beispiel in Delphi (582 v. Chr.), Isthmia bei Korinth (581 v. Chr.) und Nemea (573 v. Chr.); auch die aufstrebende Polis Athen wollte nicht zurückstehen und richtete 566/5 v. Chr. die Panathenäen ein. Dieses Datum ergibt sich aus der Angabe in Eusebius' Chronik in der lateinischen Version des Hieronymus (s. o. S. 82) für das Jahr 1450/1 nach Abraham beziehungsweise Ol. 53,3–4 (Hier. chron. p. 102 b 4 f.): *Agon gymnicus quem Panathenaeon vocant, actus* („der gymnische Wettkampf, den man Panathenäen nennt, wurde eingesetzt"). Was Eusebius' Quellen waren, ist nicht zu ermitteln; womöglich waren auch zu seiner Zeit immer noch Archontenlisten erhältlich. Als Bestätigung dieser Angabe wird eine Stelle der Thukydides-Vita des Marcellinus (5./6. Jh. n. Chr.) beigezogen, wo unter Berufung auf den athenischen Historiker Pherekydes (FGrHist 3 F2) Hippokleides als der Archon genannt wird, während dessen Amtszeit die Panathenäen eingeführt wurden:

Gründung der Panathenäen

καὶ τούτοις Δίδυμος μαρτυρεῖ, Φερεκύδην ἐν τῆι πρώτηι τῶν Ἱστοριῶν φάσκων οὕτω λέγειν · Φίλαιος δὲ ὁ Αἴαντος οἰκεῖ ἐν Ἀθήναις. ἐκ τούτου δὲ γίγνεται Δάικλος [...] τοῦ δὲ Ἱπποκλείδης, ἐφ' οὗ ἄρχοντος <ἐν Ἀθήναις> Παναθήναια ἐτέθη.

„Auch davon liefert Didymos ein Zeugnis, da er sagt, dass Pherekydes im ersten Buch seiner Historien Folgendes gesagt habe: Philaios, der Sohn des Aias, wohnt in Athen; dessen Sohn war Daiklos [es folgt eine Reihe von Nachkommen]; dessen

Sohn aber Hippokleides, unter dessen Archontat <in Athen> die Panathenäen eingesetzt wurden."

Der athenische Geschichtsschreiber Pherekydes, der in der ersten Hälfte des 5. Jahrhunderts v. Chr. lebte und unter anderem Stammbäume verfasste, die Heroengeschlechter bis in seine Gegenwart führten, wäre eine sehr vertrauenswürdige Autorität, aber der Wert dieses Zeugnisses wurde bisweilen angezweifelt, da es den späten Kompilator Marcellinus nur über die „Zwischenstation" des alexandrinischen Grammatikers Didymos Chalkenteros ('mit den ehernen Gedärmen') erreichte, der in der zweiten Hälfte des 1. Jahrhunderts v. Chr. wirkte. Allzu große Skepsis scheint aber trotz dieser Überlieferungsgeschichte des Textes nicht angebracht, da die athenische Adelsfamilie der Philaiden, aus der Hippokleides stammte, auch in anderen, zeitgenössischen, Zeugnissen vielfach belegt ist (Literatur bei Develin 1989, 41).

Siegespreis bei den Panathenäen waren die so genannten Panathenäischen Preisamphoren, gefüllt mit attischem Olivenöl; diese Gefäße, die bis ins 2. Jahrhundert v. Chr. in ununterbrochener Serie hergestellt wurden, behielten Form und Dekor im wesentlichen bei: Es handelt sich um etwa 60 cm hohe Halsamphoren mit Echinusfuß und -mündung, Halsring und Rundstabhenkeln, die mit einem sehr bauchigen Körper für den Transport des Inhalts kombiniert sind. Ihre Bemalung blieb immer schwarzfigurig und zeigt auf der Vorderseite in einem festen und nach einer kurzen Experimentierphase seit etwa 530 v. Chr. kaum noch veränderten Schema die Göttin Athena im Typus der Promachos, also mit Helm, Schild und erhobener Lanze nach rechts ausschreitend zwischen zwei Säulen, deren Kapitelle Hähne tragen. Letzteres Element wird als einziges verändert: An die Stelle der Hähne treten im frühen 4. Jahrhundert v. Chr. jährlich wechselnde Figuren; seit etwa 510 v. Chr. kennzeichnet das Schildzeichen der Athena die Keramikwerkstatt. Zu der Preisinschrift *tôn Athênêthen athlôn* („[einer] von den Preisen aus Athen"), die senkrecht an der linken Säule angebracht ist, tritt in der ersten Hälfte des 4. Jahrhunderts v. Chr. die Namensinschrift des amtierenden Archons (dazu auch u. S. 115). Auf der Rückseite der Amphore ist der Wettkampf dargestellt, in dem der Sieg errungen wurde (Bentz 1998, 41).

„Burgon-Amphore"

Die älteste uns bekannte Panathenäische Preisamphore, die „Burgon-Amphore" (Abb. 1a + b) – benannt nach Thomas Burgon (1787–1858), einem englischen, lange Jahre in Smyrna residierenden Händler, der sie 1813 in Athen fand – wird auf das oben erwähnte Jahr 566/5 v. Chr. datiert; das Datum der Einführung der Großen Panathenäen gilt also als Fixpunkt für den Beginn der Serie der Preisamphoren. In einigen Zügen ist die Burgon-Amphore (heute in London, British Mus. B 130) noch gewissermaßen „präkanonisch": Die hähnetragenden Säulen um die kriegerische Athena fehlen noch, und die Inschrift trägt den Zusatz ἐμί („ich bin") – eine altertümliche Form, in der sich der Gegenstand selbst vorstellt und die auch auf gleichzeitigen Inschriften auf Grabstelen zu finden ist. Die Rückseite zeigt einen Wagen mit Pferdegespann; die Vase war also Siegespreis im Wagenrennen. Aufgrund der bei Eusebius überlieferten Bezeichnung *agon gymnicus* wurde bisweilen gefolgert, dass es hippische Wettkämpfe schon vorher gegeben haben müsse und die entsprechenden Siegesamphoren also früher zu datieren sein müssten. Dies ist aber unwahrscheinlich, da man bislang die frühesten Preisamphoren auch aus stilistischen Gründen in die 60er Jahre des 6. Jahrhunderts v. Chr. datiert hat; vor allem aber wäre eine bloße Erweiterung bereits bestehender Spiele kaum in mehreren Quellen als Neugründung vermerkt worden (Bentz 1998, 12). Wie erwähnt, fällt zudem auch die Einführung der übrigen panhellenischen Spiele in ungefähr dieselbe Zeit. Eine Reform oder Erweiterung der Panathenäen erfolgte vielleicht einige Jahre später unter dem Tyrannen Peisistratos; dies könnte erklären, warum das Scholion zu Aristides XIII 189,5 ihn als Gründer der Spiele nennt.

Die Burgon-Amphore genau auf das Jahr der ersten Großen Panathenäen zu datieren und damit die Serie der Panathenäischen Preisamphoren beginnen zu lassen, ist zwar im Wesentlichen eine Konvention, die einfach die früheste erhaltene Vase in das erste bezeugte Jahr der Panatheäen setzt; sie ist aber aus historischen und stilistischen Gründen akzeptabel, denn sicher gehört die Vase zu den frühesten der Gattung. Man kann allerdings nur mit Bedauern an die vier Amphoren „von gleicher Form und Größe" denken, die Thomas Burgon kurz zuvor am selben Ort gefunden und ohne sie zu waschen weggeworfen hatte, da man damals der Meinung war, bei Gefäßen dieser Form und Größe handle es sich ohnehin nur um unbemalte grobe Gebrauchsware (ausführliche Schilderung der Fundumstände bei Corbett 1960, 52–54). Aber vielleicht sollten wir einfach dankbar sein, dass Mr. Burgon bei der Amphore, die jetzt seinen Namen trägt, noch gerade rechtzeitig die Pferdebeine unter der Schmutzschicht hervorschauen sah.

b) Verbindungen und Fundvergesellschaftungen

Von diesem festen Punkt aus rückwärts gehend, werden frühere Vasen durch stilistische Vergleiche chronologisch eingeordnet. Mit den frühesten Panathenäischen Preisamphoren zeigen die Werke des Lydos Gemeinsamkeiten, eines der führenden Meister der schwarzfigurigen Malerei, der mit Vorliebe mythologische Szenen (Herakles' Kampf mit Geryoneus, Gigantomachie u. a.) in kraftvollem Fi-

Abb. 1:
Panathenäische Preisamphore,
sog. Burgon-Amphore:
a) Vorderseite (Athena Promachos),
b) Rückseite (Wagenrennen).

Entwicklung der archaisch-schwarzfigurigen Malerei

gurenstil darstellt und dessen Werke von etwa 560–540/30 v. Chr. datiert werden. Von diesem entwickelten Stadium aus kann man Rückschlüsse auf die Vorläufer ziehen, über die die Entwicklung gehen musste (Amyx 1988, 424; Boardman SVA 15–38); einige wenige markante Beispiele: Der Nessos-Maler ist die erste fassbare Persönlichkeit in der schwarzfigurigen Malerei, benannt nach einer Amphora, die auf dem Hals die Darstellung des Herakles im Kampf mit Nessos zeigt; sein Nachfolger, der „Gorgo-Maler" (ca. 600–580 v. Chr.), ist zwar benannt nach einem Figurenfries, auf dem Gorgonen Perseus verfolgen, bevorzugt sonst aber Tiere und Tierfriese und malt charakteristische Löwen mit zähnebleckenden, eckigen Schnauzen. Als erster mit Namen fassbar ist Sophilos (ca. 580–570 v. Chr.), der drei Gefäße als Maler, eines als Töpfer signiert hat und ebenfalls Tierfriese malt, aber zum Beispiel auch die Leichenspiele für Patrokos, ein Wagenrennen vor lebhaften Zuschauern auf einer Bühne. Diese künstlerische Entwicklung dauerte sicher mindestens ein halbes Jahrhundert (also etwa von 610–560 v. Chr.).

Ein weiterer wichtiger Anhaltspunkt sind Fundvergesellschaftungen, das heißt das gemeinsame Vorhandensein von attischer und korinthischer Keramik innerhalb von Grabgruppen, wie dies zum Beispiel in Tarent (Lo Porto), auf dem Nordfriedhof von Korinth, im Kerameikos u. a. vorkommt. Quervergleiche zu festdatierten Objekten anderer Kunstgattungen (s. u. S. 96) liefern weitere Pfeiler für das System.

Ostgriechische Keramik

Fundvergesellschaftungen und Vergleiche sind auch für die ostgriechische Keramik wichtig, aber sehr viel seltener vorhanden (Cook – Dupont 1988, 8 f.). Vor allem in protogeometrischer Zeit gibt es keine gute Stratigraphie, wenig Importe in den Gräbern, und stilistische Vergleiche sind kaum möglich. Gräber, die manchmal datierbare Importe enthalten, werden in geometrischer Zeit häufiger, vor allem auf Kos und Rhodos. Für das letzte Drittel des 7. Jahrhunderts v. Chr., was etwa der frühkorinthischen Periode entspricht, ist der Belagerungshügel von Smyrna wichtig, in dem Fragmente des späten ostgriechischen „Wild Goat style" zusammen mit frühkorinthischer Keramik gefunden wurden. Die oben S. 70 für die griechische geometrische Keramik besprochenen Fixpunkte (Mesad Hashavyahu, Sardes, Milet) sind auch für die Chronologie der ostgriechischen Keramik sehr relevant. Eine Lücke zu Beginn des 6. Jahrhunderts v. Chr. wird teilweise durch die Stratigraphie von Histria und Tocra (s. o. S. 79 und 71) geschlossen. Für die zweite Hälfte des 6. Jahrhunderts v. Chr. sind wieder rhodische Gräber mit gut datierten attischen Importen entscheidend; in der Tat sind Vergleiche mit gleichzeitiger attischer Keramik fast der einzige Bezugspunkt für ostgriechische schwarzfigurige Keramik.

c) Exkurs: Die Apries-Amphora

Wie viel Vorsicht bei der Verbindung von vermeintlich sicheren Datierungskriterien mit materiellen Überresten geboten ist, zeigt die folgende Besprechung einer Vase, die entgegen dem ersten Eindruck nicht als „Fixpunkt für die schwierig zu datierende ostionische Keramik" (so Weber 1995, 164) gelten kann. Die höchstwahrscheinlich aus Naukratis stammende, fragmentierte Halshenkel-Amphora (heute in der Sammlung H. A. Cahn, HC 1175; erhaltene Höhe 26,4 cm) hat am Hals eine Kartusche des Pharaos Apries, der von 589–570 v. Chr. regierte. Stilistisch kann die Vase aber frühestens um 540/30 v. Chr. datiert werden – Kartusche und Darstellung passen nicht zusammen. Welche Entscheidungsgrundlagen liefert das Stück selbst?

Die Darstellung zeigt auf der Vorderseite zwei einander gegenüberstehende Männer in schwarzfiguriger Zeichnung, hinter dem rechten eine ionische Säule, auf der ein Vogel, höchstwahrscheinlich ein Falke, sitzt; beide Figuren heben ihre ausgestreckten Arme über einen Dinos mit hohem Fuß, der eine mit offenen, der andere mit geschlossenen Händen. Die beiden haben keinerlei Attribute, und der rechte ist bis auf einen an ägyptische Darstellungen angelehnten Lendenschurz nackt, während der schlecht erhaltene linke, soweit es sich erkennen lässt, entweder ein alter Mann oder vielleicht ein Schwarzer ist. Auf der Rückseite sind zwei stehende, einander zugewandte Frauen in Umrisszeichnung dargestellt, mit jeweils einem hohen Kapernstrauch im Rücken.

Die Szene auf der Vorderseite wurde von Weber 1995, 168–170 als Boxkampf mit dem Dinos als Siegespreis interpretiert und die Vase als ein den Panathenäischen Preisamphoren vergleichbares „Serienstück" gedeutet, mit deren Dekoration (s. o.) sowohl die Säule mit dem Vogel als auch die „offizielle Kennzeichnung" des Gefäßes durch den Pharao (entsprechend dem Archon) vergleichbar sei.

Angesichts der (abgesehen von den erhobenen Armen) unbewegten Haltung der Männer und der offenen Handflächen des einen scheint diese Deutung aber abwegig; näher liegt wohl eine Kulthandlung in einem durch die Säule angedeuteten Heiligtum. Aber Schattner – Dürring 1995, 78–83 legten überzeugend dar, dass es für die Darstellung keine endgültige Deutung gibt, da die Szene singulär ist, wie es auch für die einander zugewandten Frauen auf der Rückseite keine Parallele gibt. Zudem zeigen die einzelnen Elemente Einflüsse verschiedener Kunstlandschaften (Schattner – Dürring 1995, 86–89): In der Dekorgliederung die in Aussparungstechnik arbeitende südionische Fikellura, ebenso in der Form der Lippe und dem hellbeigen Überzug; aus Ionien stammt die strenge Profilansicht der Figuren, während das Erzählerische und die Angabe von Örtlichkeiten dem Ionischen fremd ist; die Handgeste des rechten Mannes, sein Lendenschurz und vielleicht auch der Falke sind ägyptisierend; die Voluten der Säule, auf der das Tier sitzt, gleichen Darstellungen von äolischen Kapitellen auf klazomenischen Sarkophagen, die Angabe von Bildfeldern ist attisch. Das Gefäß passt in keine Kunstlandschaft, und keine historische Deutung liefert eine befriedigende Interpretation. Nur Naukratis war ein Kulturkreis, in dem alle diese Elemente zusammenkamen. Stilistische Parallelen für die einzelnen Elemente lassen sich aber erst um 530 v. Chr. finden.

Das gewichtigste Argument dafür, dass man dieser stilistischen Datierung folgen muss, liefert aber die Kartusche selbst (Schattner – Dürring 1995, 67–69): Die hieroglyphische Inschrift läuft um den Hals, von den Ansätzen der beiden Henkel geteilt; je zwei Kartuschen werden von drei Epitheta gerahmt. Doch in der Schreibweise des Königsnamens befinden sich gravierende Fehler, und die Beiwörter zeigen eine völlige Unkenntnis der Epithe-

Kartusche

ta, die zudem nicht den üblichen zeitgenössischen Königstitulaturen entsprechen. Ganz offensichtlich sind die Kartuschen des Pharaos Apries kein zeitgenössisches, offizielles Kennzeichen, sondern ein später von einem griechischen und des Ägyptischen bestenfalls mangelhaft kundigen Künstler nach einem Vorbild aufgemaltes Dekorelement. Wie Schattner – Dürring 1995, 69f. an anderen Beispielen gezeigt haben, wirkte eine solche Dekoration Absatz fördernd im Mittelmeerraum, was somit kulturgeschichtlich bedeutungsvoll ist, aber keine festen Punkte der Chronologie liefert.

2. Fest datierte Architektur außerhalb Athens

a) Der ältere Artemistempel von Ephesos

Die Westküste Kleinasiens (Ionien), an der schon im 11./10. Jahrhundert v. Chr. griechische Städte entstanden, war für die gesamte Kultur Griechenlands von entscheidender Bedeutung. Bereits am Beginn des 6. Jahrhunderts v. Chr. wird Ionien zur Wiege der Philosophie und Wissenschaft; hier entstanden das griechische Epos und der ionische Stil der Architektur, dem die griechische Säule Basis und Volutenkapitell verdankt. Eine Führungsrolle hatte lange Zeit, bis zu seiner Eroberung und Zerstörung durch die Perser 494 v. Chr., das weltoffene Milet, das die Küsten des Schwarzen Meeres kolonisiert hatte (zu Histria s.o. S. 79); ebenso wichtig und nach dem Untergang Milets die bedeutendste Stadt war Ephesos, wo bereits in der ersten Hälfte des 1. Jahrtausends v. Chr. ein Artemistempel mit monumentaler Altaranlage stand, der aber um die Mitte des 7. Jahrhunderts von den Kimmeriern zerstört wurde, einem kaukasischen Reitervolk, das große Teile Kleinasiens verwüstete. Der Tempel wurde danach noch mehrfach erneuert und vergrößert, bis man schließlich ein Bauwerk konzipierte, das alles bisherige in den Schatten stellen sollte – was offensichtlich gelang, denn der Artemistempel von Ephesos galt als eines der Sieben Weltwunder. Die Grundfläche maß 55 × 115 m, also etwa das anderthalbfache des Kölner Doms, und ein „Wald von Säulen" wurde für die Jagdgöttin errichtet: Eine doppelte Säulenstellung umgibt den ganzen Tempel (Dipteros), im Westen befanden sich vermutlich zusätzlich zwei mal acht Säulen zwischen den Anten, im Osten, vor dem nur durch eine Innentür zugänglichen Adyton, drei Reihen zu neun Säulen. Im wahrscheinlich ungedeckten inneren Hof (Sekos), einer lokalen Tradition, befand sich wohl an überlieferter, sakrosankter Stelle das Kultbild. Ein besonderes Problem war die Fundamentlegung in dem sumpfigen Untergrund mit ungewöhnlich hohem Grundwasserstand – die Fundamente liegen heute im Wasser –, was schließlich mit Hilfe eines riesigen hölzernen Fundamentrostes bewältigt wurde. Man berief zwei Architekten aus Kreta, Chersiphron und dessen Sohn Metagenes, und zog dann auch noch den erfahrenen Theodoros hinzu, der kurz zuvor an dem riesigen Heratempel auf Samos mitgearbeitet hatte. Sie hatten nicht nur aufgrund der Geländebedingungen, sondern auch wegen der Ausmaße des Gebäudes technische Neuerungen einzuführen, die den Tempel zu einem Meilenstein der antiken Architekturgeschichte machen,

Artemision: Eines der Sieben Weltwunder

denn nie zuvor waren so große Marmorblöcke transportiert worden. Da auch die Ziegel aus Marmor waren, lagerte zusammen mit den Gesimsen über jeder Säule ein Gewicht von mindestens hundert Tonnen.

Trotz Reichtum und Blüte der Stadt ist es undenkbar, dass Ephesos, das zudem damals schon nicht mehr unabhängig war, diese gewaltige Aufgabe allein hätte finanzieren können. 560 v. Chr. trat Kroisos, der letzte Herrscher der lydischen Mermnadendynastie, die Nachfolge seines Vaters Alyattes an und machte als Erster die Griechenstädte des kleinasiatischen Festlands, die vorher nur gelegentlich Steuern bezahlt hatten, dauerhaft tributpflichtig, wobei Ephesos und Milet Sonderstatus bekamen. Bei der Belagerung durch Kroisos hatten sich die Ephesier in listiger Weise unter den Schutz ihrer Göttin gestellt, indem sie die Stadt durch ein Seil mit dem sieben Stadien entfernten Tempel verbanden (Herodot I 26; Polyainos VI 50; Ekschmitt 1996, 72). Der griechenfreundliche Kroisos erkannte dieses „Tempelasyl" der Stadt an; zwar wurden die Bewohner gezwungen, ihre bisherige befestige Bergstadt aufzugeben und sich in offenen Siedlungen in der Ebene um das Artemision anzusiedeln, doch nach dieser erzwungenen Umsiedlung machte sich Kroisos daran, Artemis zu versöhnen: Er machte dem Tempel, wie auch anderen griechischen Heiligtümern, sehr großzügige Geschenke, von denen Herodot berichtet (I 92,1): Kroisos habe dem Tempel die meisten Säulen gestiftet (*tôn kionôn hai pollai*). Diese Nachricht wurde durch die Funde bestätigt: Es sind Inschriftenreste auf den Profilwülsten (Tori) der Säulen erhalten, die sich heute in London befinden. Vier Fragmente (= British Museum B 16) tragen die Aufschriften BA, KR, ANI (= ANE), EN; zusammen mit einem fünften (= Brit. Mus. B 32), auf dem sich ΘΗΚ lesen lässt, wurde daraus die Weihinschrift *basileus Kroisos anethêke* („König Kroisos hat aufgestellt") ergänzt; außerdem gibt es Fragmente einer Standleiste mit lydischer Inschrift (Bammer – Muss 1996, Abb. 48. 49; Muss 1994, Abb. 1a–3. 7. 8. 9; hier Abb. 2).

Fragmente der an den Säulen angebrachten Reliefs wurden fast alle in der Hinterfüllung der Festungsmauer der Johannesbasilika im heutigen Selcuk gefunden, die im 7./8. Jahrhundert n. Chr. zum Schutz vor den Einfällen der Araber errichtet wurde. Die Verteilung dieser Reliefs an den berühmten *columnae caelatae* (Plinius, *Naturalis Historia* XXVI 95) ist immer noch Gegenstand von Diskussionen, da sich an den Fragmenten feststellen lässt, dass sie sowohl zu zylindrischen Trommeln wie auch zu Kuben gehörten; Letzteres zeigt sich an den horizontalen Fugen, die teilweise die Körper der Figuren durchschneiden. Die überzeugendste Rekonstruktion ist wohl, die Kuben als Säulensockel zu verwenden, die runden Reliefs als Säulenhals unter das Kapitell zu setzen, zumal dies auch für den hellenisti-

Abb. 2:
Inschriftenreste vom archaischen Artemis-Tempel in Ephesos.

Stiftung des Königs Kroisos

columnae caelatae

Abb. 3:
Säulenrelief vom archaischen Artemistempel in Ephesos.

schen Apollon-Smintheus-Tempel von Chryse (in der Troas) belegt ist. Erhalten sind zahlreiche Kopffragmente, so zum Beispiel das einer Frau mit archaisch langer, perlschnurartiger Haartracht, Diadem und Ohrringen (Brit. Mus. B 91; Muss 1994, 35f.); das größte erhaltene Fragment (Brit. Mus. B 121; Bammer – Muss 1996, Abb. 52; hier Abb. 3) zeigt einen auf einer Standleiste stehenden, nach rechts schreitenden Mann, der mit einem halblangen Mantel bekleidet ist. Berühmt ist der von einem Kubus stammende so genannte „sleeping head" (Brit. Mus. B 89; Bammer – Muss 1996, Abb. 51; Muss 1994, 35f.), der seinen Namen von den wie geschlossen wirkenden Augen erhielt, die erst durch die Bemalung ihren Blick erhielten und der ein beeindruckendes Beispiel archaischer ostionischer Plastik bietet: Die Masse des Gesichts mit der kurzen, breiten Nase ist weich und breit, fast ungegliedert, und betont die vollen Wangen und den sinnlichen Mund – ein auffälliger Gegensatz zum oben erwähnten, ganz anders gestalteten Kopf B 91, der gegliedert ist, mit eingetieftem Mund und organisch modellierten Wangen, Kinn und Augen im bewegten Gesichtsrelief (Muss 1994, 36). Diese völlig unterschiedlichen Ausdrucksweisen sind, neben der lydischen Inschrift, ein weiterer Hinweis darauf, dass an dem riesigen Unternehmen Künstler und Handwerker verschiedener Herkunft beteiligt waren; Lyder kamen sicher aus Ephesos selbst, wo sie einen Teil der Bevölkerung stellten, aber wohl auch aus Sardes, woran sowohl Kroisos wie lydische Geschäftsleute Interesse gehabt haben dürften.

Die Fragmente stammen fast ausschließlich von nach rechts und links gewandten und schreitenden Figuren; dargestellt war also höchstwahrscheinlich eine religiöse Prozession, was auch dadurch bestätigt wird, dass die Personen teilweise Gefäße mit Opfergaben trugen. Ein Oberkörperfragment (Bammer – Muss 1996, Abb. 50) stammt von einer offensichtlich reigentanzenden Frau; ein Priester (Brit. Mus. B 90; Bammer – Muss 1996, Abb. 56) ist mit einem Löwenfell bekleidet, also dem Kleid der Göttin selbst, was auch auf den orientalischen Charakter des ephesischen Kultes deutet.

Datierung Durch die literarischen und epigraphischen Zeugnisse ist das Weltwunder, das Ephesos berühmt machen sollte, der einzige sicher datierte altionische Bau. Nun ist natürlich 560 v. Chr., die Thronbesteigung des Kyros, nur ein *terminus post quem*, es gibt aber einige Anhaltspunkte, die Stiftung des Königs an den Anfang seiner Herrschaft zu setzen und nicht, wie bisweilen postuliert, die Entstehung der *columnae caelatae* über einen längeren Zeitraum zu verteilen (Literatur bei Muss 1994, 23): Die Chronologie der lydischen Mermnadendynastie ist gut gesichert, weil es auch zahlreiche literarische und epigraphische orientalische Quellen gibt; darunter ist vor allem die babylonische Nabuna'id-Kyros-Chronik wichtig, die das Ende des Kroisos überliefert (dazu Kaletsch 1958, 1 mit Anm. 1. 39–47). Die in Herodot I 74 überlieferte Sonnenfinsternis am Halys bei der Schlacht zwischen Kroisos' Vater Alyattes und dem Meder Kyaxares lässt sich astronomisch auf 585 v. Chr. festlegen. Für Kroisos bestehen auch Synchronismen mit der athenischen Geschichte: So lässt sich Herodot I 64 beziehungsweise I 65,1 entnehmen, dass der Lyderkönig auf Athen aufmerksam wurde, als Peisistratos (s. u. S. 91) zum dritten Mal Tyrann war, also zur Zeit von dessen erzwungener Rückkehr nach Athen um 546/5 v. Chr.

Ephesos war nach Herodot I 26 die erste kleinasiatische Griechenstadt, die Kroisos angriff; die Belagerung erfolgte wahrscheinlich bald nach der Thronbesteigung (Kaletsch 1958, 47; Muss 1994, 27), denn wollte Kroisos aktiv an der Gestaltung des in Planung oder bereits im Bau befindlichen Tempels teilnehmen, musste er die politischen Voraussetzungen dafür schaffen. Einen Hinweis auf ein solches „politisches" Interesse an dem Artemistempel gibt die Überlieferung bei Nikolaos von Damaskus (geb. 64 v. Chr.): Er berichtet, dass Kroisos als Kronprinz mit Söldnern am Feldzug seines Vaters gegen die Karer (um 570 v. Chr.) teilnehmen sollte. Ihm fehlten aber die Mittel für Anwerbungen, und der lydische Großhändler Sadyattes in Sardes lehnte es ab, ihm finanzielle Hilfe zu gewähren, da er ein Anhänger von Kroisos' Stiefbruder Pantaleon war. Kroisos versprach daraufhin, der Artemis von Ephesos das gesamte Vermögen des Sadyattes zu weihen, wenn er König würde (FGrHist 90 F 65). Es ist naheliegend, dass er ein solches Gelübde möglichst bald nach seiner Thronbesteigung erfüllte.

b) Die Bauten in Delphi

Das Siphnierschatzhaus

In der zweiten Hälfte des 6. Jahrhunderts v. Chr. bietet das Siphnierschatzhaus in Delphi einen chronologischen Fixpunkt, der sowohl von griechischen und von ägyptischen Quellen datiert ist und aufgrund seiner Bedeutung von Amandry 1988, 593 als *pièce maîtresse* für Datierungsfragen dieser Epoche bezeichnet wurde.

Das Schatzhaus, das die Bewohner der Paros gegenüberliegenden Insel Siphnos im Heiligtum von Dephi aus parischem Marmor errichtet hatten, ist zwar klein (ca. 6 × 8,4 m), zeichnet sich aber durch einen ungeheuren Reichtum an Ausstattung aus; es ist das am besten erhaltene und am reichsten geschmückte Beispiel eines ionischen Schatzhauses mit Cella und zweisäuligem Prodomos. Es steht auf einem hohen Unterbau aus Kalksteinquadern; zwischen den Anten stehen Karyatiden, die einen Kalathos tragen, der mit einem umgekehrten lesbischen Kyma und einem dionysischen Thiasos verziert ist; auf dem Kapitell sind zwei Löwen zu sehen, die einen Hirsch verschlingen. Nord- und Ostfries schließen sich stilistisch zusammen; sie wurden von einem jüngeren, fortschrittlicheren Künstler gemacht und zeichnen sich durch dichte Zusammenfügungen (mit häufigen

Architektur und Bauplastik des Siphnier-Schatzhauses

Abb. 4:
Gigantenkampf vom Nordfries des Siphnier-Schatzhauses in Delphi.

Überschneidungen), virtuose Staffelung und energisch ins Rundplastische umgesetzte Formen aus. Beim Süd- und Westfries dagegen ist die Reihung in die Fläche gezogen, die Figuren auf Silhouette gearbeitet und weniger plastisch (vgl. u. S. 110 zur Francis-Vickers-Chronologie). Gemeinsam ist beiden Friesen aber die Konzeption, die an den Schmalseiten antithetische und symmetrische Ordnungsprinzipien, an den Langseiten eine von links nach rechts fortlaufende Komposition verwirklicht. Der Ostfries zeigt rechts einen Kampf der Griechen und Trojaner, dessen Protagonisten dank der aufgemalten Namensbeischriften zu identifizieren sind: Achill und Memnon kämpfen um die Leiche des von letzterem getöteten Nestorsohnes Antilochos. Auf trojanischer Seite sind zudem Aineias und Lykos, auf der anderen Nestor und sein Wagenlenker Automedon zugegen. Links auf dem Fries findet eine Götterversammlung statt, die überzeugend zu der Wägung der Todeslose (Psychostasie) von Achill und Memnon ergänzt wurde. Auf dem Nordfries, der sich der Heiligen Straße und somit dem Betrachter direkt zuwendet, ist die Gigantomachie dargestellt (Abb. 4). Beeindruckend ist die Darstellung der strahlenden, individuellen Lichtgötter gegenüber dem dumpfen Heer einförmiger Giganten, die durch sprechende Namen voller Missklänge (Alektos, Biatas, Hyperphas u. a. m.) bezeichnet sind; das Geschehen ist durch Kampfgruppen im Verhältnis 2:3:2 gegliedert, in denen die Olympier nach Wirkungsbereichen verteilt sind. Der Westfries ist zu zwei Dritteln erhalten und zeigt höchstwahrscheinlich das Parisurteil: Die Darstellung wird von Aphrodite beherrscht, während Hera und Athene, deren Wagen Hermes geleitet, empört die Szene verlassen; jede Göttin hat ihr eigenes, durch Palmbäume abgegrenztes Bildfeld. Die am schlechtesten erhaltene Südseite zeigt eine Frauenraubszene, wahrscheinlich die Leukippiden, die von den Dioskuren geraubt werden (Lullies – Hirmer 44–49).

Überlieferung bei Herodot III 57

Identifiziert werden konnte das Schatzhaus von dem französischen Team, das es 1894 ausgrub, aufgrund der Beschreibung bei Pausanias X 11, 2. Über seine Entstehung berichtet Herodot III 57:

Diejenigen der Samier aber, die gegen Polykrates gezogen waren, segelten, als die Lakedaimonier sie gerade verlassen wollten, selbst weg, und zwar nach Siphnos. (2) Sie brauchten nämlich Geld. Die Macht der Siphnier aber blühte zu dieser Zeit, und sie waren von den Inselbewohnern die reichsten, da ihnen auf der Insel Gold- und Silberbergwerke gehörten, so reich, dass von dem Zehnten des ihnen von dort eingehenden Geldes in Delphoi ein Schatzhaus errichtet worden ist, wie es von gleicher Kostbarkeit nur die Reichsten haben. Sie selbst aber verteilten das in jedem Jahr anfallende Geld unter sich. (3) Als sie das Schatzhaus errichteten, fragten sie das Orakel, ob das gegenwärtige Glück ihnen lange Zeit bleiben werde; die Pythia aber gab ihnen folgende Antwort: (4 „Aber sobald in Siphnos in Weiß erglänzet das Rathaus, / weiß auch der Markt aussieht, dann tut ein verständiger Mann not, / abzuwehren die hölzerne Schar und den rötlichen Herold".

Die Siphnier aber hatten damals den Markt und das Prytaneion mit parischem Marmor geschmückt.

[58] Sie waren nicht imstande, diesen Orakelspruch zu verstehen, weder gleich, noch als die Samier kamen. Sobald die Samier nämlich in Siphnos anlegten, schickten sie eines ihrer Schiffe mit Gesandten in die Stadt. Von alters aber waren alle Schiffe mit Menning angestrichen, und das war es, was die Pythia den Siphniern zuvor verkündet hatte, als sie befahl, sie sollten sich vor der hölzernen Schar und dem rötlichen Herold hüten.

(Übersetzung E. Richtsteig, München 1961.)

Den Kontext der erfolglosen spartanischen Belagerung von Samos, nach deren kaum erfolgtem Ende die aufständischen Samier gegen Siphnos zogen und die reiche Stadt zerstörten, gibt Herodot III 39:

Während Kambyses gegen Ägypten zu Felde zog, unternahmen auch die Lakedaimonier einen Heereszug, und zwar gegen Samos und Polykrates, den Sohn des Aiakes.

Die Kampagne des Kambyses gegen Ägypten fand 525 v. Chr. statt, ein Datum, das in der ägyptischen Chronologie fest gesichert ist (Hannestad 1996, 40 mit Anm. 4 zu den Quellen). Herodot sagt allerdings nicht, wie viel Zeit zwischen dem Orakel und dem Untergang von Siphnos verstrich; 525 v. Chr. bildet also einen *terminus ante quem*. Der Wortlaut des Orakels (*hotan ... leuka genêtai*, „sobald ... in Weiß erglänzet") scheint aber dagegen zu sprechen, eine lange Zeit zwischen der Errichtung des Schatzhauses und dem Untergang von Siphnos anzunehmen: Der Spruch der Pythia ist eine moralische Ermahnung, mit der Herodot, wie auch anderswo, einen kausalen Zusammenhang zwischen exzessivem und demonstrativ zur Schau gestelltem Reichtum und göttlicher Strafe für solche Hybris darstellt. Zu dem äußeren Luxus gehört das Schatzhaus in Delphi ebenso wie Rathaus und Agora in Siphnos; wenn diese Prunkbauten fertiggestellt sind, ziehen sie die Aufmerksamkeit und damit den Unmut der Götter auf sich. Wenn Herodot außerdem noch betont, die Siphnier hätten den Spruch noch nicht einmal verstanden, als schon die Samier die Stadt belagerten, soll damit ja die Borniertheit der Siphnier hervorgehoben werden – würde das Orakel zu diesem Zeitpunkt schon viele Jahre zurückliegen, könnte man für die Begriffsstutzigkeit der Inselbewohner mehr Verständnis aufbringen. Nur wenn die Zerstörung von Siphnos bald nach der größten Entfaltung von Prunk und Reichtum erfolgte, ergibt Herodots „Hochmut kommt vor dem Fall"-Geschichte einen Sinn. In der Forschung werden die Giebelfiguren daher meistens in die späten dreißiger Jahre des 6. Jahrhunderts v. Chr., um 530 v. Chr. oder einfach „kurz vor 525 v. Chr." datiert.

Der Alkmaionidentempel

Die Nachrichten Herodots über Bautätigkeit in Delphi geben noch einen weiteren festen Punkt für das ausgehende 6. Jahrhundert v. Chr.; den historischen Kontext liefert die politische Situation in Athen, von der unten auf Seite 98 noch die Rede sein wird.

Tyrannis der Peisistratiden in Athen

Seit 561/0 oder 560/59 v. Chr. (im Jahre des Archonten Komeas) hatte in Athen (mit einer Unterbrechung) die Familie der Peisistratiden geherrscht; auf den ersten Tyrannen Peisistratos waren nach seinem Tod 528/7 v. Chr. seine Söhne Hippias und Hipparchos gefolgt (zur Chronologie s. Kleine 1973, 13–18). Die Peisistratiden hatten ihre Machtstellung im Kampf mit den anderen einflussreichen Adelsgeschlechtern in Athen erlangt; ihre prominentesten Gegenspieler waren die Alkmaioniden, die teilweise mit ihnen kooperierten, teilweise aber auch den Machtkampf verloren und im politischen Exil in Delphi lebten. Das panhellenische Heiligtum von Delphi erwies sich für die Alkmaioniden als geeignete Bühne, die Konkurrenz außerhalb von Athen weiterzuführen, sowohl durch die Errichtung von Bauten wie auch mit Versuchen, die Orakelsprüche der Pythia zugunsten der eigenen Sippschaft zu beeinflussen. In Buch V 62 berichtet Herodot über den Wiederaufbau des 548 v. Chr. durch einen – wahrscheinlich aus Fahrlässigkeit ausgebrochenen – Brand zerstörten Apollontempels. (Das Datum für den Untergang des Vorgängerbaus ist in der antiken Überlieferung gut gesichert: Es war das Jahr des athenischen Archonten Erxikleides und des Olympiasiegers Diognetos aus Kroton).

Als Hippias Tyrann war und wegen des Todes des Hipparchos auf die Athener erbittert war, machten die Alkmaioniden, die ihrer Herkunft nach Athener und von den Peisistratiden verbannt waren, folgendes: Zusammen mit den übrigen Vertriebenen der Athener versuchten sie, mit Waffengewalt die Rückkehr zu erreichen. Als sie aber damit nicht vorwärts kamen, sondern bei dem Versuch, zurückzukehren und Athen zu befreien, schwer geschlagen wurden, befestigten sie Leipsydrion oberhalb Paiania mit einer Mauer. Dann ließen sich die Alkmaioniden, da sie alles Mögliche gegen die Peisistratiden ersannen, von den Amphiktyonen gegen eine Geldzahlung den Ausbau des Tempels in Delphoi übertragen, der noch jetzt steht, damals aber noch nicht. Da sie sehr reich und schon von früher her angesehen waren, bauten sie den Tempel schöner aus, als das Modell war, sowohl in mancher Hinsicht als auch in dieser, dass sie seine Vorderseite aus parischem Stein aufbauten, während mit ihnen abgemacht war, den Tempel aus Porosstein zu bauen.
(Übersetzung E. Richtsteig, München 1961.)

Eine etwas weniger detaillierte Version des Geschehens gibt Aristoteles im *Staat der Athener* (Ath. Pol. 19, 3); der Tempel wurde auch von Pindar in der 7. Pythischen Ode (V. 9), dem Siegeslied für Megakles, gerühmt; der Sieger im Wagenrennen 486 v. Chr. stammte ebenfalls aus der Familie der Alkmaioniden.

Lange war umstritten, wann der Tempelbau in Angriff genommen wurde und wann die Alkmaioniden den Baukontrakt übernahmen (siehe die Forschungsdiskussion bei Kleine 1973, 34–36). Laut dem Scholion zu der erwähnten Pindarstelle (= Philochoros FGrHist 328 F 115) gelobten die Alkmaioniden, den Tempel zwar noch zur Zeit des Exils zu errichten, bauten ihn aber erst nach ihrem Sieg. Aber abgesehen davon, dass das Zeugnis historisch unzuverlässig ist – es ist unklar, wieviel davon wirklich bereits von Philochoros stammt – ergibt es im politischen Kontext wenig Sinn: Gerade zur Zeit ihres Exils hattten die Alkmaioniden am meisten Interesse daran, durch einen Tempelbau in Delphi gut dazustehen.

Im Marmor Parium (s. o. S. 57 f.) werden die Ermordung des Hipparchos und die Vertreibung der Tyrannen aus Athen zusammen genannt (FGrHist 239 A 45) und auf 511/0 v. Chr., das Jahr des Archonten Harpaktides, datiert. Aus Aristoteles *Staat der Athener* (Ath. Pol.) 19, 2 wissen wir aber, dass zwischen dem Mord und der Vertreibung einige Jahre verstrichen; Ath. Pol. 19, 6 gibt außerdem die Regierungszeit der Peisistratos-Söhne mit insgesamt 17 Jahren an, womit man auf ein Ende der Herrschaft um 511/0 v. Chr. kommt; die Ereignisse sind also auf dem Marmor Parium verkürzt und zusammengezogen. Gegen diese wahrscheinlich volkstümliche Verbindung hatte sich bereits Thukydides (I 20; vgl. auch VI 59) gewandt. Vertreibung der Tyrannen

Der eigentliche Baubeginn des Tempels ist schwierig zu bestimmen: Wir wissen, dass der 526 v. Chr. gestorbene ägyptische Pharao Amasis einen Beitrag dazu geleistet hatte, und die Größenverhältnisse – ein archaisch langgestreckter Grundriss mit einem Stylobat von ca. 21,68 × 58,18 m und 6 × 15 Säulen – scheinen auf einen älteren Entwurf zurückzugehen. Aber was die Übernahme des Baus durch die Alkmaioniden und die Gestaltung der „Vorderseite", also des gut erhaltenen Ostgiebels, aus parischem Marmor, betrifft, so lässt Herodots Zeugnis keinen Spielraum: Die Schlacht bei Leipsydrion, am Fuß des Parnes, die auch bei Aristophanes, Lysistrata 665 erwähnt wird, fand 514 v. Chr., bald nach der Ermordung des Hipparchos statt (zur literarischen Überlieferung Childs 415–419. 440, der aber die Abfolge der Ereignisse anders rekonstruiert). Baubeginn

Der Alkmaionidentempel in Delphi muss also nach 514/3 v. Chr., wahrscheinlich 513–506 v. Chr. entstanden sein.

Herodots Beschreibung wurde durch die Funde bestätigt: Während der Westgiebel nur aus Kalkstein ist, besteht der Ostgiebel aus Marmor. In der Mitte erscheint frontal Apollon auf seinem Viergespann, rechts und links umgeben von je drei begrüßenden Jünglingen und Mädchen. In Kontrast zu dieser statuarischen Mittelgruppe sind die Giebelecken mit stark bewegten Tierkampfgruppen gefüllt: Je ein Löwe reißt rechts ein Reh, links einen Stier. Die drei Mädchenfiguren weisen stilistisch so enge Verbindungen mit der (laut Inschrift auf der Basis) von Antenor geschaffenen Kore Akropolis 681 (Lullies – Hirmer 52) auf, dass der Giebel meist dem gleichen Athener Bildhauer zugeschrieben wird. Alle Mädchenfiguren haben schwere, feste plastische Formen mit kräftigem, breitschultrigem Oberkörper, aber eng stehenden Füßen; ein Mantel mit schrägem Saum und zahlreichen feinen, senkrechten Falten verhüllt den Oberkörper (ausführlich Childs 419–423). Es ist aber nicht nur stilistisch, sondern auch historisch plausibel, dass die Alkmaioniden Antenor für die Giebelskulpturen herbeizogen, denn nur wenige Jahre später, bald nach 510 v. Chr., wurde ihm der Auftrag erteilt, die Bronzegruppe der Tyrannenmörder zu schaffen, die dann 480 v. Chr. von den Persern geraubt und von den Athenern durch ein neues Werk (s. u. S. 123) ersetzt wurde (dazu Overbeck Nrn. 443–447; zur Diskussion s. a. Hornbostel 1978, 158 f.) Auch der Vergleich der Giebelskulpturen mit denen des Schatzhauses von Siphnos legt nahe, dass sie bald danach entstanden sein müssen (Hannestad 1996, 41). Giebelskulpturen

Diese datierten Monumente bilden den Ausgangspunkt für stilistische Vergleiche, die für die Chronologie der attischen Vasenmalerei entscheidend sind: Stilistische Verbindungen zur Vasenmalerei

Den schräg ausschwingenden dreidimensionalen Falten an den Gewändern der Relieffiguren der *columnae caelatae* des ephesischen Artemisions entsprechen bei den schwarzfigurigen athenischen Vasen die gewellten, dreidimensionalen Faltenränder auf den Vasen aus der mittleren Schaffenszeit des Amasismalers (der seinen Namen von dem Töpfer hat, der neun seiner Gefäße signiert hat). Stilistisch anschließen lassen sich ebenfalls die Vasenbilder des Exekias, der zwischen 550 und 530 v. Chr. in Athen tätig war; er signierte fünfzehn Gefäße als Töpfer, drei davon auch als Maler, etwa dreißig weitere Werke sind ihm zugewiesen. Berühmt sind unter anderen. Achill und Aias beim Brettspiel oder die Darstellung des Aias, der Vorbereitungen zum Selbstmord trifft. Die vornehme Würde seiner Figuren läßt sich mit der gleichzeitigen Bildhauerei verbinden.

Beim Siphnierschatzhaus wurde vor allem die charakteristische Gewandbehandlung des Gigantenfrieses im Norden zum Vergleich mit der Vasenmalerei herangezogen; die größte formale Nähe besteht zum Andokidesmaler, der nach dem Töpfer Andokides benannt ist, mit dem er zusammenarbeitete. Er gilt als der „Erfinder" des rotfigurigen Stils und malte sowohl schwarz- wie rotfigurig; sieben der ihm zugeschriebenen siebzehn Vasen sind so genannte „Bilinguen" mit einer schwarz- und einer rotfigurigen Seite, oft mit der gleichen Szene. Seine Stilisierung der Gewandfalten stimmt eng mit der auf dem Siphnierfries überein; auf seinen frühen Gefäßen finden sich auch die schweren, fast plumpen Körperformen des Frieses, auch die Wiedergabe einzelner anatomischer Details ist gleich. Aus diesen Gründen werden die Frühwerke des Andokidesmalers um 530 v. Chr. datiert, was auch als Fixpunkt für die Einführung der rotfigurigen Vasenmalerei in Athen gilt. Zweimal stellt er zudem den delphischen Mythos von Herakles' Diebstahl des apollinischen Dreifußes dar, der wohl nicht zufällig gerade zu dieser Zeit in der Vasenmalerei populär wird. Das rotfigurige Werk des Andokidesmalers läßt sich für weitere Einordnungen und Abfolgen mit seinem schwarzfigurigen Werk und dem rotfigurigen Werk anderer Maler verbinden.

Die etwa fünfzehn oder zwanzig Jahre später entstandenen Giebelfiguren des Apollontempels in Delphi lassen sich mit dem Werk der so genannten „Pioniere" verbinden, einer Gruppe von im Athener Töpferviertel tätigen, ihrem Wesen nach zusammengehörenden Künstlern. Sie ragen unter anderem durch vollendete Zeichentechnik und Reichtum an feinen Details (wie sie auch an den Gewändern der Giebelkoren in Delphi zu beobachten sind) hervor.

„Chronologisches Netz"

Die Sicherheit dieses „chronologischen Netzes" gab immer wieder Anlass zu Skepsis (s. u. S. 110 zur Francis-Vickers-Chronologie), denn die Querverbindungen über Gattungs- und Landschaftsgrenzen beruhen auf methodischen Voraussetzungen, die Langlotz 1920, 6f. formuliert hat und die nicht unanfechtbar sind: Für Langlotz war die stetige stilistische Weiterentwicklung der Kunst, aber auch des einzelnen Künstlers selbstverständlich; auch glaubte er, dass es „in Zeiten regen Kunstschaffens kaum eine Grenze zwischen Handwerk und großer Kunst" gebe, der Giebel eines Tempels also mit einer großen Anzahl für einen großen Markt hergestellten Vasen verglichen werden könne. Letzteres bedeutet zudem, dass für beide Medien, Skulptur und Architektur, eine einheitliche und gleichzeitige Entwicklung angenommen wird. Und schließlich wird vorausgesetzt, dass in räumlich weit getrennten Entstehungsorten von Kunst – Athen und Ephesos, Athen und Delphi – eine ungefähre Gleichzeitigkeit der Stilentwicklung herrscht (zur Problematik s. allg. das Kap. „Stil", zur hier besprochenen Epoche Hornbostel 1978).

Diese Postulate sind nicht grundsätzlich abzulehnen: In der Regel können sie ebenso plausibel begründet wie angezweifelt werden. So greifen zum Beispiel künstlerische Entwicklungen und Einflüsse in der Tat über politische Grenzen hinaus; Künstler waren an verschiedenen Orten tätig. Der Skulpturenschmuck an öffentlichen Bauwerken wirkte sicher auf Maler inspirierend, andererseits wiederum sind in Baureliefs oft Gestaltungsweisen und Ansichten zu sehen, die aus der gleichzeitigen Malerei zu kommen scheinen. Solange es kein neues Quellenmaterial gibt, lassen sich auch die berechtigsten theoretischen Zweifel nicht praktisch in neue Datierungen beziehungsweise ein neues Chronologiesystem umsetzen.

3. Das spätarchaische Athen

a) Die Altarstiftungen des jüngeren Peisistratos

Im Jahre 522 v. Chr. war Peisistratos der Jüngere, Sohn des Hippias und Enkel des gleichnamigen ersten Tyrannen der Stadt, Archon von Athen; das entsprechende Fragment der Archontenliste ist erhalten: IG I³ 1031 col. III 21 (5 Buchstaben fehlen – *strat[os]*; von den anderen Namen, die man epigraphisch ergänzen könnte, ist keiner in dieser Zeit belegt). Über seine Tätigkeit berichtet Thukydides VI 54, 6 f.:

Peisistratos d. J. Archon

Unter anderem bekleidete das jährliche Amt auch Peisistratos, der Sohn des Tyrannen Hippias, nach dem Großvater benannt; das ist der, der in seiner Amtszeit den Zwölfgötteraltar am Markt baute und den des Apollon beim Pythion. Bei dem am Markt verschwand die Inschrift später in einem Anbau, mit dem das Volk von Athen ihn verlängerte, aber im Pythion ist sie in verwaschener Schrift noch vorhanden und lautet:
  Seiner Verwaltung ein Mal hat Peisistratos Hippias' Sohn hier / Diesen Altar zu Apolls Dienste, des Pythiers, gebaut.
(Übersetzung G. P. Landmann, Zürich 1960.)

Beide Altäre sind zumindest teilweise erhalten (Kleine 1973, 32–43; Shapiro 1989, 133–141). Von dem Altar des Apollon Pythios, der sich in seinem Heiligtum am Ilissos, südlich des Olympieion, befand, wurde die Langseite der Deckplatte aus parischem Marmor gefunden. Über dem lesbischen Kymation ist die einzeilige Inschrift angebracht (IG I³ 948):
  „Dieses Denkmal seiner Herrschaft stellte Peisistratos, Sohn des Hippias, im Heiligtum des pythischen Apollon auf."

Der bei Thukydides überlieferte volle Wortlaut gestattet die Rekonstruktion der ganzen Länge der Deckplatte von 1,86 m und des darunterliegenden Altars von 1,60 m (Rekonstr. bei Welter 1939, 29 f. Abb. 7). Der starke Vorsprung der Deckplatte sollte das Regenwasser vom Altarkörper fernhalten, der wahrscheinlich ursprünglich bemalt oder reliefiert war.

Das Pythion selbst wurde von Peisistratos dem Älteren gegründet (He-

Pythion

sych s. v. *en Pythiô chesai*); Grabungen haben Reste eines Gebäudes zutage gefördert, das sich in das späte 6. Jahrhundert v. Chr. datieren lässt. Das Alter des athenischen Apollonkultes zeigen wahrscheinlich auch die zahlreichen Mythen, die den Gott mit Athens „Nationalheros" Theseus verbinden: Theseus' Ankunft in Athen, Begegnung mit Medea, Kampf mit dem marathonischen Stier und anderen (Shapiro 1989, 50–52 mit Taf. 5a). – War das Pythion beziehungsweise dessen Förderung und die Altarstiftung 522/1 v. Chr. eine „gesture of defiance" gegenüber dem Apoll in Delphi, wo die Peisistratiden nicht willkommen waren? Shapiro 1989, 48–52 hat diese zuweilen vorgebrachte Meinung überzeugend widerlegt, vor allem, da es keinen Hinweis darauf gibt, dass das Pythion in Athen als Orakelstätte diente und die Vorstellung, Peisistratos hätte mit dem delphischen Gott konkurriert und ihn herausgefordert, nicht zu der Überlieferung des vorsichtig taktierenden und wohl aufrichtig frommen Tyrannen passt. Da er in Delphi nicht viel ausrichten konnte, machte er offenbar das Nächstbeste, indem er den Kult des Gottes in Athen nach Kräften förderte; die enge Verbindung zwischen dem Urheros Athens und dem Vatergott der Ionier gab ihm zudem die Möglichkeit, den Anspruch der Athener auf Vorrang unter den Ioniern zu betonen.

Zwölfgötteraltar   Der Zwölfgötteraltar war einer der bedeutendsten Orte der Agora, denn er diente als Ausgangspunkt für die Entfernungsmessung auf den von Athen aus gehenden Straßen (IG II² 2649; vgl. Herodot II 7, 4 f.) und war eine wichtige Stätte des Asyls. Letzteres wird durch die Geschichte bei Herodot VI 108, 4 eindrucksvoll illustriert: Als die Plataier in Athen um Hilfe gegen die Thebaner ersuchen, opfern sie den Zwölfgöttern. Da sich dieser Vorfall 519 v. Chr. abspielte, wird damit indirekt auch die Datierung der Errichtung des Altars bestätigt. Er ist der früheste Beleg der Dodekatheoi, der zwölf Olympier, in Athen (zur Frage, welche Gottheiten zu dieser Zeit dazugehörten, siehe Shapiro 1989, 134–139). Erhalten sind aber nur einige Fragmente und die Fundamente des Peribolos, der Einfriedungsmauer, aus denen sich mit Sicherheit nur schließen lässt, dass der Altar wohl nicht mit Reliefs dekoriert gewesen war und auch keinen Platz für zwölf Statuen bot. Vielleicht waren beim Eingang Reliefs an der Peribolosmauer angebracht. Das Heiligtum wurde 480/79 v. Chr. von den Persern zerstört und später wieder aufgebaut.

Diese durch archäologische, literarische und epigraphische Überlieferung datierten Stiftungen liefern wichtige historische Fixpunkte für die Bau- und Religionspolitik der Peisistratiden.

b) „Leagros kalos"

Lieblingsinschriften   Für die Chronologie der attischen Keramik der zweiten Hälfte des 6. beziehungsweise des Anfangs des 5. Jahrhunderts v. Chr. sind außer den bereits erläuterten Kriterien die Vasen mit den so genannten „Lieblingsinschriften" wichtig, das heißt mit einem aufgemalten Eigennamen mit dem Zusatz *kalós* (= „ist schön"). Allgemein wird angenommen, dass sich der Lebensabschnitt, in der ein Jüngling auf diese Weise gefeiert wurde, auf etwa zehn Jahre beschränken lässt. Zudem lassen sich einige Namen mit historischen Personen in Verbindung bringen, die auch aus anderen Quellen bekannt sind; der prominenteste davon ist Leagros, der Sohn des Glaukon, dessen Name auf über fünfzig rot- und schwarzfigurigen Gefäßen erscheint und dessen Lebenszeit aufgrund der Erwähnung in literarischen Quellen als gesichert gilt (525–465 v. Chr.; Langlotz 1920, 43–61). Die Gefäße mit der Inschrift *Leagros kalós* werden daher auf 510–505 v. Chr. datiert. Dieser Fixpunkt, der u. a. für das Werk der Maler Euphronios und Duris eine wichtige Rolle spielt, ist aber problematisch und hat in jüngerer Zeit Kritik erfahren (im Folgenden werden Kleine 1973, 78–93, Tölle-Kastenbein 1983, 575–578 und Parker 1994 zusammengefasst).

Die zugrundeliegende, bislang nicht bestrittene, aber natürlich auch nicht völlig beweisbare Annahme, auf der die chronologischen Konsequenzen beruhen, ist, dass der auf den Vasen gefeierte schöne Jüngling Leagros mit dem bei Herodot IX 75, Thukydides I 100, 3–101,1 und Pausanias I 29,4–5 erwähnten Strategen identisch sei.

Das Geburtsdatum wird aus dem 8. Themistoklesbrief erschlossen, in dem Leagros, Sohn des Glaukon, als „Altergenosse und Mitephebe" (*hêlikiôtes kai synephebos*) des Themistokles bezeichnet wird. Die aus dem 1. oder 2. Jahrhundert n. Chr. stammende Briefsammlung ist aber eine historisch zumindest zweifelhafte Quelle, und es wurde auch immer wieder der Einwand erhoben, bei der zweiten Bezeichnung könnte es sich um einen Anachronismus handeln. Wann genau die Ephebie in Athen eingeführt wurde, ist umstritten; U. v. Wilamowitz-Moellendorff (Aristoteles und Athen I, 1893, 193 f.) vertrat jedenfalls die Ansicht, diese Institution sei erst nach der Schlacht von Chaironeia 336/5 v. Chr. ins Leben gerufen worden.

> Lebensdaten des Leagros

Noch mehr Schwierigkeiten macht der Tod des Leagros als Stratege bei der Schlacht von Drabeskos 465/4 v. Chr. Herodot IX 75 *kann*, muss aber nicht bedeuten, dass Leagros zusammen mit seinem Mitstrategen gefallen ist: Eine andere, sprachlich ebenso korrekte Deutung des Textes ergibt nur, dass er zusammen mit Sophanes Stratege war. Ein Argument dafür, weiterhin an dem Todesdatum festzuhalten, ist der Umstand, dass die athenische Niederlage bei Drabeskos im ganzen 5. Jahrhundert v. Chr. als eines der ganz großen Desaster galt und man annahm, dass dabei zehntausend Athener und Verbündete getötet wurden (vgl. noch Isokrates or. 8, 86 *Über den Frieden*). Unabhängig davon bleibt aber das Hauptargument für die Chronologie, dass Leagros zu dieser Zeit das Mindestalter für das Strategenamt hatte, und andererseits nicht älter als sechzig sein konnte, weil mit diesem Alter die Dienstpflicht endete. Weit schwerer wiegt daher die Ansicht (Parker 1994), der Zeitpunkt der Schlacht müsse auf 453/2 v. Chr. umdatiert werden, da in dem Scholion in Aeschin. or. 2, 31 (p. 64, 197 f. Dilts) steht, sie habe im Jahr des Archons Lysikrates (= 453/2 v. Chr.) stattgefunden. Dieser Name wurde bislang stets zu „Lysitheus" (= Archon 465/4 v. Chr.) geändert, vor allem aufgrund der Schilderung bei Thukydides I 100, 3 f., wonach die Schlacht bei Drabeskos vor dem Ende der Belagerung von Thasos durch die Athener stattfand, was auch etwa mit Diodor XI 70 übereinstimmen würde, der die Niederlage in das Archontenjahr des Archidemides (465/3 v. Chr.) datiert. Parker 1994, 367 hält den Scholiasten für die weitaus zuverlässigere Quelle als Diodor und glaubt zudem, Thukydides sei bislang falsch interpretiert worden: Der Kontext zeige, dass der Historiker mit der Erwähnung der Schlacht auf ein vorausliegendes Ereignis vorgreife. Aufgrund dieser Neudatierung der Niederlage von Drabeskos und aufgrund von Berechnungen anhand von überlieferten Daten aus dem Leben von Leagros' Nachkommen – so war sein Sohn Glaukon 441/0 v. Chr. Stratege gegen Samos – kommt er auf ein Geburtsdatum um 505 v. Chr. für Leagros, der dann etwa ab 490 v. Chr. *kalós* gewesen wäre. Damit müsste die Chronologie der rotfigurigen Keramik um mindestens fünfzehn Jahre nach unten revidiert werden.

Die hier (nicht in allen Einzelheiten) wiedergegebenen Einwände zeigen deutlich, dass die der „Lieblingsnamen-Chronologie" zugrundeliegenden Annahmen weniger gesichert sind als oft angenommen oder in kurzen Überblicken über chronologische Fixpunkte deutlich gemacht werden kann. Umdatierungen in größerem Ausmaß erfolgen aber meist deshalb nicht, weil die auf den ersten Blick plausiblen Alternativvorschläge in der Regel nicht sehr viel gesicherter sind:

Schlacht bei Drabeskos Aus der Darstellung der Ereignisse bei Thukydides ergibt sich nicht, dass er mit der Erwähnung der Schlacht bei Drabeskos auf ein späteres Ereignis hinweist. Ein noch gewichtigeres Argument für die Beibehaltung der traditionellen Datierung der Schlacht von Drabeskos, das schon MacDowell 1959, 378 angeführt hat, ist die chronologisch geordnete, datierte Liste, die Thukydides IV 102, 2–3 von den Versuchen gibt, beim thrakischen Amphipolis eine griechische Kolonie zu gründen: Der erste ist das vergebliche Unternehmen des Aristagoras, Tyrann von Milet, der 497 v. Chr., während die Perser Ionien zurückeroberten, erfolgte. Zweiunddreißig Jahre später kamen die bei Drabeskos von den die Gegend bewohnenden Edonen aufgeriebenen Kolonisten, neunundzwanzig Jahre nach diesem Ereignis gelang endlich die Gründung von Amphipolis durch den Athener Hagnon, was 437/6 v. Chr. datiert werden kann. Ein 453/2 v. Chr. zu datierendes Ereignis in dieser Gegend wird bei Thukydides nicht erwähnt.

Die Gefahr von Zirkelschlüssen ist zudem auch bei Umdatierungen groß: So datiert Parker 1994, 371–373 mit Hilfe der von ihm errechneten „neuen" Lebensdaten die Standbildbasis mit der Inschrift *[L]eagros anethêken Glaukonos dodeka theoisin*, „Leagros, Sohn des Glaukon, stellte den Zwölfgöttern auf" (IG I³ 951), die am älteren Peribolos um den Zwölfgötteraltar des Peisistratos stand (s. o. S. 98), auf 477–457 v. Chr. um und bezieht eine choregische Inschrift (IG I³ 958: „[Die Phyle] Akamantis errang den Sieg, Leagros war Chorege, Pantakles führte auf"), die ins 5. Jahrzehnt des 5. Jahrhunderts v. Chr. datiert und dem Enkel des Leagros zugeschrieben wird, auf den älteren Leagros selbst; danach kommt er zum Schluss, das archäologische Material würde seine Datierungen bestätigen. Der erwähnte Peribolos wurde aber, wie fast alles auf der Agora (s. u. S. 102), von den Persern zerstört. Für die traditionelle höhere Datierung spricht außerdem der epigraphische Befund eines Topfes mit Ostraka, der im Kerameikos gefunden wurde: Dreiundfünfzig Scherben tragen den Namen des Leagros, Sohn des Glaukon, von den zahlreichen übrigen Namen sind die am häufigsten vorkommenden die des Themistokles und des Megakles, der 487/6 v. Chr. ostrakisiert wurde (eine zweite, spätere Verbannung ist hypothetisch). Die Ausgräber datierten den Fund daher in die 80er-Jahre des

5. Jahrhunderts v. Chr. Erst neues, sicher datiertes Material könnte also eine Revidierung der Chronologie rechtfertigen.

4. Die persische Zerstörung Athens und ihre Folgen

a) Der „Perserschutt" auf der Akropolis

Im Jahre 480 v. Chr. nahm die persische Armee unter General Mardonios Athen ein; der athenische Widerstand war mehr symbolischer Natur, da die Athener ihre Frauen und Kinder nach Salamis und Troizen verschifft hatten und sich der persischen Flotte bei Salamis und Artemision entgegenstellten. Die persische Armee zerstörte sowohl die Akropolis wie die Unterstadt planmäßig und gründlich, wovon Herodot und Thukydides Zeugnis ablegen:

Zerstörung Athens durch die Perser

Herodot IX 13, 2:

... da rückte er [d.h. Mardonios], noch bevor Pausanias mit seinen Truppen den Isthmos erreicht hatte, ab, zuvor aber steckte er Athen in Brand, und was von den Mauern oder den Gebäuden oder den Tempeln etwa noch aufrecht stand, riss er alles nieder und verwüstete es.
(Übersetzung W. Marg, Zürich/München 1983.)

Thukydides I 89,3:

Inzwischen hatten die Athener daheim, sobald ihnen die Barbaren aus dem Land waren, aus ihren Zufluchtsorten Kinder und Frauen und die gerettete Habe wieder herübergeholt und schickten sich an, die Stadt und die Mauern wieder aufzubauen, denn vom Mauerring standen nur kurze Stücke, und von den Häusern waren die meisten eingestürzt, nur wenige waren übrig, in denen die persischen Großen selber sich eingerichtet hatten.
(Übersetzung G. P. Landmann, Zürich 1960.)

Diese Zerstörung beziehungsweise die nachfolgenden Aufräumarbeiten hinterließen an mehreren Orten der Stadt tiefgreifende Spuren. Der einheitliche Zerstörungshorizont der Akropolis, der gleich nach dem Abzug der Perser aufgeräumt, angeschüttet und terrassiert wurde, wird als „Perserschutt" bezeichnet, eine deutsche Wortschöpfung des 19. Jahrhunderts (dazu und überhaupt grundlegend jetzt Lindenlauf 1997). Er gilt als Zeit- und Epochengrenze und chronologischer Fixpunkt, denn er liefert einen sicheren *terminus ante quem* für das Gebäude des Vorparthenon, einen langgestreckten dorischen Peripteros, der wahrscheinlich in den 490er Jahren begonnen wurde, für die archaischen Skulpturen (vor allem die Kuroi und Korai) auf der Akropolis, die archaischen Grabstelen im Kerameikos sowie für die Keramik und überhaupt alles Material, was in dieser Schicht gefunden wurde. An der chronologischen Relevanz des Perserschuttes äußerten aber bereits Langlotz 1920, 5, später noch mehr Kleine 1973, 111 f. und Tölle-Kastenbein 1983, 581 f. Zweifel: Die Ausgrabungen auf der Akropolis im 19. Jahrhundert seien unsystematisch und unmethodisch gewesen, da man auf Schichtenabfolge nicht geachtet habe, als man in Schatzgräbermentalität die Stätte bis auf den Felsboden „durchwühlte"; außerdem sei in den Füllschichten auch nachpersisches Material enthalten.

M. Vickers (s. u. S. 111) stritt sogar grundsätzlich die Existenz eines Perserschuttes ab (ähnlich Steskal 2004).

Brand- und Zerstörungsspuren

In der Tat stellt die Situation auf der Akropolis ein Problem dar, weil die Schuttverteilung schrittweise im Zuge der Neugestaltung des Geländes erfolgte und sich teilweise bis in die 40er Jahre des 5. Jahrhunderts v. Chr. hinzog (vor allem auf der Südseite) und für die Terrassierung zusätzliches Material aus der Umgebung herangeschafft wurde. Doch bereits den ersten Ausgräbern war sehr wohl bewusst, dass die von der persischen Zerstörung herrührenden Überreste spezifische Merkmale aufweisen müssten (Lindenlauf 1997, 74–77): Brandspuren, vor allem an den Keramikfragmenten, in geringerem Maße an den Skulpturen, die im Freien gestanden hatten, und bisweilen mechanische Zerstörungen, wobei hier oft der Verursacher wohl nicht eindeutig zu bestimmen ist, denn Hackspuren könnten auch von den Athenern stammen, die die Statuen transportierten oder für die Verfüllung herrichteten. Williams 1996, 244–248 (mit Lit.) hat dargelegt, dass die Grabungen im „sicheren" Perserschutt (das heißt vor allem in dem Dreieck zwischen Pelasgischer, Poros- und Oberer Mauer) sorgfältig durchgeführt wurden, da den Ausgräbern in den 80er Jahren des 19. Jahrhunderts die Bedeutung der Funde für die Chronologie klar war. Von den dort gefundenen vierundzwanzig Vasen sind fünf erheblich vor 500 v. Chr. zu datieren und zeigen keine Brandspuren, dagegen sind zwei Drittel der übrigen, 500–480 v. Chr. datierten, Keramik zerbrochen und verbrannt, was offensichtlich darauf hinweist, dass die sehr qualitätvollen Vasen, Opfergaben jüngster Zeit, zusammen mit einigen älteren Sücken „bestattet" wurden. Vierzehn Korai wurden in einer Grube beim Erechtheion gefunden. Es ist klar, dass aufwendige Weihungen wie Marmorstatuen nicht leichthin entsorgt wurden, so dass ein solcher Komplex auf eine größere Katastrophe hinweist (Cook 1989, 168 f.).

b) Die Athener Agora

Auf der Agora, dem politischen und zivilen Zentrum Athens, wurden vor allem an der Peripherie, wo sich in klassischer Zeit Läden und Privathäuser drängten, einundzwanzig große Gruben gefunden, die mit dem Schutt der persischen Zerstörung gefüllt waren; davon sind sechzehn ehemalige Brunnen, die übrigen fünf Gruben und Gräben, die massenweise Scherben und anderes Material enthielten (zum Folgenden ausführlich Shear 1993).

Füllmaterial in Brunnen

Warum wurden Brunnen als Abfallgruben benutzt? Die direkt in den weichen grünlichen Schiefer gehauenen Brunnenschächte besaßen keine gemauerten Wände und brachen daher nach einer gewissen Zeit von selber ein, wodurch die Quelle unbenutzbar wurde. Einige Brunnen entlang dem Panathenäischen Weg führten zur Zeit der Ausgrabung so wenig Grundwasser, dass sie vielleicht schon in der Antike wegen ungenügender Ausbeute stillgelegt wurden. Shear 1993, 415–417 macht zudem auf die Möglichkeit aufmerksam, dass bereits die Perser die Brunnen zerstörten, so wie sie laut Herodot IX 49, 2 f. auch in Plataiai die Quelle blockierten, um die Griechen vom Frischwasser abzuschneiden, so dass man dann auf der Agora nur noch die nutzlos gewordenen Gruben auffüllen konnte.

Material, das noch während dessen Benutzung in einen Brunnen hineinfiel, unterscheidet sich deutlich von einer späteren Verfüllung: Im ersten Fall handelt es sich fast ausschließlich um Gefäße, die zum Wasserschöpfen verwendet wurden, in wenige große Stücke zerbrachen und zum Grund sanken, als der Brunnen noch voll Wasser war. Späterer Schutt besteht überwiegend aus feinerer Keramik, deren zahlreiche kleine Scherben durch alle Schichten verteilt sind; ganze Gefäße sind davon meist nicht zu rekonstruieren, weil sie schon zerbrochen waren und Stücke davon verloren gingen oder anderweitig entsorgt wurden, bevor sie in den Brunnen gelangten.

Die einundzwanzig Fundkomplexe zeigen eine außergewöhnliche Einheitlichkeit sowohl in den Gefäßformen wie auch in ihrer Stratigraphie, die nur dadurch erklärt werden kann, dass das gesamte Material auf einmal hineingeworfen wurde. Es ist nicht überraschend, dass es sich dabei meist um undekorierte Gebrauchskeramik und schwarzglasiertes Ess- und Trinkgeschirr handelt, dürfte doch das Material vor allem aus Privathäusern gekommen sein; erstaunlicher sind die überall gefundenen schwarzfigurigen Lekythoi, die sonst in Gräbern vorkommen, was die Vermutung nahelegt, dass es sich dabei um die Ware einer Töpferwerkstatt auf der Agora handelt. Eine weitere Bestätigung, dass es sich bei dem Material um Reste der persischen Zerstörung handelt, ist der Fund von fünfzehn Ostraka, von denen acht von Männern sind, die nachweislich im letzten Jahrzehnt vor dem Ereignis verbannt wurden (Hipparchos: 487 v. Chr.; Megakles 486 v. Chr.; Aristeides: um 482 v. Chr.). Ostraka

Aufgrund der Keramikfunde, der Stratigraphie und der Art der Zerstörung lassen sich auch mehrere Gebäude auf der Agora identifizieren, die den Persern zum Opfer fielen: Die Stoa Basileios, der Regierungssitz des für religiöse Angelegenheiten zuständigen Archon Basileus; das alte Buleuterion, wo der Rat der Fünfhundert tagte, und das so genannte Gebäude F wurden vollständig zerstört. Die ersten beiden Bauten standen um 460 v. Chr. wieder in nahezu der früheren Form da; der andere Bau verschwand völlig unter der auf seinen Fundamenten errichteten Tholos, in der die Prytanen speisten. Andere Gebäude, unter anderem der Gerichtshof, weisen Spuren späterer Reparaturen auf.

c) Der Marathontumulus

Der große Grabhügel, der mit einer Höhe von 9 m und einem Durchmesser von 50 m die Ebene von Marathon (heute Soros) beherrscht, liegt an der Stelle, wo sich die Schlacht gegen die Perser entschied und ist mit größter Wahrscheinlichkeit (Williams 1996, 249: „surely, though not absolutely certainly") das Grab der 192 gefallenen Athener.

Der Reiseschriftsteller Pausanias besuchte den Ort in der zweiten Hälfte des 2. Jahrhunderts n. Chr. (I 32,3):

> Es gibt einen Demos Marathon, der gleich weit von der Stadt Athen entfernt ist wie von Karystos auf Euboia. Hier landeten die Barbaren, wurden in der Schlacht besiegt und verloren bei der Abfahrt auch einige Schiffe. In der Ebene befindet sich ein Grab der Athener, und darauf stehen Stelen mit den Namen aller Gefallenen nach

ihren Phylen, ferner ein anderes Grabmal der Plataier aus Boiotien und eines für die Sklaven; denn damals kämpften zuerst auch Sklaven mit.
(Übersetzung E. Meyer, hrsg. von F. Eckstein und P. C. Bol, Düsseldorf/Zürich 1986/2001.)

Inhalt des Grabhügels   Der Grabhügel enthielt fünfundzwanzig schwarzfigurige Lekythoi, die in einer Schicht von Asche und kalzinierten Knochen lagen. In einem Bothros, einer Opfergrube, wurden zusammen mit Asche, Tierknochen und Eierschalen mehrere schwarzfigurige Vasen sowie eine rotfigurige, sehr zerbrochene Schale und drei undekorierte Gefäße gefunden. In der Nähe fand sich auch eine schwarzfigurige Halsamphora. Ein großes Gefäß, das mit hängenden Spiralen auf jeder Seite dekoriert war und die Asche eines Mannes enthielt, der separat kremiert worden war, wurde im Zentrum des Hügels entdeckt (Williams 1996, 245).

Vor allem aufgrund dieses Grabinventars wurde die Identifikation des Tumulus mit der Grabstätte der gefallenen Athener bestritten: Die Gefäße stammen aus den Jahrzehnten von 570–490 v. Chr.; ebenso altertümlich wie ein Teil der Gefäße ist auch die so genannte Opferrinne, der Überrest eines Beigaben- und Opferrituals, das zum Beispiel bei den Gräbern im Kerameikos, dem Friedhof Athens, nach 550 v. Chr. deutlich zurückgeht. Unter den Beigaben befand sich zudem eine Pyxis, eine kleine Büchse zur Aufbewahrung von Salben und Schminke, was sonst vor allem in Frauengräbern vorkommt. Mersch 1995 glaubt daher, dass es sich um den während längerer Zeit benutzten prominenten Grabhügel einer aristokratischen Familie handle. Williams 1996, 249 argumentiert dagegen den Tumulus weiterhin als historisch sicher datiertes Denkmal anzusehen; bei der frühen Keramik könnte es sich um Weihgaben aus dem nahegelegenen Heraklesheiligtum handeln, wo die athenische Armee vor der Schlacht lagerte. Die Vasen hätten danach beim Bestattungsritual Verwendung gefunden, um Herakles zu ehren, von dem die Athener glaubten, er sei ihnen im Kampf zu Hilfe gekommen. Die Verwendung sehr alter Vasen für die Bestattung könnte mit der Heroisierung der Toten zusammenhängen. Was die Opferrinne anbelangt, muss jedenfalls angemerkt werden, dass Knigge 1991, 26 den Rückgang dieses Merkmals auf dem Kerameikos in erster Linie auf den zunehmenden Platzmangel auf dem Friedhof zurückführte, eine Einschränkung, die in der Marathonebene ja nicht gegeben war. Und es dürfte zumindest fraglich sein, ob zu einer Zeit, zu der der adelige Grabluxus bereits zweimal gesetzlich eingeschränkt worden war, ein aristokratisches Genos seine Bedeutung immer noch mit einem weithin alles überragenden Tumulus hätte inszenieren können. Insgesamt scheint mir jedenfalls das Vorhandensein *früher* Gefäße kein zwingendes Argument gegen den Tumulus als chronologischen Fixpunkt.

„Grab der Plataier"   Etwa 2,5 km westlich davon, beim heutigen Vrana, liegt das „Grab der Plataier", ein Tumulus von 3 m Höhe und 30–35 m Durchmesser. Bei den mit Steinpackungen abgedeckten Gräbern im Innern handelt es sich um zwei Brand- und neun Körperbestattungen; bei den letzteren ergaben anthropologische Untersuchungen, dass es sich um einen zehnjährigen Jungen und acht Männer von zwanzig bis vierzig Jahren handelte, von denen zwei auffällige Kopfverletzungen hatten (Mersch 1995, 59 mit Lit.). Die wenigen Gefäßbeigaben bilden eine zeitlich eng zusammengehörende

Gruppe; daher ist dieser Tumulus mit größter Wahrscheinlichkeit ebenfalls mit der Schlacht von Marathon in Verbindung zu bringen. Die Unvollständigkeit der Ausgrabung und die Spärlichkeit des Materials machen aber eine Zuweisung entweder an die Plataier oder an die Sklaven unmöglich.

d) Der Neubau der Stadtmauer im Kerameikos

Nach der Schlacht von Plataiai (Herodot IX 25–89) begannen die Athener bereits im Winter 479/8 v. Chr. ihre zerstörten Häuser und die Stadtmauer wieder aufzubauen, letzteres in aller Eile, sollten doch die Spartaner vor vollendete Tasachen gestellt werden (Thukydides I 89–93, 2; Bäbler 2001). Thukydides gibt eine Schilderung dieser Bauaktivitäten (I 93, 2):

Auf diese Art befestigten die Athener ihre Stadt in kurzer Zeit, und man sieht es dem Mauerwerk heute noch an, dass es in der Eile entstand. Denn die Steine des Unterbaus sind bunt zusammengewürfelt, stellenweise nicht einmal passend zugehauen, sondern wie jeder grad gebracht wurde, und viele Denksteine von Gräbern und bearbeitete Blöcke wurden eingefügt. Zur Vergrößerung wurde nämlich auch der Mauerring um die Stadt nach allen Seiten hinausgeschoben, und darum holten sie in der Hast alles, was sie fanden.
(Übersetzung G. P. Landmann, Zürich 1960.)

Die Erzählung des Historikers wird durch den archäologischen Befund bestätigt. Die themistokleische Mauer ist heute noch teilweise erhalten und besonders im Kerameikos gut sichtbar. Der etwa 1 m hohe Sockel besteht aus Kalkstein und einem Fundament von Steinblöcken zweiter Verwendung, über dem sich eine Lehmziegelmauer erhob. Bauart und Material stimmen mit der Beschreibung bei Thukydides überein, darüber hinaus wird die Datierung auch durch das Verhältnis der Mauer zum peisistratidischen Uferweg am Bach Eridanos sowie zu den späteren Mauerbauten gesichert. In den Mauersockel wurde eine sehr große Anzahl Stelenbasen und -fragmente sowie Grabskulpturen verbaut, darunter einige der schönsten Stücke archaischer Grabskulptur: die „Ringer-", die „Ballspieler-" und die „Hockeyspielerbasis", die „Reiterbasis" oder der „Diskusträger" (Lullies – Hirmer 58. 59. 38). Sie vermitteln ein eindrucksvolles Bild von der Blüte der attischen Grabskulptur im 6. Jahrhundert v. Chr. Kein einziges archaisches Grabmal im Kerameikos wurde in situ gefunden, doch die Hälfte der verbauten Werkstücke stammt mit Sicherheit, der Rest mit großer Wahrscheinlichkeit von archaischen Gräbern. Vielleicht war ein Teil der verbauten Basen, Stelen, Statuen und Bauten sogar aus dem attischen Umland herangeschafft worden.

Eingemauerte Skulpturen

Erstaunlicherweise wurde diese hastig „zusammengewürfelte" Stadtmauer nie durch eine sorgfältig geplante und konstruierte Arbeit abgelöst, sondern blieb für Jahrhunderte die wesentliche Verteidigungsanlage der Stadt. Trotz des verschiedenartigen verbauten Materials erwies sich der Bau als äußerst solide, wie sich gerade an den Toren, vor allem am Dipylontor, noch heute sehen lässt.

e) Folgerungen und Fragen

Der „Perserschutt" liefert also einen sicheren *terminus ante quem* für die archaische Skulptur, die vor allem auf der Akropolis und im Kerameikos in solcher Menge und so hoher Qualität zum Vorschein kam, dass sie eine hervorragende Möglichkeit bietet, Stilentwicklungen und -veränderungen bis 480 v. Chr. genau zu verfolgen. Aber hat diese Zeitgrenze auch einen kunsthistorischen Aspekt, handelt es sich um eine objektive Epochengrenze? Ein Beispiel soll diese Problematik etwas verdeutlichen: Den äußersten Punkt, an dem die Entwicklung vor dem Persersturm angelangt war, zeigt der berühmte „Kritiosknabe" (Lullies – Hirmer 78. 79; hier Abb. 5), der in der Zerstörungsschicht der Akropolis gefunden wurde. Es ist die nicht ganz lebensgroße Marmorstatue eines ruhig dastehenden Knaben mit zart modelliertem Körper, dessen rechtes Knie leicht gebeugt ist, so dass das Körpergewicht auf dem durchgedrückten linken Bein lastet und sich die Körperachsen entsprechend leicht verschieben. So sind auch die Unterarme im Ellbogen ganz leicht gehoben, der rechte etwas mehr nach vorne bewegt als der linke. Der Kopf, dessen Augen aus farbigem Stein eingesetzt waren, ist nach rechts gewendet; seine enge Verwandtschaft mit dem Harmodios der Tyrannenmörder-Gruppe des Kritios und Nesiotes (s. u. S. 123) hat der Statue den Namen gegeben. Das Haar liegt in Wellen um den Kopf und ist um einen Reifen geschlungen.

Das Werk ist weniger der letzte in der Reihe der Kuroi als vielmehr das erste Werk einer neuen Zeit: Das alte Schema des Kuros wird durchbrochen; nur ganz geringfügige Änderungen reichen aus, um die starre vertikale Achse zu sprengen, die alle frühere freistehende Plastik beherrschte. Die Entdeckung der Ponderation war ein epochemachender Punkt in der Kunstgeschichte. Daher ist es vielleicht nicht überraschend, dass die traditionelle Datierung vor einiger Zeit in einem ausführlichen Aufsatz abgelehnt wurde: Hurwit 1989, vor allem 61–80 hält den Kritiosknaben für ein nachpersisches Werk, das nicht ohne frühklassische Bronzevorbilder denkbar sei; bei der Datierung kurz vor 480 v. Chr. wäre das Werk „seiner Zeit voraus". Zwar hätte sich der archaische Stil „seit Jahrzehnten" dem Ende genähert, doch wirklich beendet worden sei er erst nach der Zerstörung Athens durch die Perser beziehungsweise der Wiederinbesitznahme der Stadt durch die Athener. Doch um diese Ansicht mit den Fundumständen in Einklang zu bringen, muss Hurwit die ganz unwahrscheinliche Geschichte erfinden, dass die Statue des Kritiosknaben nur wenige Jahre nach ihrer Erschaffung und Aufstellung auf der Akropolis einem athenischen Vandalen- oder Racheakt zum Opfer gefallen und dann zusammen mit dem noch herumliegenden Perserschutt begraben worden sei (vgl. auch Martini 1990, 22). Der interessante Aspekt an der Statue ist gerade, dass sie die innovativen Tendenzen und den Wandel bereits vor 480 v. Chr. belegt;

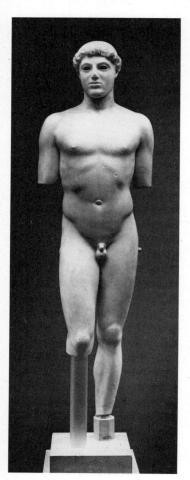

Abb. 5:
Kritiosknabe.

die stilistische Entwicklung nach dem Persersturm war offensichtlich mehr Kontinuität als Neuanfang. Die persische Zerstörung Athens war also vielleicht Auslöser für Beschleunigung und Entfaltung, aber kaum die Ursache für den Wandel.

VII. Die Francis-Vickers-Chronologie

In den vorangehenden Kapiteln wurde mehrfach darauf hingewiesen, dass mehrere Fixpunkte nicht auf unabhängigen, gesicherten Daten basieren, einige davon wohl besser aufgegeben würden und dass man sich jedenfalls immer der Annahmen bewusst sein sollte, auf denen sie beruhen. Insgesamt ist aber auch für die Frühzeit das Gerüst tragfähig, da es auf verschiedenen Pfeilern beruht: sowohl griechischen wie orientalischen literarischen, archäologischen und epigraphischen Zeugnissen.

Angesichts eines vor allem früher bisweilen zu großen Optimismus und zu rigorosem Schematismus sowie über lange Zeit aufrecht erhaltenen Zirkelschlüssen ist es aber nicht überraschend, dass vor einiger Zeit ein Großangriff auf das ganze System unternommen wurde: Vom Beginn der 80er bis in die 90er Jahre erschien eine ganze Flut von Aufsätzen von M. Vickers und dem früh verstorbenen E. D. Francis mit dem Ziel, die gesamte Chronologie der griechischen Kunst von spätgeometrischer bis in frühklassische Zeit völlig zu revidieren, das heißt insgesamt um etwa 60 Jahre zu senken. Der Einfachheit halber werden hier nicht alle einzelnen Arbeiten angeführt, sondern die Thesen zusammengefasst und auf Cook 1989 verwiesen, der eine Liste der Aufsätze gibt, sowie auf das auf dem Nachlass herausgegebene Buch von E. D. Francis (Francis 1990).

Francis und Vickers akzeptieren die relative Chronologie, also die stilistischen Abfolgen von Artefakten, bestreiten aber alle relevanten Punkte, an denen archäologische Befunde mit fest datierten Ereignissen in Zusammenhang gebracht werden. In chronologischer Reihenfolge werden hier die wichtigsten Einwände besprochen:

Griechische Keramik im Vorderen Orient

– Hama (s. o. S. 64): Francis und Vickers bestreiten, dass die 720 v. Chr. zerstörte Stätte bis zum Hellenismus nicht mehr besiedelt wurde; sie glauben, Hinweise auf Bauaktivität in vorhellenistischer Zeit zu haben, so dass die geometrischen Keramikfragmente aus späteren Schichten stammen könnten. Die Spuren sind aber so gering, dass es sich nur um vereinzelte Bewohner der Ruinen gehandelt haben kann, die sicher nicht die Mittel zum Import von Keramik gehabt hätten; vor allem aber wurden auf der Fläche, aus der die Scherben stammen, keine Hinweise auf spätere Besiedlung gefunden. Als etwas allzu ingeniös darf die als Alternative vorgeschlagene Hypothese bezeichnet werden, die Fragmente griechischer geometrischer Importkeramik könnten auch von später dort vorbeigezogenen Karawanen fallengelassen worden sein.

– Meshad Hashavyahu, die zu einem nicht genau bestimmbaren Zeitpunkt Ende des 7. Jahrhunderts v. Chr. aufgegebene Festung, muss in der Chronologie von Francis und Vickers natürlich ebenfalls 60 Jahre später noch bestehen und wird daher zu einem Fort an der Südgrenze von Kyros' Perserreich gemacht; es spricht aber nichts dafür, dass die Grenze des Kyros-Reiches dort verlief.

Gründungsdaten

– Thukydides' sizilische Gründungsdaten werden insgesamt abgelehnt, weil man nicht wisse, wie der Historiker zu seinen Daten gekommen sei (siehe aber zu den Quellen oben S. 76).

– Abgelehnt wird auch der *terminus post quem*, den der Skarabäus des ägyptischen Pharaos Bocchoris für den Keramik-Kontext des Grabes

Nr. 325 in Pithekussai (s. o. S. 79) liefert, da Bocchoris in mehreren antiken Quellen, so unter anderen Diodor I 45, 2 als weiser oder gerechter Herrscher bezeichnet worden sei. Er sei also ein bedeutender Pharao gewesen, dessen Kartusche auch noch lange nach seinem Tod habe produziert beziehungsweise lange als Andenken in Ehren hätte gehalten werden können, bevor sie jemandem ins Grab mitgegeben worden sei. Die zitierten antiken Zeugnisse entstanden aber alle hunderte von Jahren nach Bocchoris' Tod, als über ägyptische Pharaonen wohl bereits mehr Legendenhaftes als reales Wissen im Umlauf war. Bocchoris' Herrschaft war kurz und endete im Desaster, so dass es höchst unwahrscheinlich ist, dass ein Skarabäus mit seiner Kartusche, der zudem von schlechter Qualität ist, an einem Ort, wo luxuriöse Importe aus dem Osten so verbreitet waren, lange aufbewahrt worden wäre.

Bocchoris-Skarabäus

– Die Zerstörung von Alt-Smyrna (traditionell um 600 v. Chr. angesetzt), wird um 540 v. Chr. datiert und dann nicht dem Lyderkönig Alyattes, sondern Harpagos, dem Feldherrn des Perserkönigs Kyros, zugeschrieben, da es bei der Stadt einen Belagerungshügel gebe und Harpagos dieses Mittel bei der Belagerung ionischer Städte eingesetzt habe. Es gibt aber keinen historischen Beleg dafür, dass Harpagos Belagerungshügel gegen Smyrna einsetzte und auch keinen negativen Beweis, dass Alyattes diese Technik nicht kannte. Herodots Zeugnis von der Eroberung Smyrnas durch Alyattes (I 16, 2) lässt sich nicht wegdiskutieren.

Zerstörung von Smyrna

– Der Baubeginn des archaischen Artemis-Tempels von Ephesos wird auf 520 v. Chr. datiert und mit finanzieller Unterstützung des Perserkönigs Dareios in Verbindung gebracht. Daher werden die erhaltenen Inschriftenreste nicht, wie üblich, zu *kr(oisos) ba(sileus)* (= König Kroisos, s. oben S. 89), sondern zu *kr(epis)* (= Unterbau) und *ba(sis)* (= Sockel) ergänzt. Eine solche Beschriftung der Bauteile wäre in der ganzen griechischen Antike einmalig, und man fragt sich, was dann das wohlweislich mit Stillschweigen übergangene *ane(thêke)* (= stellte auf) bedeutete – eine Aufforderung an die Bauarbeiter, die tonnenschweren Bauteile auch wirklich aufzustellen und nicht herumzuwerfen?

Artemistempel in Ephesos

Die von Kroisos gestifteten Säulen waren laut Francis und Vickers „Miniaturmodelle" aus Gold, da sie bei Herodot I 92, 1 in einer Liste wertvoller Stiftungen erwähnt werden und laut Strabon XIV 1, 22 (p. 640) nach der Zerstörung des Tempels verkauft wurden. Doch Säulenmodelle sind nirgendwo sonst als Weihungen bekannt, so dass Herodot etwas so Ungewöhnliches sicher vermerkt und nicht nur einfach von Säulen (und zwar nicht aus Gold) gesprochen hätte.

Für die tiefe Datierung des Baubeginns werden zudem die *Saturnalien* des Macrobius (Anfang 5. Jh. n. Chr.) angeführt (V 22,4–5), wo ein angeblich um 400 v. Chr. datierter Hymnus des Timotheos zur Einweihung des Tempels erwähnt ist; da die Bauzeit laut Plinius *Naturalis Historia* XXXVI 120 Jahre betrug, musste der Bau um 520 v. Chr. begonnen sein. Dieses Datum sehen Francis und Vickers auch bestätigt durch die Nachricht bei Herodot III 41, 1, Theodoros von Samos, der an den Fundamenten des Artemisions arbeitete, habe einen Ring für Polykrates, den Tyrannen von Samos (535–522 v. Chr.), gemacht, sowie das königliche Schlafzimmer für Dareios entworfen, der 522 v. Chr. König von Persien wurde. Dazu muss angemerkt werden, dass die Datierung des Hymnus des Timotheos (der ca. 450–360 v. Chr. lebte) unklar ist, aber auch nicht entscheidend, da Plinius mehrfach das ältere und das jüngere Artemision verwechselt, so dass wir nicht wissen, auf welchen Tempel sich die 120 Jahre Bauzeit beziehen. Athenaios (um 200 n. Chr.) beschreibt in seinen *Deipnosophistai (Gelehrte beim Gastmahl)* XII 514 f nur allgemein Schlafräume persischer (nicht namentlich genannter!) Könige und schreibt Theodoros einen berühmten Goldkrater zu, doch es gibt keine Hinweise darauf, dass Theodoros für Dareios arbeitete. Hingegen ist die Nachricht bei Herodot I 51, 1–3, Kroisos habe einen von ebendiesem Theodoros gearbeiteten Silberbecher nach Delphi geweiht, eine Bestätigung der traditionellen Chronologie beziehungsweise der Verbindung des Lyderköngs Kroisos mit dem älteren Artemision.

Siphnierschatzhaus in Delphi

— Riesige Auswirkungen hätte natürlich auch die Umdatierung des Siphnierschatzhauses in Delphi (s. oben S. 91 f.) von 525 v. Chr. auf 470 v. Chr. Dieselbe neue Datierung sollte dann auch für den Apollon-Daphnephoros-Tempel in Eretria auf der Insel Euboia gelten, dessen Giebelskulpturen stilistisch dem Nord-Ost-Meister des Frieses vom Siphnier-Schatzhaus nahestehen (s. z. B. Lullies – Hirmer 53, 54). (Dieser dorische Ringhallentempel wurde laut Herodot VI 101, 3 von den Persern 490 v. Chr. zerstört; Francis und Vickers nehmen aber an, die Zerstörung sei erst durch die Römer 198 v. Chr. erfolgt.) Hauptargument ist, man solle nicht Herodot III 57–58, 1, sondern dem römischen Architekten Vitruv (1. Jh. v. Chr.) *De architectura* I 1,5 glauben, der die Erfindung der Karyatiden, der Mädchenstatuen, die anstelle der Säulen das Gebälk des Schatzhauses tragen, als versklavte Einwohnerinnen der Stadt Karyai in Lakonien deutete, die zerstört worden sei als Strafe dafür, dass ihre Einwohner mit den Persern gemeinsame Sache gemacht hätten. Damit seien die Stützfiguren Sinnbild für das Schicksal, das Griechen erleiden müssten, wenn sie mit den Persern sympathisierten. Auch die Thematik des Frieses – der Kampf der Götter gegen die Giganten – sei ein Symbol des griechischen Sieges über Persien.

Dazu muss angemerkt werden, dass das Siphnierschatzhaus zu Lebzeiten Herodots noch bestand, und dass er es wahrscheinlich selbst besuchte. Gegen dieses Zeugnis kann Vitruvs Deutung nicht standhalten, die eine zwar originelle, aber frei erfundene Geschichte (ein so genanntes *aition*) ist, um die Etymologie des Wortes Karyatiden von Karyai zu erklären. Die

Karyatiden

Darstellung von Karyatiden hat eine sehr lange Tradition, zum Beispiel als frühacharchische Spiegelgriffe oder als Stützen an Wasserbecken (*perirrhanteria*) bereits des 7. Jahrhunderts v. Chr., also längst vor den Perserkriegen. Ob überhaupt und wenn ja, wie weit Darstellungen wie Giganten- oder Kentaurenkämpfe „symbolisch" sind, ist umstritten und daher kaum ein überzeugender Beweis.

— Francis' und Vickers' grundlegende Überzeugung war, dass athenische Kunst und Literatur im Wesentlichen nach der Schlacht von Marathon begonnen hätten, und ihre Chronologie trägt diesem Konzept Rechnung. So werden, wie bei den erwähnten Friesen des Siphnierschatzhauses, alle künstlerischen Bildthemen in irgendeiner Weise mit den Perserkriegen in Zusammenhang gebracht, gerade auch der nach traditioneller Chronologie in der *archaischen* Kunst beliebte Herakles, der dann auf seine Rolle als

Helfer der Griechen gegen die Perser reduziert wird. Hauptargument dafür ist, dass Athen in archaischer Zeit ein viel zu armer Staat gewesen sei, um die Mittel zu künstlerischer Entfaltung zu haben, und erst durch die unermesslich reiche Perserbeute bei Salamis, Plataiai, Mykale und vor allem Eurymedon sich für die folgenden 50 Jahre zu einem blühenden Gemeinwesen entwickelte. Das persische Achämenidenreich habe aber nicht nur das Geld, sondern auch das künstlerische Vorbild dafür geliefert, was mit dem Reichtum anzufangen sei – die orientalischen Modelle für die Blüte dessen, was die traditionelle Chronologie als „archaische" Kunst bezeichne. Ein besonders prominentes Beispiel dafür seien die reich gekleideten und verschwenderisch geschmückten Korai, die Mädchenstatuen von der Athener Akropolis, die im Perserschutt (s. oben S. 101) gefunden wurden. Diesen „Perserschutt" nun halten Francis und Vickers für eine Erfindung der Ausgräber, vor allem von Ludwig Ross und Franz Studnizcka, denen nichts Besseres eingefallen sei, als die Perser für die Brandspuren an einigen von ihnen gefundenen Scherben verantwortlich zu machen. In Wirklichkeit seien die ausgedehnten Zerstörungsschichten auf Akropolis, Agora und im Kerameikos das Ergebnis von „Chaostagen", die Demokraten zur Unterstützung der Reformen des Ephialtes 462/1 v. Chr. (bei denen politisch bedeutende gerichtliche Kompetenzen vom Areopag auf den Rat der Fünfhundert und das Volksgericht übertragen wurden) veranstaltet hätten. Die „archaischen" Grabstelen in der athenischen Stadtmauer (s. oben S. 105) seien ebenfalls erheblich später entstanden und erst in den 60er Jahren des 5. Jahrhunderts v. Chr. aus Angst vor der spartanischen Bedrohung vermauert worden.

Perserschutt

Es liegt auf der Hand, dass diese Logik nicht ganz überzeugend ist: Eines der einschneidensten Ereignisse der griechischen Geschichte, die Invasion der Perser in Attika und die Zerstörung Athens, eindrucksvoll bei Thukydides und Herodot geschildert, hat nirgendwo die geringsten archäologischen Spuren hinterlassen. Bürgerkriegsähnliche Zustände dagegen, die Attika in Schutt und Asche legten, fanden bei keinem antiken Schriftsteller auch nur Erwähnung!

An dieser Stelle beginnt aber auch noch ein anderes Problem deutlich zu werden. Die Chronologie der Kunstwerke klassischer Zeit wurde von Francis und Vickers akzeptiert. Ungefähr in der Mitte des 5. Jahrhunderts v. Chr. trifft ihre revidierte Zeitrechnung wieder mit der traditionellen zusammen. In einem zusammenfassenden Überblick bedeutet dies in absoluten Zahlen:

traditionell   *Francis-Vickers-Chronologie*
575–550 v. Chr.   ca. 490 v. Chr.
525–500 v. Chr.   ca. 475 v. Chr.
500–475 v. Chr.   ca. 465 v. Chr.

Damit werden 100 Jahre der konventionellen Chronologie in gut 25 Jahre komprimiert. Auch wenn man bezüglich stilistischer Möglichkeiten an keinen starren schematischen Vorstellungen festhalten will, scheint eine so schnelle künstlerische Entwicklung und eine so explosionsartige Zunahme der Produktion alle menschlichen Möglichkeiten zu übersteigen.

Die „Generalabrechnung" von Francis und Vickers mit der traditionellen Chronologie wirft die Frage auf, was denn die gesamte Klassische Archäologie bewogen haben sollte, 200 Jahre lang an einer Fiktion festzuhalten, anstatt sich in die reale Welt zu begeben, wie es M. Vickers einmal formulierte. Warum hätten L. Ross und F. Studnizcka einen Perserschutt erfinden sollen? Die Antwort liegt laut Francis und Vickers im Philhellenismus des späten 18. und frühen 19. Jahrhunderts, der die Klassische Archäologie entscheidend prägte. So hätte Ross in dem von den Türken verwüsteten Athen den von Thukydides beschriebenen Zustand der Stadt nach Abzug der Perser gesehen. Hauptursache der traditionellen Chronologie sei ein romantisiertes Bild des antiken Griechenland, in dem das achämenidische Persien kritiklos mit der ottomanischen Türkei gleichgesetzt worden sei, so dass ausgedehnte Zerstörungen automatisch den „Türken" beziehungsweise Persern zugeschrieben wurden. Man habe nicht wahrhaben wollen, dass das klassische Athen eine sehr polarisierte Gesellschaft gewesen sei, in der es durchaus perserfreundliche Leute gegeben habe, und in der die reichen Leute nach orientalischem Vorbild silbernes und goldenes Ess- und Trinkgeschirr, also keine Keramik, benutzt hätten.

Klassizismus des 19. Jh.

Kritik und Zweifel an den traditionellen Datierungen und Fixpunkten sind oft nicht unberechtigt. Wie aber schon bei der Diskussion der einzelnen Einwände deutlich wurde, liegt der Hauptschwachpunkt der Francis-Vickers-Chronologie darin, dass die vorgeschlagenen neuen Datierungen auf einem noch unglaubwürdigeren oder unwahrscheinlicheren Argument oder auf einem viel späteren und unzuverlässigeren Autor beruhen. Sehr oft müssen auch Inkonsequenzen in Kauf genommen werden, wenn Aussagen von Autoren einmal beim Wort genommen, einmal uminterpretiert, einmal ganz abgelehnt werden. Ebensowenig ist eine Methode erkennbar, nach der ein archäologischer Befund als Beweis akzeptiert oder aber als nicht aussagekräftig zurückgewiesen wird.

Hauptverdienst der Francis-Vickers-Chronologie ist es, Forschung, Kritik und Widerspruch angeregt zu haben. Vieles, was allzu selbstverständlich war, wurde einer erneuten Prüfung unterzogen, und fast alle in der Bibliographie angeführten Arbeiten der späten 80er und 90er Jahre, die sich gründlich und eingehend mit Fragen von Chronologie und Datierungen befassen, sind als Antwort auf Francis und Vickers entstanden.

VIII. Klassische Zeit

1. Fest datierte Genera chronologischer Zeugnisse

ca. 430 v. Chr. – frühes 3. Jahrhundert v. Chr.: Urkundenreliefs
392/1 – 312/1 v. Chr.: Panathenäische Preisamphoren
500 v. Chr. – 6. Jahrhundert n. Chr.: Amphorenstempel
488/7 v. Chr. – 417 v. Chr.: Ostraka

a) Urkundenreliefs

Sehr bedeutsam sind aufgrund ihrer präzisen, das heißt in diesem Fall sogar auf den Tag genauen Datierung die griechischen Urkundenreliefs, deren überwältigende Mehrheit in Athen beziehungsweise Attika zwischen etwa 430 v. Chr. und dem frühen 3. Jahrhundert v. Chr. hergestellt wurden (s. allg. Meyer 1989, dort den Katalog mit allen Stücken 263–322). Abgesehen von den Schatzmeisterurkunden (s. u.) schmückten die meisten dieser Reliefs Urkunden des Demos und der Bule, seltener diejenigen anderer Institutionen; die Mehrheit bilden Ehrungen. Aufgestellt wurden diese Marmorstelen in der Regel auf der Akropolis, seltener im entsprechenden Tempel, wenn religiöse Angelegenheiten behandelt wurden.

Die Reliefs waren als schmückendes Beiwerk dem Text untergeordnet. Sie bilden den Kopf der Stele und haben eine liegend rechteckige Form, je nach Größe der Stele von etwa 25 × 17 cm bis 60 × 50 cm. Sie können gerahmt und durch eine vorspringende Leiste von der Inschrift getrennt sein. Die Darstellungen sind meist sehr ähnlich: sitzende und stehende Gottheiten, oft durch das Reichen der rechten Hand (die so genannte *Dexiosis*) miteinander verbunden. Das Urkundenrelief von 424/3 v. Chr. über Sonderbestimmungen für Methone (Athen EM 6596; IG I³ 61) zeigt zum Beispiel eine Dexiosis zwischen der stehenden Artemis und der sitzenden Athena; auf dem Urkundenrelief von 417/6 v. Chr. über die Symmachie zwischen Athen und Argos (Athen EM 6588; AM 2431–2981; IG I³ 86) ist der sitzende Zeus zu sehen, daneben eine Dexiosis zwischen Hera und einer verlorenen Figur. Beliebt sind auch sich entschleiernde weibliche Gottheiten, wie zum Beispiel Hera (neben Zeus und Athena) auf dem Vertrag zwischen Athen und Korkyra von 376/5 v. Chr. (Athen NM 1467; vgl. IG II² 43), oder Gottheiten, die einen sterblichen (oft in Rüstung und mit Schild und Lanze) bekränzen.

Diese fest datierten Urkundenreliefs bieten die Möglichkeit, durch stilistische Vergleiche andere Werke, vor allem Grab- und Weihreliefs, aber auch rundplastische Skulpturen zu datieren (Meyer 1989, 29–80). Gewisse Skepsis wurde an diesem Verfahren geäußert, da das Repertoire der dargestellten Figuren beschränkt ist und die Ausführung der kleinformatigen Reliefs „handwerklich", also von eher bescheidenem künstlerischem Niveau. Voraussetzung für diese Datierungsmöglichkeit ist daher, dass die Urkundenreliefs dennoch für ihre Entstehungszeit charakteristische Stilmerkmale zeigen. Da sie so zahlreich sind, lässt sich ihre stilistische Entwicklung gut verfolgen: Am Beginn, in den 420er Jahren, haben die Reliefs eine geringe

Stilistische Entwicklung

Abb. 6: Urkundenrelief der Spartokiden.

Tiefe, die Figuren haften am Grund, von dem sie sich im Lauf der Zeit aber immer stärker lösen. Auch der Kontrapost wird stärker, bis die Figuren zu Beginn des 4. Jahrhunderts v. Chr. einen einheitlichen unruhigen Schwung haben; die Gewänder werden massiger und gewichtiger. Stilistisch und chronologisch stimmt diese Entwicklung genau mit den gleichzeitigen Architekturfriesen überein, wobei nur die Formensprache etwas schlichter, zurückhaltender und weniger überschwänglich ist als zum Beispiel die der Nikebalustrade auf der Akropolis.

Im Lauf des 4. Jahrhunderts v. Chr. ist die Entwicklung zunächst nicht mehr ganz so konsequent, so dass Vergleiche etwas schwieriger werden. Seit den 60er Jahren lassen sich aber die gleichen Tendenzen wie bei den Grabreliefs des 4. Jahrhunderts v. Chr. feststellen: Die Figuren werden immer rundplastischer, füllen den Raum mit ihrem Körpervolumen und rücken immer tiefer in den Naiskos, die architektonische Rahmung mit im Relief angegebenen Pfeilern, Gebälk und Giebel, die seit dem 2. Viertel des 4. Jahrhunderts v. Chr. das Bildfeld umgibt. Ein Beispiel dafür ist die Ehrung für die bosporanischen Fürsten Spartokos, Pairisades und Apollonios (Athen NM 1471; IG II^2 212; Abb. 6) von 347/6 v. Chr., die für die Getreideversorgung der Stadt eine wichtige Rolle spielten. Die um die Jahrhundertmitte massigen Figuren werden lockerer und sind um 330/20 v. Chr. spiralig gedreht. Das Ende der klassischen Zeit wird auch an den Gewändern sichtbar, die nicht mehr aus Faltentälern und -graten bestehen; ihre unplastische Gliederung ist jetzt ganz auf die Oberfläche verlegt, deren Aufrauung auf die krepppartigen Gewänder des Hellenismus vorausweist. In diesem einzelnen Zug weichen damit die Urkundenreliefs von den Grabreliefs ab, die bis zuletzt, das heißt bis zum Grabluxus-Verbot von 317 v. Chr., Gewänder mit reichen, klassischen Faltenmotiven bevorzugen. Daher sind die Urkundenreliefs des 4. Jahrhunderts v. Chr. trotz des Gattungsunterschiedes oft eher mit der gleichzeitigen Freiplastik als mit anderen Reliefs zu vergleichen.

Insgesamt stimmen aber die Entwicklungstendenzen überein, und obwohl die Urkundenreliefs nicht als eigenständige Kunstwerke konzipiert wurden, sondern zweckgebundene, handwerkliche Auftragsarbeiten sind, zeigen sie die gleiche Formensprache, Stil und Entwicklung wie die zeitgenössischen, nicht fest datierten Werke. Dies macht sie für fast anderthalb Jahrhunderte zu einer wichtigen chronologischen Referenzgröße.

b) Panathenäische Preisamphoren

Die Einführung der Panathenäischen Preisamphoren wurde bereits oben S. 83 f. besprochen (siehe die dort angegebene Literatur sowie Boardman, SVA 180–183). Sowohl die Gefäßform wie die Bemalung wurde seit der Entstehungszeit beibehalten; Letztere blieb bis zum Ende der Gattung im 2. Jahrhundert v. Chr. immer schwarzfigurig. Als einzige bedeutende Veränderungen werden im 4. Jahrhundert v. Chr. die Hähne auf den Säulen durch jährlich wechselnde Figuren ersetzt, und seit 363/2 v. Chr. schreitet die Athena Promachos nicht mehr nach links, sondern nach rechts. Ebenfalls seit den 60er Jahren des 4. Jahrhunderts v. Chr. liegen die Buchstaben der Inschrift waagrecht. Kleine Veränderungen lassen sich bei der immer im gleichen Typus dargestellten Athena beobachten: Ihr Kopf wird kleiner, der Körper immer mehr in die Länge gezogen, und die Enden ihres über die Oberarme drapierten Mantels schwingen in Schwalbenschwänzen aus. Auffällig ist dabei, dass diese Athenadarstellungen immer archaistischer und dadurch manirierter wirken, während sich die Darstellung der Athleten auf der Vorderseite genau mit der Plastik des 4. Jahrhunderts v. Chr. vergleichen lassen. Die Amphoren bekommen im Lauf der Zeit etwas vollere Lippen und schlankere Hälse und Füße.

Bemerkenswert ist im 4. Jahrhundert v. Chr. vor allem, dass von 392/1 v. Chr. bis 312/1 v. Chr. der Name des Archonten, der für Herstellung und Abfüllung des Gefäßes verantwortlich war, inschriftlich genannt wird. Da-

Namensinschriften der Archonten

durch sind alle Panathenäischen Preisamphoren aus dieser Zeit auf das Jahr genau datierbar, Beispiele: Inschrift: Polyzelos Archon = 367/6 v. Chr. (London BM B 604); Inschrift: Niketes Archon = 332/1 v. Chr. (London BM B 610). Auf der frühesten der Reihe (392/1 v. Chr.) wird der Name zu Pythokles ergänzt.

Auf den Panathenäischen Preisamphoren des 3. und 2. Jahrhunderts v. Chr. werden bisweilen andere Beamte genannt, der Schatzmeister (Tamias) oder ein Kampfrichter (Agonothetes). Wir wissen, dass pro Wettkampf etwa 1500 Amphoren hergestellt wurden, was auch zeigt, wie viel von den antiken Überresten verloren ist. Ein Sieger konnte bis zu 140 mit dem wertvollen attischen Olivenöl gefüllte Amphoren erhalten; er durfte sie auch verkaufen, was erklärt, warum sie in der ganzen antiken Welt zu finden sind. Viele wurden von den Siegern auch ins Grab mitgenommen. Die datierten Panathenäischen Preisamphoren können daher in verschiedensten Fundkontexten ein wichtiger Anhaltspunkt für die Chronologie sein.

c) Amphorenstempel (Abb. 7)

Transportamphoren

Große, bis zu 80 cm hohe Amphoren wurden in der griechisch-römischen Welt über 1000 Jahre lang (ca. 500 v. Chr. bis ins 6. Jahrhundert n. Chr.) als Transportgefäße für Wein, Öl, Getreide und anderes benutzt. Über 800 dieser Handelsamphoren aus der ganzen Zeitspanne kamen bei den Ausgrabungen auf der athenischen Agora zum Vorschein. Ihre Formen variieren meist je nach Herkunft; sie haben aber alle eine Mündung, die eng genug ist, um mit einem Korken verschlossen zu werden, zwei horizontale Henkel und am unteren Ende, das als dritte Haltemöglichkeit dienen konnte, eine Spitze oder eine Art Knopf (Grace 1961). Die meisten dieser Amphoren wurden auf der Oberseite der Henkel mit einem Stempel versehen, der oft ein Symbol der Herkunftsortes enthielt, bei der Insel Rhodos zum Beispiel eine Rose oder der von Strahlen umgebene Kopf des Sonnengottes Helios. Die meisten Amphorenstempel – rhodische, knidische, sinopische, thasische – enthalten zwei Namen: Der eine ist wohl der eines lizenzierten Herstellers, der andere eine Datierung, nämlich der Name eines Beamten des Herkunftsortes, meist mit der griechischen Präposition *epi*, das heißt „zur Amtszeit des ..." versehen. Auf rhodischen Amphoren wird sogar noch der Monat angegeben. Der Zweck dieser Angaben ist nicht völlig klar: Vielleicht sollte vor allem der offizielle Verantwortliche für das Einhalten des Standard-Maßes an Inhalt angegeben werden. Zugleich wurde natürlich damit auch der Inhalt datiert, also der Jahrgang der besseren Weine oder die Frische einer Ware, die nach einer bestimmten Zeit nicht mehr genießbar war (S. Finkielsztejn 2001).

Datierung der Mittleren Stoa auf der Athener Agora

Da von den Herkunftsorten der Amphoren datierte Beamtenlisten erhalten sind, lassen sich mit Hilfe von gestempelten Amphorenhenkeln, die in Verfüllungen von Bauten oft zahlreich enthalten sind, Gebäude datieren. Wichtigstes (nachklassisches) Beispiel sind die 1500 gestempelten Amphorenhenkel – darunter 59% rhodische, 25% knidische, 4% thasische –, die in den Fundamenten der Mittleren Stoa auf der Athener Agora gefunden wurden. Sie datieren den lange umstrittenen Baubeginn der großen Säulenhalle (147 × 17,5 m) aus Kalkstein mit unkannelierten dorischen Säulen, kräftig bemalten Marmormetopen und Terrakotta-Traufgesims auf 183/2 v. Chr. (Grace 1985). Dies entspricht auch den historischen Umständen, die Pharnakes I., Sohn des Mithridates von Pontos, als Sponsor der Stoa wahrscheinlich machten, was aber bis zu diesem Fund nicht wirklich belegt werden konnte. Gerade in diesem Jahr aber war Pharnakes, der mehrfach Ehrungen von den Athenern erhielt, Herr über die zwei größten Handelshäfen im Schwarzen Meer, Amisos und Sinope, geworden, die wichtige Zentren für den Getreidehandel und eng mit Athen verbunden waren. Höchstwahrscheinlich diente die von ihm gestiftete Stoa auch dem entsprechenden Zweck, nämlich der Lagerung und dem Verkauf von Getreide (Grace 1975, 26–29).

Abb. 7: Amphorenstempel „Herakleides astynomou Kallisthenou".

Die Amphorenstempel aus der Mittleren Stoa lassen sich mit denen aus der Attalos-Stoa auf der Agora sowie auch dem Fund von 782 meist rhodischen Stempeln in Pergamon vergleichen.

Amphorenstempel ermöglichen es auch, geographische und chronologische Entwicklungen von Handelsbeziehungen zu verfolgen. Das Studium dieser Kleinfunde in Gebäuden vermag meist viel zur Erhellung der Chronologie beizutragen (zahlreiche Beispiele bei Stolba – Hannestad 2005).

d) Ostraka

So genannte *ostraka* (sg. *ostrakon*, „Scherbe aus Ton", bereits oben auf Seite 100 im Zusammenhang mit Leagros erwähnt) können bisweilen eine Datierungshilfe sein oder jedenfalls *termini post quem* liefern. Der Ostrakismos („Scherbengericht") war eine spezifisch athenische Institution, mit der jemand, ohne dass er irgendeines Vergehens schuldig war, für 10 Jahre verbannt werden konnte, wobei er sein Vermögen behalten durfte. Praktiziert wurde dieses Verfahren, mit dem verhindert werden sollte, dass ein Politiker zu mächtig wurde, seit 488/7 v. Chr.: Einmal jährlich in der Volksversammlung konnte jeder den Namen des Mannes, den er verbannt wissen wollte, auf eine Tonscherbe schreiben; bei 6000 abgegebenen Stimmen wurde der Kandidat mit der höchsten Stimmenzahl verbannt. Unmittelbar nach der Auszählung wurden die Ostraka weggeworfen, meist auf die Straße oder in das nächste Loch. 11 000 solcher Scherben wurden in Athen, davon über 1000 auf der Agora, 7000 allein im Bachbett des Eridanos im Kerameikos gefunden (Lang 1990, 3 f.). Vom Ostrakismos waren mehrere prominente Politiker betroffen, deren Verbannung wir datieren können (u. a. Xanthippos, der Vater des Perikles 484 v. Chr., Themistokles 470 v. Chr., Kimon 460 v. Chr., Thukydides, Sohn des Melesias, 443 v. Chr.). Ostraka mit solchen bekannten Namen können also ein Hinweis auf die Datierung des Kontexts sein. Die Ostraka der Agora fallen chronologisch in

Abb. 8:
Ostrakon
des Themistokles,
Sohn des Neokles.

drei Gruppen, die auch den literarisch bezeugten Ostrakismen entsprechen: die 480er Jahre, für die Aristoteles' *Staat der Athener (Ath. Pol.)* 22 die Hauptquelle ist, 461–443 v. Chr. und 417–415 v. Chr.

Dennoch ist der Nutzen von Ostraka eher begrenzt, denn es besteht nie völlige Sicherheit, in welchem Ostrakismos ein Ostrakon angewendet wurde, und ein besonders aktiver Politiker konnte häufig genannt werden. Insgesamt bestand die Institution, mit der die Gefahr einer Tyrannis abgewendet werden sollte, nur etwa 70 Jahre lang. Der Ostrakismos wurde dadurch ad absurdum geführt, dass er vor allem von mächtigen Männern dazu benutzt wurde, ihren jeweiligen Hauptrivalen auszuschalten; es wurden auch zahlreiche Scherben gefunden, auf denen derselbe Namen von der gleichen Hand geschrieben war, die also offensichtlich bereits vorher für des Schreibens (und Lesens?) unkundige Teilnehmer an der Volksversammlung vorbereitet worden waren. Um 417 v. Chr. war nach mehreren solchen Vorfällen der Ostrakismos so entwertet, dass er aufgegeben wurde.

e) Münzen

Münzen sind wohl das bekannteste Beispiel eines Artefakts, das sich selbst datiert. Allerdings muss hier die Einschränkung angefügt werden, dass dies vor allem für die hellenistische und dann natürlich die römische Zeit gilt. Im Unterschied zur römischen (und übrigens auch zur modernen) Münzprägung war in der griechischen die Legende, die Münzaufschrift, von untergeordneter Bedeutung und zeigt die Bindung an die Polis: Meist besteht sie aus dem Genitiv Plural des Ethnikons in abgekürzter Form (zum Beispiel ATHE bei den Münzen aus Athen, SYRA bei denen aus Syrakus), oder auch nur einem einzigem Buchstaben, wie zum Beispiel dem altertümlichen Koppa für Korinth. Kein Tyrann ließ je seinen Namen auf die Münzen der von ihm beherrschten Stadt prägen. So genannte Geschichtsmünzen, wie sie in der römischen Welt häufig sind, kommen im klassischen Griechenland kaum vor: Bündnisse, militärische Siege, oder Städtegründungen fanden fast nie unmittelbaren Niederschlag auf griechischen Münzen. Eine Ausnahme bildet hier das „Demareteion", benannt nach Demarete, der Frau des Tyrannen Gelon von Syrakus, die von den Karthagern, für die sie sich während der Friedensverhandlungen nach der Schlacht von Himera 480 v. Chr. eingesetzt hatte, einen goldenen Kranz im Wert von 100 Talenten erhielt und aus dem Erlös davon eine Silbermünze prägen ließ, die zehn attischen Drachmen entsprach: Die Vorderseite zeigt eine von Niken bekränzte Quadriga mit einem Löwen darunter, die Rückseite das mit Olivenblätterkranz, Halskette und Ohrgehänge reich verzierte Gesicht der

Inschriften und Münzbilder

Quellnymphe Arethusa, umgeben von vier Delphinen. Heute sind davon 18 Exemplare bekannt.

Zwischen dem 6. und 4. Jahrhundert blieben aber Götter, vor allem die entsprechenden Lokalgottheiten, Attribute und Symbole, wie zum Beispiel Traube, Weinstock oder Mischkrug bei bekannten Weinstädten, die Regel. Neue Formen entstanden erst im Hellenismus, wobei die entscheidenden Impulse aus Makedonien kamen: Alexander setzte als erster seinen Kopf auf Münzen. Seine Nachfolger, die Diadochen, schlossen sich zuerst demonstrativ dieser Prägung an und bildeten ebenfalls Alexander ab, um ihre Stellung zu befestigen. Danach wurde es aber sehr bald üblich, das Porträt des regierenden Herrschers mit Königsbinde auf die Vorderseite zu prägen, und auf die Rückseite das Bild einer Gottheit, zu der der Dynastiegründer oder der amtierende Herrscher ein so enges Verhältnis hatten, dass sie zur „Reichsgottheit" wurden. Die Münzen wurden zur Regierungszeit des Herrschers geprägt, fast nie postum. Der Hellenismus war eine erste Blütezeit des Herrscherporträts und macht die Münzen zu wichtigen Datierungshilfen.

Viele Münzen sind allerdings zu korrodiert oder zu abgenutzt, um für Datierungen von großem Nutzen zu sein. Münzen haben überdies die Tendenz, wie Biers 1992, 73 etwas sarkastisch feststellte, an Ausgrabungen stets an den falschen Orten aufzutauchen, das heißt nicht in geschlossenen, sondern in gestörten Schichten oder Abfallgruben, wo sie chronologisch keinen großem Aussagewert haben. Kleine, schwere Objekte wie Münzen sinken durch ihr Eigengewicht in lockeren Böden schneller als anderes Material; bestimmte Tiere sammeln kleine, glänzende Gegenstände und verschleppen sie dadurch an Plätze, die von der ursprünglichen Ablage weit entfernt sind. Eine einzelne Münze kann daher fast überall auftauchen und sollte mit Misstrauen betrachtet werden, solange sie nicht aus einer sicher geschlossenen Schicht stammt.

f) Schleuderbleie

Schleuderbleie – griech. *molybdis* oder *molybdaina*, lat. *glans, glandes* –, aus Blei in Tonmodeln gegossene Kugeln von 30–45 g Gewicht, wurden nach 400 v. Chr. zur Standardwaffe im Ägäisraum und später auch in der römischen Kriegsführung eingesetzt. Tausende sind erhalten, viele davon mit ethnischen oder religiösen Symbolen, Darstellungen von Göttern oder obszönen und sarkastischen Adressen an den Feind („nimm das!", „iss das!") versehen. Über 100 der erhaltenen Schleuderbleie tragen Personennamen. Das prominenteste Beispiel sind die in der Zerstörungsschicht der nordgriechischen Stadt Olynthos gefundenen Bleikugeln mit der Aufschrift „von Philipp". Nach historischen Quellen wurde die Stadt 348 v. Chr. von Philipp II. von Makedonien, dem Vater Alexanders des Großen, dem Erdboden gleich gemacht. In Julia Gordus (heute Gördes) in Lydien wurde eine Kugel mit der Inschrift *TISSAPHER [...]* gefunden (s. Foss 1975). Der persische Satrap Tissaphernes hatte die Technik wohl von Xenophons Söldnern übernommen (vgl. Xenophon, *Anabasis* III 3, 16) und später selbst in der Kampagne gegen Derkylidas 395 v. Chr. eingesetzt. In seinem Herr-

Tissaphernes

schaftsgebiet hatte die Stadt Aspendos eine Elitetruppe von Schleuderern; ein Schleuderer in Aktion erscheint um 400 v. Chr. auf Silberstateren der Stadt. Die Kugel gehört daher wahrscheinlich zu einer Serie, die Tissaphernes zwischen 401 v. Chr. und seinem Tod 395 v. Chr. gießen ließ; sie ist deshalb von Interesse, weil sie die einzige epigraphisch gesicherte griechische Schreibweise des Namens Tissaphernes ist. Namen hellenistischer Könige sind nicht erhalten.

Dennoch gelingt es, selbst wenn der Herkunftsort der Schleuderbleie bekannt ist, erstaunlich selten, sie mit bekannten kriegerischen Ereignissen in Verbindung zu bringen, oder Identität und militärischen Rang der erwähnten Personen ausfindig zu machen.

Werden die Schleuderbleie also nicht ohnehin in einem bedeutenden Kontext, wie zum Beispiel einer datierbaren Zerstörungsschicht, gefunden, so ist ihr Nutzen gering.

2. Wichtige datierte Monumente

a) Perserkriege und Zeit danach

vor 490 v. Chr. begonnen: Schatzhaus der Athener in Delphi*
kurz nach 490 v. Chr.: Nike des Kallimachos
479 v. Chr.: Schlangensäule in Delphi
477/6 v. Chr.: Gruppe der Tyrannentöter des Kritios und Nesiotes

Wie zu erwarten, wurden nach dem Sieg gegen die Perser zahlreiche Siegesanatheme, sowohl Skulpturen wie Bauten, errichtet, nicht zuletzt in Delphi, dessen Orakelgott Apollon (nach einigem Drängen der Athener) schließlich den strategisch erfolgreichen Rat erteilt hatte, die Stadt Athen aufzugeben und sich auf die Schiffe zurückzuziehen. Informationen über die im Apollonheiligtum von Delphi aufgestellten Weihgeschenke liefert vor allem Pausanias; bedauerlicherweise ist vieles nicht erhalten oder aber umstritten (Zusammenstellung und Diskussion aller Denkmäler bei Gauer 1968).

Marathondenkmal des Phidias
Nicht erhalten ist das Marathondenkmal des Phidias (Pausanias X 10, 1–2), das aus dem „Zehnten der Schlacht von Marathon", also der dort gemachten Beute, finanziert wurde. Es zeigte Statuen von Athena, Apollon, dem Feldherrn Miltiades, den eponymen attischen Heroen (das heißt denen, die den Phylen die Namen gaben) sowie den Helden Kodros, Theseus und Philaios. Eine private Weihung war die Statue eines Pferdes des Kallias, Sohn des Lysimachides (Pausanias X 18,1), der in der Weihinschrift vermerkte, dass er im Krieg gegen die Perser „eigene Reichtümer" gewonnen habe.

Schatzhaus der Athener in Delphi
Schatzhaus der Athener in Delphi
Nahezu mehr als ein Jahrhundert bereits dauert die Diskussion um das Schatzhaus der Athener in Delphi, den ältesten dorischen Thesauros in Marmor, unter dem sich die Reste eines Vorgängerbaus aus Tuff befinden. Umstritten ist dabei die Datierung des Baus beziehungsweise seiner kostbaren Marmorskulpturen der Metopen (zum folgenden Gauer 1980). Sie

zeigen auf der Nord- und Westseite Herakles-Szenen, auf der Süd- und Ostseite Taten des Theseus. Von besonderer Bedeutung ist dabei zweifellos die Ostfront mit der breiten Schilderung der Amazonomachie, die natürlich nur als Anspielung auf die Perserkriege verstanden werden kann, wenn eine entsprechende Datierung gesichert wäre. Ein Datum kurz nach 490 v. Chr. scheint eigentlich unumstritten zu sein, sagt doch Pausanias X 11, 5, das Schatzhaus sei von den Athenern aus der Beute „aus ihrem Siege über die mit Datis bei Marathon gelandeten" gestiftet worden. Diese Information hatte der Schriftsteller von der Inschrift, die heute noch gut sichtbar auf der oberen Stufe eines zweistufigen Sockels vor der Südwand des Schatzhauses steht: *Athenaioi t[o]i Apollon[i apo Med]on ak[roth]inia tes Marath[o]ni m[aches]*, „Die Athener dem Apollon von den Medern, auserlesene Beutestücke der Schlacht". Dieser Sockel, der einige Tropaia trug, und die dreieckige Südterrasse, auf der er aufliegt, sind zwar mit dem Schatzhaus unmittelbar verbunden, binden aber nicht in dessen Fundamente ein; Steinmaterial und Klammerformen sind verschieden. Vor allem die französischen Ausgräber betonen dennoch die Zusammengehörigkeit der beiden Monumente, und sicher wollten schon die Erbauer die marathonischen Akrothinia und das Schatzhaus als Einheit verstanden wissen; auch Pausanias hat ja automatisch die Inschrift auf dem Sockel auch auf das Schatzhaus bezogen. Andere Forscher haben aber den Einwand erhoben, dass eine nachmarathonische Datierung der hohen Qualität der mehr archaischen Skulpturen nicht gerecht würde; die älteren Stilelemente der Reliefs seien Meisterwerke höchster Qualität, keine verspäteten Nachklänge. Gauer 1980 hat daher eine historische Erklärung für eine frühere Datierung versucht: Anlass der Erbauung des Schatzhauses seien der ionische Aufstand und seine Anfangserfolge gewesen, finanziert worden sei sie aus der Beute, die das attische Hilfscorps 499 v. Chr. aus dem im Jahr zuvor geplünderten Sardeis mitgebracht hatte. Der Zusammenbruch des Aufstandes und der Fall Milets 494 v. Chr. hätten aber verboten, den Bau zu weihen. Nach Marathon seien Südterrasse und Sockel hinzugefügt und das Ganze als Sieg über die Perser gefeiert worden, was historisch berechtigt gewesen sei, da die Strafexpedition des Datis und Artaphernes durch die Teilnahme von Athen und Eretria am ionischen Aufstand provoziert war. Die Theseustaten würden den besonderen Anspruch Athens in der griechischen Poliswelt betonen, zudem sei Theseus ein bei Kleisthenes beliebter Heros gewesen, da sich der athenische Staatsmann bei seinen Reformen von 507 v. Chr. sozusagen auf einen mythischen Vorgänger berufen konnte. Diese Interpretation ist ingeniös, es muss aber betont werden, dass es dafür keine Anhaltspunkte in der antiken Literatur gibt. Zudem zeigen die Metopenreliefs auch jüngere Stilelemente; hält man die älteren, noch archaischen, für entscheidend für die Datierung, gerät man nicht nur in Widerspruch zu Pausanias, sondern vor allem auch zu der Inschrift. Es ist aber nicht undenkbar, dass man mit der Inschrift sozusagen ex eventu ein früheres Gebäude nachträglich umdeutete.

Nike des Kallimachos
Ein Denkmal in Athen aus der Zeit unmittelbar nach dem Sieg von 490 v. Chr. ist die Nike des Kallimachos (Kleine 1973, 116–119). Die geflügelte

Nike des Kallimachos in Athen

weibliche Gestalt (Akropolismuseum Athen Nr. 690) ließ sich mit der hohen glatten Säule im epigraphischen Museum Athen zusammenfügen, die in zwei ausgearbeiteten Kanneluren je eine Zeile der Inschrift (IG I³ 784) trägt, die lautet:

> Kallimachos von Aphidnai hat mich geweiht der Athena (mich) den Boten der Unsterblichen, die den weiten Himmel bewohnen, Kallimachos, der als Polemarch die Aufstellung der Athener zur Schlacht zwischen den Medern und Griechen geleitet hat (und) gefallen ist, den Tag der Knechtschaft von den Kindern der Athener im Hain von Marathon abwehrend.
> (Übersetzung R. Hampe, Ein Denkmal für die Schlacht von Marathon, Antike 15, 1939, 169.)

Der Polemarch Kallimachos, dessen Tod auch bei Herodot VI 114 erwähnt ist, hat das Monument also vor der Schlacht gelobt; die Athener seines Demos Aphidnai erfüllten danach, sicher bald nach der Schlacht, sein Versprechen, was die Nike zu einem wichtigen festdatierten Punkt in der Kunstgeschichte des beginnenden 5. Jahrhunderts v. Chr., am Übergang von der Archaik zur Klassik, macht. Die Siegesgöttin läuft beziehungsweise fliegt nach links, der Kopf, dessen Vorderteil verloren ist, wendet sich nach rechts zurück. Arme, Füße und die Mittelpartie des Körpers fehlen, die Flügel, von denen Reste erhalten sind, waren getrennt gearbeitet und in schräge, rechteckige Eintiefungen des Rückens eingelassen. Ein Zipfel ihres Mantels weht nach hinten, sonst liegt das Gewand eng am Oberkörper an und schwingt unten in parallelen, schrägen Steilfalten mit einer breiten Mittelfalte aus. Bedeutend ist vor allem, dass die schnelle Bewegung, das Heranfliegen der Nike, nicht mehr im archaischen so genannten „Knielaufschema" (das heißt beide Beine rechtwinklig gebeugt, wobei das hintere mit dem Knie den Boden berührt) dargestellt wird, wie noch bei dem Nike-Akroter des Apollon-Tempels von Delphi. Die Nike des Kallimachos zeigt eine weite Schrittstellung, die sich in der Bewegung von Oberkörper und Kopf fortsetzt. Sie steht somit am Anfang einer neuen Phase der Darstellung von Bewegung.

Schlangensäule in Delphi

Schlangensäule in Delphi

Heute noch zu sehen ist die berühmte Schlangensäule, die 479 v. Chr. ein gemeinsames Weihgeschenk aller am Krieg gegen Xerxes beteiligten griechischen Staaten an den Apollon von Delphi war. Sie ist bei Herodot IX 81, Thukydides I 132 und Pausanias X 13, 9 erwähnt beziehungsweise beschrieben. Das Monument bestand aus einer bronzenen Säule in Form von drei seilartig ineinander verschlungenen Schlangenleibern, die einen goldenen Dreifuß trugen. Auf den Windungen sind die Namen von 31 griechischen Staaten in dorischem Dialekt eingetragen (SIG³ 31), beginnend mit den Spartanern (*Laked[aimonioi]*). Die Säule hat 29 Windungen; die Inschrift beginnt auf der 13. und endet auf der 3. Der goldene Kessel wurde im Dritten Heiligen Krieg (356–346 v. Chr.) von den Phokern geraubt. Die Säule wurde von Kaiser Konstantin (reg. 306–337 n. Chr.) nach Konstantinopel gebracht und im Hippodrom aufgestellt, wo sie heute noch steht. Sie wurde später zu einem dreimundigen Brunnen umgebaut; seit 1422 wurde sie von Reisenden beschrieben. 1700 verlor sie bei einem Sturz die Schlangenköpfe, von denen noch einer teilweise erhalten ist (Maaß 1993, 189 Abb. 86).

Tyrannenmörder des Kritios und Nesiotes

Wie bereits oben S. 95 erwähnt, schuf der Bildhauer Antenor bald nach dem Sturz der Peisistratiden in Athen, höchstwahrscheinlich um 508/7 v. Chr., eine Statuengruppe der Tyrannenmörder (s. Kleine 1973, 67–77), die aber nur noch aus der Erwähnung bei Pausanias I 8, 5 bekannt ist, da Xerxes bei seiner Invasion Attikas dieses Monument von Demokratie und Freiheit nach Susa verschleppte:

> Nicht weit davon [sc. vom Arestempel auf der Agora] stehen Harmodios und Aristogeiton, die Hipparch ermordeten. Den Grund dafür, und wie sie die Tat vollbrachten, haben andere erzählt. Von den Standbildern sind die einen ein Werk des Kritios, die älteren machte Antenor. Nachdem Xerxes, als er Athen nach der Räumung der Stadt durch die Athener genommen hatte, auch diese Standbilder als Beute weggeführt hatte, schickte sie Antiochos später den Athenern zurück.
> (Übersetzung E. Meyer, Zürich/München ²1975.)

Unmittelbar nach den Siegen über die Perser erhielten die Bildhauer Kritios (dem auch der oben S. 106 erwähnte Kritiosknabe zugeschrieben wird) und Nesiotes den Auftrag, Ersatz zu schaffen (weshalb das Werk hier auch, im weitesten Sinne, noch unter die „Siegesmonumente" gezählt wird). Das Datum der Aufstellung der Gruppe 477/6 v. Chr. ist durch das Marmor Parium (FGrHist 239 A 54) gesichert; auf der Agora in Athen, wo die Gruppe aufgestellt war, ist ein Rest der Basis mit Inschrift erhalten. Wie sich die beiden Bildhauer die Arbeit an der ursprünglich aus Bronze bestehenden Gruppe aufgeteilt hatten, lässt sich heute nicht mehr sagen. Von dieser jüngeren Gruppe sind Marmorrepliken (vor allem in Rom und Neapel), aber auch zahlreiche zweidimensionale Darstellungen und Nachklänge auf Vasen und Münzen vorhanden (grundlegend: Brunnsåker 1971; vgl. auch Kleine 1973, 130–133).

Die Gruppe stellt die Tyrannentöter direkt bei der Tat dar: Beide sind unbekleidet und machen einen weiten Ausfallschritt nach vorn. Der junge, bartlose Harmodios hat den rechten Arm mit dem Schwert über seinen Kopf erhoben, während ihm der ältere, bärtige Aristogeiton Deckung gibt, indem er den linken Arm, über den ein kurzer Mantel hängt, waagrecht vorstreckt, in der Hand die Schwertscheide. Für die kunstgeschichtliche Bedeutung des Denkmals sind vor allem zwei nach wie vor nicht völlig geklärte Fragen wichtig: Die Aufstellung der beiden Figuren und das Verhältnis der Gruppe zum älteren Denkmal des Antenor. Für die Aufstellung auf der viereckigen Basis gibt es im Wesentlichen zwei Vorschläge: In der Fläche hintereinander, Harmodios, der dabei ist, zuzuschlagen, voran, hinter ihm Aristogeiton, oder aber in einer eher keilförmigen, auf Frontalansicht ausgerichteten Anordnung auf gleicher Höhe, Rücken an Rücken. Letztere Variante hat in der Forschung mehr Zustimmung gefunden.

Es wurde früher angenommen, die Tyrannentöter des Kritios und Nesiotes seien eine relativ getreue Kopie der älteren Gruppe des Antenor, was Kleine 1973, 132 f. aber überzeugend widerlegt hat: Abgesehen davon, dass die beiden jüngeren Bildhauer das Original ja nicht mehr vor Augen hatten, liegen 30 Jahre und eine enorme stilistische Entwicklung und Entfaltung, der Übergang von Archaik zu Frühklassik, zwischen beiden Werken. Wären die beiden jüngeren Bildhauer vor allem „Kopisten" des Antenor, so müssten ihre Statuen stilistische Ähnlichkeit zu dem mit diesem

Ältere Gruppe des Antenor

Künstler in Verbindung gebrachten Ostgiebel des delphischen Apollontempels aufweisen, was aber nicht der Fall ist. Bei der in Kopien erhaltenen jüngeren Gruppe muss es sich um eine originale, bedeutende Schöpfung handeln; ein solcher Auftrag wurde bestimmt an zwei anerkannte und renommierte Bildhauer erteilt.

b) 5. und frühes 4. Jahrhundert v. Chr. I: Delphi und Olympia

478/4 v. Chr.: Wagenlenker von Delphi
472–56 v. Chr.: Zeustempel von Olympia
425 v. Chr.: Nike des Paionios in Olympia

Wagenlenker von Delphi

Der Wagenlenker von Delphi (478/474 v. Chr.; Abb. 9)
Auf dem Höhepunkt der Macht und des Reichtums der sizilischen Koloniestädte pflegten deren Herrscher nicht nur Dichter, Künstler und Gelehrte aus der ganzen griechischen Welt an ihre Höfe zu ziehen, sondern sich zur Mehrung ihres Ruhmes auch an den panhellenischen Wettkämpfen zu beteiligen. Durch die Weihegaben in den Heiligtümern der Wettkampfstätten, mit denen sie ihre Siege feierten, konnten sie dem Mutterland auch ihren Reichtum vorführen. Der berühmte Wagenlenker von Delphi (Lullies – Hirmer 88–89, Delphi Mus. Inv. 3484/3540) war die erste Großbronze aus dem 5. Jahrhundert v. Chr., die gefunden wurde; sie wurde unterhalb der Heiligen Straße in Delphi ausgegraben. Die lebensgroße Figur (1,80 m) gehörte ursprünglich zu einem Viergespann (Reste der Pferde und des Wagens sind erhalten). Der Mann trägt die Tracht des Wagenrennfahrers, den langen, gegürteten Chiton, an den Ärmeln mit Bändern verschnürt; der dicke Stoff des Gewandes bildet von der Gürtung abwärts schwere Röhrenfalten und verleiht dem Körper ein strenges, säulenförmiges Aussehen. Die Hände hielten die Zügel, die rechte zudem das Kentron, den Stab zum Antreiben der Pferde. Der Kopf ist leicht nach rechts gewandt; die flachen, ziselierten Locken, die über Stirn und Schläfen von einer breiten Binde mit eingelegtem Mäander zusammengehalten werden, wirken noch archaisch. Die Augen sind farbig eingesetzt.

Die rechteckige Basis (Delphi, Inv. 3517) trägt die Stifterinschrift des Polyzalos von Gela für einen Sieg im Wagenrennen im Jahre 478 oder 474 v. Chr. (nach Carmina Epigraphica Graeca, ed. Hansen, I 397):

[Μνᾶμα Πολύζαλος με Γ]έλας ἀνέ[θ]εκε[ν] ἀ[ν]άσσ[ον]
[huιὸς Δεινομένεος, τ]ὸν ἄεξ', εὐόνυμ' Ἄπολλ[ον].

Polyzalos, Herr von Gela, hat dieses Denkmal errichtet, / der Sohn des Deinomenes, dem du Erfolg gewähren mögest, verehrter Apollon.

(Die erste Zeile wurde später gelöscht und mit den Worten *Polyzalos, siegreich mit seinen Pferden, hat mich geweiht,* überschrieben – vielleicht, weil Machtanspruch und Herrschaftsform des Tyrannen Aversionen auslöste).

Der Kopf und die schwerflüssige Faltenwiedergabe steht sizilischen und unteritalischen Rundplastiken und Reliefs dieser Zeit nahe. Der Herrscher von Gela hat das Denkmal seines Sieges zweifellos bei einem der hervorragendsten einheimischen Künstler in Auftrag gegeben.

Der Zeustempel in Olympia (472–456 v. Chr.)
Die Geschichte des Heiligtums in Olympia reicht sehr lange, wahrscheinlich bis in das 2. Jahrtausend v. Chr. zurück. Der Ausbau des Zeusheiligtums hing mit dem politischen Aufschwung von Elis zusammen: 476 v. Chr. wurde das gesamtgriechische Schiedsgericht an Elis übertragen, vier Jahre später gab sich Elis eine neue Verfassung, ordnete die olympischen Spiele neu und dehnte sie über fünf Tage aus. Zu dieser Zeit begann auch der Bau des dorischen Zeustempels, der von den Eleern aus der reichen Beute in einem lokalen Krieg finanziert wurde, wie Paus. V 10, 2 berichtet:

Abb. 9: Wagenlenker von Delphi.

Zeustempel in Olympia

Der Tempel und das Kultbild des Zeus wurden hergestellt aus Beute, als die Eleer Pisa und die sonstigen Perioeken, die mit den Pisaern zusammen abgefallen waren, im Krieg vernichteten.
(Übersetzung von E. Meyer, Zürich/München ²1975.)

Für den Neubau wurde ein künstlicher Hügel angeschüttet, so dass seine Fundamente drei Meter über dem Grund liegen. Der damals größte Tempel auf dem griechischen Festland (27,7 × 64,1 m) bestand aus porösem, einheimischen Muschelkalk, der mit einer Stuckschicht überzogen wurde. Auf der obersten Stufe des dreistufigen Unterbaus standen 6 × 13 Säulen von 10,53 m Höhe. Die Cella (13,05 × 28,75 m) wurde durch 2 × 7 Säulen in drei Schiffe eingeteilt, wobei das Mittelschiff doppelt so breit war wie die beiden Seitenschiffe; an beiden Enden befand sich eine 10 m tiefe Vorhalle, von denen die an der Eingangsseite liegende eine Tür zum Innern der Cella besaß. An den beiden Stirnseiten der Cella zeigten je sechs Metopen die Abenteuer des Herakles, der auch Begründer der olympischen Spiele war. Rundplastische Skulpturen von etwa anderthalbfacher Lebensgröße schmückten die Giebel (Lullies – Hirmer 90–107); sie waren hinten nicht ausgearbeitet und mit Dübeln an der Rückwand befestigt. Im Ostgiebel sind die Vorbereitungen zum Wagenrennen zwischen Pelops und Oinomaos dargestellt, also eine Lokalsage, die einen Sieg über Pisa zum Inhalt hat, wie der militärische Sieg, der Anlass für den Tempelbau war. Zeus, der Vater der Götter und Menschen, steht in der Mitte, um ihn herum Oinomaos, mit seiner in Nachdenken versunkenen Frau Sterope; Pelops mit seiner Braut Hippodameia, dahinter die Gespanne mit den Pferdeknechten und weitere Teilnehmer; die liegenden Männer in den Flussecken stellen wohl die Flüsse Alpheios und Kladeos dar. Die Darstellung im Westgiebel spielt in Thessalien und zeigt ein in der griechischen Kunst des 5. Jahrhunderts v. Chr. beliebtes Thema: Der Kampf zwischen den betrunkenen Kentauren, die sich an der Hochzeit des Lapithenkönigs Peirithoos an der Braut Hippodameia und den übrigen Mädchen der Hochzeitsgesellschaft vergreifen und von den Lapithen im anschließenden Kampf besiegt werden. In der Giebelmitte steht der jugendlich schöne Apoll, der Sohn des Zeus und Hüter von Recht und Ordnung, der seinen rechten Arm über das Getümmel ausstreckt, in der herabhängenden linken waren Reste des Bogens zu erkennen. Konzeption von Giebel und Metopen waren das Werk

Abb. 10:
Nike des Paionios.

Nike des Paionios in Olympia

Werk eines einzigen überragenden Meisters, bei der Ausführung lassen sich aber mehrere Hände unterschieden.

Aus Pausanias V 10,4 ergibt sich die Fertigstellung des Tempels um 457 v. Chr. (dem Datum der Schlacht bei Tanagra). Damit ist neben dem archaischen Artemision von Ephesos ein zweites der Sieben Weltwunder sicher datiert.

Nicht ganz gesichert ist die Datierung der berühmten Kultstatue, des Zeus des Phidias. Nach dem Fund der Werkstatt des Bildhauers, die nach der dort gefundenen Keramik nach 435 v. Chr. datiert wird, ist aber klar, dass sie nach der Athena Parthenos erschaffen wurde. Der Zeus von Olympia wurde aller Wahrscheinlichkeit nach um 430 v. Chr. oder bald danach fertiggestellt, also über zwanzig Jahre nach Vollendung des Tempels. Umstritten ist bis heute, ob der Tempel so lange leer stand oder ein älteres Kultbild beherbergte.

Die Nike des Paionios (425 v. Chr.; Abb. 10)
Ein wichtiges Monument des Stils der Reichen ist die zweite in der Reihe der heran- beziehungsweise herabfliegenden Siegesgöttinnen, die sich in Olympia (Lullies – Hirmer 176; Hölscher 1974) befindet; sie ist aus parischem Marmor und wurde 1875 ausgegraben.

Die Nikestatue stand auf einer dreieckigen, etwa 9 m hohen Säule, die sich etwa 30 m vor der Front des Zeustempels befand. Sie ist bei der Landung, aber noch in der Luft schwebend, dargestellt (die Ansätze der Flügel auf den Schultern sind erhalten). Unter ihren noch nicht fest auftretenden Füßen fliegt seitlich ein Adler, der Vogel des Zeus, hervor. Der Mantel, dessen Saum sie mit der rechten Hand ergriffen hat, flattert hinter der Göttin wie ein Segel im Wind. Das Gewand ist an der Seite offen und in der Taille gegürtet und lässt die linke Brust und das linke Bein frei, durch den Wind ist es eng an den Körper gedrückt, dessen Formen es durchscheinen lässt. Der linke Arm war erhoben; die Vorderseite des Kopfes ist nicht erhalten. Wie die Inschrift (E. Löwy [Hrsg.], Inschriften griechischer Bildhauer, 1885, Ndr. 1965, Nr. 49) besagt, wurde die Nike von den Messeniern und Naupaktiern dem olympischen Zeus als Zehnten aus der Kriegsbeute geweiht. Anlass war der Sieg gegen Sparta bei Sphakteria 425 v. Chr. (s. dazu auch Pausanias V 26, 1); zwischen diesem Datum und spätestens 420 v. Chr. muss die Nike entstanden sein. Im zweiten Teil der Inschrift wird Paionios von Mende als Künstler genannt, der auch im Wettbewerb um die Akrotere des Zeustempels gesiegt habe. Letztere bestanden aus jeweils einem Dreifuß an den Ecken des Daches und einer Bronzenike in der Mitte; sie müssen etwas früher als die Nike, um 430 v. Chr., entstanden sein.

Die kunsthistorische Bedeutung der Nike des Paionios liegt in der Harmonie der Komposition, die sich in der engen Beziehung von Gewand und Körper zeigt, und dem leichten, scheinbar schwerelosen Schweben der

Figur. Das Problem, die Aktion des Fliegens darzustellen, das in der archaischen Zeit mit dem Knielaufschema, in frühklassischer Zeit mit einer weiten Schrittstellung gelöst wurde, hat hier eine neue, kühne Darstellung gefunden. Die Schwere des Körpers wird überwunden, weil der Schwerpunkt außerhalb der Figur, neben ihrem rechten Bein liegt; die technisch brillante Marmorarbeit der rauschenden Stoffmassen und Gewandfalten, vor denen als Kontrast der Körper schwebt, betonen die Schwerelosigkeit der Nike in der Luft, ebenso wie der fliegende Adler unter ihren Füßen und die Dreiecksform des Pfeilers (vgl. Hölscher 1974, 89–92). Die Suche nach außergewöhnlichen Motiven war typisch für die Zeit, die Nike in Olympia aber auch eine besondere künstlerische Leistung des Paionios von Mende.

c) 5. und frühes 4. Jahrhundert v. Chr. II: Athen

448–432 v. Chr.: Parthenon in Athen, Abrechnungsurkunden IG I³ 436–451
– 448–442 v. Chr.: Parthenon-Metopen, Abrechnungsurkunden IG I³ 436–440
– 442–438 v. Chr.: Parthenon-Fries, Abrechnungsurkunden IG I³ 441–444
– 438–432 v. Chr.: Parthenon-Giebel, Abrechnungsurkunden IG I³ 445–451
437–432 v. Chr.: Propyläen auf der Athener Akropolis, Abrechnungsurkunden IG I³ 462–466
421–407 v. Chr.: Erechtheion auf der Athener Akropolis, Abrechnungsurkunden IG I³ 474–476
– 421–413 v. Chr.: Erechtheion-Koren, Abrechnungsurkunde IG I³ 474
– 409–407 v. Chr.: Erechtheion-Fries, Abrechnungsurkunde IG I³ 475–476
433 v. Chr.: Gesandtenstelen im Kerameikos von Athen
403 v. Chr.: Grabmal der Spartaner im Kerameikos von Athen
394 v. Chr.: Grabstele des Dexileos

Bauten auf der Akropolis

Die Bauten auf der Athener Akropolis, insbesondere der Parthenon, wurden seit der Antike mit Superlativen bedacht. Tatsächlich war der Parthenon der bis dahin größte Tempel seiner Art in Griechenland, der erste ganz in Marmor errichtete dorische Peripteros und der einzige griechische Tempel, der so reich und anspruchsvoll mit Bauskulptur ausgestattet wurde. Das ganze Bauprogramm auf der Akropolis erfolgte im Zuge der Um- und Neugestaltung des Burgberges, nachdem dort die Zerstörungen durch die Perser beseitigt waren (s. o. S. 102), und ist eng mit dem Engagement und den politischen Bestrebungen des Perikles verbunden. Perikles wurde um 495/90 v. Chr. geboren, hatte in den Perserkriegen also nicht selbst mitgekämpft. Im Alter von etwa 30 Jahren begann er sich politisch zu betätigen, war seit 461 v. Chr. Anführer der Demokraten, 457 und 454 v. Chr. Feldherr, und errang 443 v. Chr. (nach der Verbannung des Thukydides Melesiu, des wichtigsten Vertreters der anti-perikleischen Opposition), die Position des ersten Mannes im Staate, die er bis zu seinem Tod durch die Pest 429 v. Chr., im ersten Jahr des Peloponnesischen Krieges, innehatte. Die von ihm geförderte Bautätigkeit brachte – wie auch der Unterhalt der großen Flotte – breiten Schichten ein Einkommen. Im Jahre 454/3 v. Chr. wurde die Bundeskasse des Attischen Seebundes vom neutralen Apollonheiligtum in

Delos nach Athen überführt, mit der offiziellen Begründung, dass Athen die Bundesflotte unterhalte, wofür die anderen Staaten keine Schiffe mehr zu entsenden, sondern nur noch zu zahlen hätten. Damit nahm Athens Macht und Einfluss sehr stark zu, und der Polis standen nun riesige Geldmittel zur Verfügung, aus denen Perikles auch – ganz öffentlich und programmatisch begründet – den Parthenon finanzierte, wo die Kasse aufbewahrt wurde (nach Abschluss der Bauarbeiten wurden zahlreiche weitere Tempelschätze anderer Heiligtümer hierher gebracht). Bekannt ist, dass für den Bau die fast unvorstellbare Summe von 5000 Talenten zur Verfügung stand; ein Talent entspricht etwa 26 Kilogramm Silber. Die jährlichen Beitragszahlungen der Bündnerstaaten betrugen, wie aus den Tributlisten hervorgeht, 460 Talente, dazu kamen weitere Jahreseinkünfte aus Steuern, Zöllen und Gebühren.

Perikles

Auf die Bauten der Akropolis kann hier nur kurz und oberflächlich eingegangen werden; verwiesen sei auf die einführende Literatur (Knell 1979; Brommer 1985; Knell 1990, 95–126 mit Lit. 125 f.; Schneider–Höcker 2001; Lullies – Hirmer 134–157). Hier ist in erster Linie der Aspekt wichtig, dass nicht nur der Bau, sondern sogar die einzelnen Bauteile des Parthenon (Metopen, Fries, Giebel) aufgrund der in Marmor gemeißelten Bauurkunden datiert werden können. Diese Abrechnungsurkunden sind seit 1981 in der 3. Auflage der *Inscriptiones Graecae* zugänglich.

Parthenon

Der Grundriss des Parthenon misst am Stylobat fast 31 × 70 m, die Säulenzahl von 8:17 folgt dem klassischen Verhältnis von 1:2 (+1), das der Zeustempel in Olympia für die Anzahl der Ringhallensäulen eingeführt hatte. Diese 46 äußeren Säulen waren etwa 10 m hoch, dazu kamen 6 vor dem Pronaos, 6 vor dem Opisthodom sowie 4 im Opisthodom und 21 in der eigentlichen Cella, die dadurch in drei Schiffe geteilt wurde und in deren Obergeschoß noch einmal 21 Säulen standen. Der insgesamt 22 m hohe Bau hatte also 104 Säulen. Die Architekturordnung des aus pentelischem Marmor errichteten Baus ist dorisch, doch der Fries, der um die Cella läuft, ist ionisch. Die Bildthemen verteilten sich wie folgt auf die Architekturteile: Im Westgiebel ist eine der Gründungsüberlieferungen Attikas dargestellt, der Streit zwischen Poseidon und Athena um das attische Land; die beiden Götter streben in einer weiten Bewegung von der Giebelmitte weg, in der ein Ölbaum stand, um die sich die Burgschlange ringelte. Im Ostgiebel wird die Geburt der Athena beziehungsweise der Moment unmittelbar danach dargestellt, in dem die neugeborene Göttin bereits in voller Größe neben dem Thron ihres Vaters Zeus erscheint, umgeben von den anderen Olympiern, während sich die Götterbotin Iris aufmacht, um die Kunde zu verbreiten. Die vierzehn Westmetopen wurden in frühchristlicher Zeit zerstört, indem man die Reliefs abspitzte; aus den noch erkennbaren Resten kann man aber schließen, dass der Kampf der Griechen gegen die Amazonen dargestellt war; an diesem Bauwerk kann es sich nur um die attische Amazonomachie, mit dem Heros Theseus als Anführer, gehandelt haben. Auch die Südmetopen demonstrieren die attische Überlegenheit über barbarische Horden mit der Darstellung der Kentauromachie, auch dieser Mythos, der bereits im Westgiebel des Zeustempels von Olympia dargestellt wurde, ist mit Theseus verbunden, der seinem Freund Peirithoos beisteht. Diese Metopen zeigen bemerkenswerte qualitative und stilistische

Unterschiede, neben kühnen Bilderfindungen ganz konventionelle Motive, was zeigt, dass verschiedene Bildhauer daran arbeiteten. Die Nordmetopen sind kaum besser erhalten als die im Westen, aber sie zeigen genug Anhaltspunkte, um die Thematik der Iliupersis, der Zerstörung Trojas, klar zu machen. Wie auf der Westseite die vereinigten Griechen der jüngsten Vergangenheit, sind es hier die Heroen der Vorzeit, dank denen das Hellenentum die fremden Mächte besiegt. Das Haus der Alkmaioniden, dem Perikles von seiner Mutter Seite her angehörte, führte sich zudem auf Nestor beziehungsweise dessen Urenkel Alkmaion zurück. Die Ostmetopen an der Stirnseite des Tempels zeigen die Gigantomachie, die größte Götterschlacht des griechischen Mythos, in der die vereinigten Olympier die Giganten besiegen. Der etwa 160 m lange und 1,06 m hohe Fries um die Cella war ohne Vorbild; er diente ganz der Schilderung des Panathenäenzuges, der an der Südwestecke mit Vorbereitungsszenen beginnt, an der Nordseite in den eigentlichen Festzug mit Reitern, Pferdegespannen und ordnenden Anführern dazwischen überleitet, dann zu Musikanten, Opferträgern und zum Opfer gebrachten Rindern und Widdern; in der Mitte des Ostfrieses vollzieht sich die heilige Handlung, der streng geordnete Gruppen von Mädchen entgegenschreiten, die Übergabe des Peplos an die Priesterschaft Athenas, umgeben von je sechs sitzenden Göttern zu beiden Seiten, denen Männer folgen, die als Phylenheroen gedeutet wurden. Insgesamt verteilen sich also neun Themen auf vier große Schmuckkomplexe. Zwei davon werden noch einmal im Innern, auf dem riesigen goldelfenbeinernen Kultbild der Athena Parthenos des Phidias aufgegriffen, deren Sandalen mit Szenen der Kentauromachie geschmückt waren, die Innenseite des Schildes mit der Gigantomachie.

Die Quellen nennen Kallikrates und Iktinos als Architekten, Phidias als denjenigen, der die „künstlerische Oberleitung" innehatte (was dies im damaligen demokratischen Athen aber genau bedeutete, bleibt umstritten). Es muss noch einmal betont werden, dass die Fertigstellung des riesigen Baus und aller seiner Skulpturen nur gerade 15 Jahre in Anspruch nahm. Bereits Plutarch, *Perikles* 13 bemerkte im 2. Jahrhundert n. Chr., nichts sei erstaunlicher als die Kürze der Zeit, in der dieser Tempel vollendet worden sei.

Propyläen

437 v. Chr., also nach dem Abschluss des Parthenon, begann der Bau einer Toranlage auf der Akropolis unter der Leitung des Architekten Mnesikles. Diese Propyläen sind ein prunkvoller dreiflügeliger Bau mit einem mächtigen Tor in der Mitte mit je sechs dorischen Säulen an Vorder- und Rückseite und großen Giebelfronten sowie zwei beidseits vorgelagerten Bauten als Rahmung. Die Säulen des über Stufen führenden Mittelweges waren ionisch und trugen eine Kassettendecke. Die Ausführung zeigt, dass sich Perikles, der bei seinen Planungen dem südlich des Torbaus auf dem Fels gelegenen Nike-Bezirk nur geringen Wert beimaß, hier gegen die konservative Priesterschaft nicht durchsetzen konnte. Der Südflügel blieb eine Rumpfarchitektur, in der einzelne Bauglieder keine Funktion mehr haben; wäre die Anlage nach Plan symmetrisch und gleichartig zum Nordflügel, der als Gemäldegalerie (Pinakothek) diente, ausgeführt worden, so wäre der Zugang zum Niketempel versperrt gewesen. Daher endet der Südflügel

Propyläen

mit einer Türwand ohne Tür und einer Querwand ohne Einbindung; die geplante Westwand wurde nur noch als Antenpfeiler erbaut. Dies war eine geniale Notlösung, mit der die repräsentative Fassade aufrecht erhalten werden konnte, auch wenn der Südtrakt keine Funktion mehr hatte.

Erechtheion

Das Erechtheion (s. Scholl 1998) an der Nordseite der Akropolis hat einen außergewöhnlich komplizierten Grundriss, der zum einen auf die Gegebenheiten des abschüssigen Geländes zurückzuführen ist, vor allem aber auf den Umstand, dass eine große Anzahl alter Kulte und Kultmale im gleichen Tempel integriert werden mussten: Der Kult der Athena Polias, des Poseidon, des Erechtheus, des Heros Butes, das Grab des Kekrops, das Mal, aus dem Poseidon mit seinem Dreizack einen Salzquell sprudeln ließ, der Erdschlund, in dem die Burgschlange hauste, und der Ölbaum der Athena. Der Kernbau des Tempels besteht aus einer langrechteckigen, westöstlich ausgerichteten Halle, an deren Ostfront sechs ionische Säulen eine prostyle Halle bilden. Der anschließende Innenraum ist zweigeteilt; der erste Raum war vielleicht das Heiligtum der Athena Polias, der danach folgende ist von Osten nicht zugänglich, da er 3 m tiefer liegt. Er ist nur durch die Nordhalle erreichbar, die wie ein Baldachin das Dreizackmal des Poseidon schützt. Von dieser Nordhalle gelangt man in den quergerichteten Westraum des Vorbaus; gegenüber springt die über eine Treppe erreichbare Korenhalle nach Süden vor, deren Dach von sechs Mädchenfiguren getragen wurde. Diese Karyatiden wurden sehr beliebt und in der römischen Kaiserzeit mehrfach kopiert; die berühmtesten Kopien sind die der kaiserlichen Villa Hadrians in Tivoli, aus denen man auch ersehen konnte, dass die Originale in ihrer rechten Hand ursprünglich eine Spendeschale hielten, also vielleicht beim Opfer für Kekrops dargestellt waren, bei dessen Grab sie stehen. Die Koren stehen der Parthenonkunst noch nahe; sie waren vor den übrigen Arbeiten am Bau fertig, an dem die Arbeiten nach einer längeren Unterbrechung erst 409–406 v. Chr. wieder aufgenommen und vollendet wurden.

Die Gesandtenstelen im Kerameikos (433/2 v. Chr.)

Im Kerameikos von Athen befindet sich am Fuße des Südhügels, an der Heiligen Straße eine hohe, von einem Giebel mit drei Akroteren bekrönte Stele, deren Inschrift lautet:

Hier liegen Thersander und Simylos, geliebt in ihrem Heimatland Kerkyra, sie kamen hierher als Gesandte und starben in einem Unfall. Die Athener bestatteten sie auf Staatskosten.
(P. A. Hansen, Carmina Epigraphica Graeca 2, Berlin–New York 1989, Nr. 469; Übersetzung nach Knigge 1991, 99.)

Die Giebelstele muss um 375 v. Chr. hergestellt worden sein (Knigge 1991, 97–100). Ausgrabungen jüngerer Zeit ergaben aber, dass sie offenbar ein gleichartiges älteres Monument ersetzte. Die Basis der jetzt sichtbaren Stele steht auf der zweistufigen Basis, die den ursprünglichen Grabstein trug und zu dessen beiden Seiten je ein Grab gefunden wurde. Bei diesen in die zweite Hälfte des 5. Jahrhunderts v. Chr. datierten Bestattungen muss es sich um diejenigen von Thersander und Simylos handeln. Die beiden Männer gehörten sicher zu der diplomatischen Mission, die am Beginn des Peloponnesischen Krieges, 433/2 v. Chr., Athens Untersützung suchte und von der Thukydides I 31, 1–4 berichtet:

Die Nachricht von diesen Rüstungen schreckte die Kerkyrer, und da sie sich bisher keiner Hellenenstadt angeschlossen, sich auch weder beim Attischen noch beim Spartanischen Bund eingeschrieben hatten, beschlossen sie, sich nach Athen zu wenden und sich um Bündnis und Hilfe von dort zu bemühen. Die Korinther kamen auf diese Nachricht auch nach Athen mit einer Gesandtschaft, damit nicht die attische Flotte, mit der von Kerkyra vereinigt, ihnen verwehre, nach eigenem Ermessen den Krieg zu Ende zu führen.
(Übersetzung G. P. Landmann, Zürich 1960.)

Die beiden Gesandten starben auf ihrer Mission, weil sie vielleicht in irgendeiner Weise in den Konflikt gerieten. Dies hat man daraus geschlossen, dass ihr Grabmal im Peloponnesischen Krieg zerstört wurde, während andere Monumente im Kerameikos unbeschädigt blieben. Höchstwahrscheinlich wurde die Stele 375 v. Chr. ersetzt, als Kerkyra sich dem Zweiten Attischen Seebund anschloss. In einem der beiden Gräber fand man eine weißgrundige Lekythos aus der Werkstatt des Beldam-Malers und mehrere schwarz gefirnisste Gefäße, die also nicht später als 433/2 v. Chr. entstanden sein können.

Grabmal der Spartaner (403 v. Chr.)
Vom Dipylon, einem der Stadttore Athens aus, führt eine außerordentlich breite (39 m) Straße, der Dromos, am Kerameikos vorbei zu der etwa 1,6 km westlich gelegenen Akademie, wo Platon lehrte. Sie ist gesäumt von Steinen mit der Inschrift *horos Kerameikou* (Grenze des Kerameikos); kurz vor dem zweiten Grenzstein, bald nach dem Dipylontor, befand sich das Grabmal für dreizehn gefallene Spartaner (Knigge 1991, 160f.). Der historische Hintergrund dieses Monuments ist bei Xenophon, *Hellenika II* 4, 33 überliefert, der die verzweifelte Situation der Athener nach dem Peloponnesischen Krieg schildert: Das Terrorregime der dreißig Tyrannen hatte sich in Eleusis verschanzt; in Athen regierten dreitausend Vollbürger unter Führung eines Zehner-Gremiums, die aber unter sich uneins waren und unter denen die Repressionen noch zunahmen und die Anzahl der Todesurteile stetig stieg. Schon zuvor hatten sich die athenischen Demokraten unter Führung des Thrasybulos erhoben, die Regierung der Zehn dagegen rief die Spartaner unter König Pausanias zu Hilfe. Nach heftigen Kämpfen im Piräus, dem Hafen Athens, siegten die Demokraten. Die Verluste waren aber auf beiden Seiten groß, die Spartaner verloren (wie Xenophon *Hellenika* II 4, 33, der auch auf die Bestattung im Kerameikos hinweist, erwähnt) die beiden Polemarchen Chairon und Thibrachos. Diese beiden Namen, von rechts nach links geschrieben, sind auf einer ursprünglich 11 m langen Marmortafel erhalten, mit der die Front des aus Kalksteinblöcken gemauerten, langen schmalen Grabes verkleidet war, dessen Mauern teilweise einstürzten, als später Wasserkanäle hindurch gegraben wurden. Ebenfalls linksläufig sind die beiden großen Anfangsbuchstaben LA des Wortes *Lakedaimonioi* auf der Tafel erhalten. Die Skelette der dreizehn Gefallenen wiesen deutlich erkennbare Verletzungen auf.

Grabmal der Spartaner

Abb. 11:
*Grabstele
des Dexileos.*

Grabstele
des Dexileos

Grabstele des Dexileos (394 v. Chr.; Abb. 11)
Die luxuriösen Grabbezirke vornehmer Familien wurden auf dem Athener Friedhof im 4. Jahrhundert v. Chr. an der Südseite der Gräberstraße errichtet, auf leicht ansteigendem Gelände, das vorher nicht für Bestattungen genutzt worden war. Die Grabbezirke liegen auf künstlich angelegten Terrassen, deren Erde von hohen Stützmauern gehalten wird; die Monumente sind von weither sichtbar. Der erste Bezirk, der in diesem Areal angelegt wurde, war die Eckterrasse, die der Familie des Lysander aus dem Demos Thorikos gehörte. Auf einer großen, gebogenen Basis, die als Kurvensegment ursprünglich den Bezirk nach hinten abschloss und zu beiden Seiten von mit Sirenen bekrönten Anten begrenzt war, stand das Grabrelief des Dexileos (Knigge 1991, 111–113; Lullies – Hirmer 188), das sich aufgrund des Grabepigramms unter dem Relief (IG II/III^2 6217) genau datieren lässt:

Dexileos, Sohn des Lysanias, aus Thorikos. Er ist geboren unter dem Archon Teisandros (= 414/3 v. Chr.), gestorben ist er unter Eubulides (= 394/3 v. Chr.) bei Korinth als einer der fünf Reiter.

Übersetzung G. Pfohl, Griechische Inschriften als Zeugnisse des privaten und öffentlichen Lebens (München 1966) 18 Nr. 13.

Dexileos starb also bereits im Alter von 20 Jahren in der Schlacht. Die großartige Stele aus pentelischem Marmor, deren quadratisches Bildfeld oben von einem Giebel mit Akroteren abgeschlossen ist (die seitliche Rahmung ist nicht erhalten), zeigt ihn aber als Sieger: Dexileos sitzt auf einem sich aufbäumenden Pferd; er trägt einen kurzen gegürteten Chiton und quer über der Brust ein Wehrgehänge; sein über der rechten Schulter von einer Spange zusammengehaltener Mantel weht hinter seinem Rücken. Mit der linken hält er die Zügel, mit der rechten Hand stößt er seine Lanze in einen unter dem Pferd gestürzten, sich an seinen Schild lehnenden Gegner, der vergeblich abwehrend seinen rechten Arm mit dem Schwert über den Kopf hebt. Das Motiv des in die Knie gebrochenen Besiegten mit dem ausgestreckten rechten Bein ist eine Schöpfung phidiasischer Zeit, doch die Lösung der Figuren vom Reliefgrund und die Gesamtkomposition des Bildes mit Betonung der parallelen und sich überschneidenden Diagonalen machen die Grabstele zu einem charakteristischen Kunstwerk des Beginns des 4. Jahrhunderts v. Chr.

Dexileos war nicht hier begraben, sondern im Staatsgrabmal, dem *demosion sêma*, am Dromos. Sein Kenotaph erlaubt aber vielleicht, die fünf rotfigurigen Choen-Kännchen (kleine Weinkannen mit Kleeblattmündung, die am Fest der Anthesterien als Geschenke für Kinder dienten) zu datieren, die im Familienbezirk ausgegraben wurden; sie könnten aber auch zur Bestattung eines früher verstorbenen Mitglieds der Familie gehören.

d) Späteres 4. Jahrhundert v. Chr.

338 v. Chr.: Löwe von Chaironeia
338–334 v. Chr.: Daochos-Monument in Delphi
335/4 v. Chr.: Lysikrates-Monument in Athen
330 v. Chr.: Bildnisse des Aischylos, Sophokles und Euripides

Der Löwe von Chaironeia (338 v. Chr.)
Chaironeia, die westlichste Stadt in Böotien an der Grenze zu Phokis war aufgrund ihrer strategisch günstigen Lage an der wichtigen Nord-Süd-Verbindung durch das Kephisos-Tal mehrfach Ort von Entscheidungsschlachten. 338 v. Chr. besiegte hier der makedonische König Philipp II. die antimakedonische Allianz griechischer Staaten. Etwas östlich des Ortes errichteten die Thebaner für ihre Gefallenen ein beeindruckendes Grabmal, das von Pausanias IX 40,10 beschrieben wurde:

Löwe von Chaironeia

> Bei der Annäherung an die Stadt sieht man ein Massengrab der in dem Kampf gegen Philipp gefallenen Thebaner; eine Inschrift ist nicht darauf geschrieben, aber als Grabfigur ist ein Löwe darauf; er soll sich wohl auf den Mut der Männer beziehen, und eine Inschrift fehlt nach meiner Meinung deswegen, weil das ihnen von der Gottheit verhängte Schicksal gar nicht ihrer Tapferkeit entsprach.
> (Übersetzung von E. Meyer, Zürich/München ²1975.)

Das berühmte Denkmal ist heute aus den antiken Bruchstücken wieder aufgerichtet und zeigt einen sitzenden 5,5 m hohen Löwen mit prachtvoller Mähne, etwas zur Seite schauendem Kopf und leicht geöffneten Mund auf einem 3 m hohen Sockel. Er steht an der Nordseite eines von einer Steinmauer umgebenen Rechtecks, das 252 Körper- und zwei Brandbestattungen enthielt. Eine Löwenstatue war das übliche antike griechische Denkmal für die auf dem Schlachtfeld bestatteten Toten, wobei die Athener es nach Möglichkeit vorzogen, ihre Toten nach Hause zu bringen. Diese Bestattungspraxis begann im 5. Jahrhundert v. Chr. in Thespiai in Böotien; der Löwe von Chaironeia ist aber das weitaus spektakulärste Exemplar seiner Gatttung.

Das Daochos-Monument in Delphi (338–334 v. Chr.)
Im Apollonheiligtum von Delphi stand die Weihung einer Familie, die im thessalischen Pharsalos seit etwa 500 v. Chr. geherrscht hatte; gestiftet wurde die Statuengruppe von Daochos II. im Zusammenhang mit seiner Amtszeit als Hieromnemon (338–334 v. Chr.). Er war ein Parteigänger Philipps II. und damit auch Vertreter der makedonischen Vormacht; die Makedonen beherrschen zu dieser Zeit den Rat der Amphiktyonen, der das Heiligtum kontrollierte.

Daochos-Monument in Delphi

Da nicht die gesamten Fundamente des Monuments erhalten sind, ist die Form der Weihung nicht ganz klar; wahrscheinlich war sie eher eine offene Nische als eine überdachte Konstruktion. Gesichert ist aber die Anordnung und damit die Benennung der Figuren, denn die Plinthen der Statuen wurden entweder in den Einlassungen der Basis gefunden oder können eindeutig eingepasst werden. Dargestellt sind acht Vertreter der Familie aus sechs Generationen, von denen alle Namensbeischriften, bis auf den ersten und letzten auch alle Epigramme tragen, die deren politische und sportliche Leistungen erläutern. Den Anfang rechts bildete wahrscheinlich ein sitzender Apollon; als erste Statue der Familie folgte dann der Tetrarch Aknonios (um 500 v. Chr.), dann dessen Söhne Agias, Telemachos und Agelaos, danach Daochos I. (Sohn des Agias), Sisyphos, Daochos II. (der Stifter des Denkmals) und dessen Sohn Sisyphos II. Laut Inschrift herrschte Daochos I. 27 Jahre lang ohne Gewalt über Thessalien (wahrscheinlich nach 457 v. Chr. und vor 404 v. Chr.); von seinem Vater und dessen Brüder werden die sportlichen Siege hervorgehoben: Agias hatte als Pankratiast einmal in Olympia, dreimal an den Pythien und je fünfmal an den Nemeen und Isthmien gesiegt; Telemachos hatte an denselben Orten Ringkampfsiege errungen, Agelaos war Sieger im pythischen Stadionlauf der Knaben, Sisyphos war auf ein Versprechen der Göttin Athena im Traum nie vor einem Feind geflohen und nie im Kampf verletzt worden. Die Statuen sind um 2 m groß und bis auf Telemachos und Daochos II. nahezu vollständig erhalten. Die Athleten sind nackt, die Herrscher tragen kurze Feldherrentracht und haben den einen Arm erhoben, auf eine Lanze oder Zepter gestützt (Maaß 1993, 204–207).

Von einem Parallelmonument im Heiligtum der Athena Ithonia in Pharsalos stammt ein heute verschollenes Inschriftfragment, das dem Epigramm des Pankratiasten Agias in Delphi entsprach, aber außerdem noch die Signatur des Künstlers Lysippos trug. Da sich diese nur unter der einen Statue befand, schloss man auf ein Gemeinschaftswerk mehrerer Bildhauer. Man hat vermutet, dass auch an dem Monument in Delphi verschiedene Künstler mitgearbeitet haben, vielleicht ebenfalls Lysippos, doch keine der erhaltenen Statuen kann ihm mit Sicherheit zugeschrieben werden.

Bemerkenswert ist diese Ahnengalerie von Politikern und Sportlern, da sie ein adeliges Ideal vergangener Zeit verkörpern. Die dargestellten Familienmitglieder sind nicht wirklich porträtiert; sie verkörpern ein verklärtes Krieger- und Athletenethos, das zu dieser Zeit schon nicht mehr gültig war. Darin zeigen sich vielleicht die Bemühungen eines Dynasten, der eine Art „Klientelkönig" Philipps II. war, sich durch die Übernahme griechischer Ideale und kultureller Formen in einem panhellenischen Heiligtum zu legitimieren.

Lysikratesmonument in Athen

Das Lysikratesmonument (335/4 v. Chr.; Abb. 12)
Die Theateraufführungen in Athen wurden von Privatleuten, den so genannten *Choregen* finanziert, die für die Kosten der Einstudierung der Chöre, den gesamten Unterhalt der Chormitglieder während der Probemonate, der Requisiten und Kostüme, des Chorausbilders und des Aulosspielers aufkommen mussten. Es war ein sehr kostspieliges, aber ehrenvolles Amt, das auch Gelegenheit bot, sich zu profilieren und (politische) Sympathien zu erwerben; so waren unter anderen Themistokles, Perikles und Alkibiades Choregen gewesen. Ein Chorege hatte aber auch den Ruhm für seine Auslagen: Errang das von ihm finanzierte Stück den ersten Preis, so bekam er einen dionysischen Efeukranz und einen vom Staat als Preis ausgesetzten Dreifuß, den er dann auf eigene Kosten als Weihgeschenk aufstellen lassen musste. Diese Dreifüße wurden entlang der Tripoden-(Dreifuß-)Straße, die vom Dionysostheater zur Agora führte, aufgestellt. Eigentlich genügte dafür ein einfacher Sockel mit Inschrift, aber im Lauf des

Choregenmonumente an der Tripoden-Straße

4. Jahrhunderts v. Chr. wurden diese so genannten choregischen Monumente immer aufwendiger, da sich die Choregen an Nachruhm übertrumpfen wollten. Ein schönes Beispiel dafür ist das Lysikrates-Denkmal, ein Marmorrundbau auf einem quadratischen Kalksteinsockel von fast 3 m Seitenlänge, auf dessen Dach mit dem dreigeteilten Akanthus-Strauß der Dreifuß stand. Die Säulen des Monuments sind von korinthischen Kapitellen bekrönt, die zu den schönsten und frühesten der Gattung gehören: Erst 160 Jahre später wurde die korinthische Ordnung in Athen am Olympieion wieder angewandt, und wirklich gebräuchlich wurde sie erst in römischer Zeit. Auf dem Relieffries über dem Architrav ist die Verwandlung von Seeräubern in Delphine durch den Gott Dionysos dargestellt. Auf dem faszettierten Architrav darunter ist die Stifterinschrift (IG II² 3042) angebracht, aus der hervorgeht, dass Lysikrates im Jahre 335/4 v. Chr. den Bau errichten ließ. Obwohl die zur Tripodenstraße hin orientierte Inschrift stets sichtbar blieb, kannte man im Mittelalter die Bestimmung des Monuments nicht mehr, das im Volksmund als „Laterne des Demosthenes" bekannt war. Zwischen 1669 und dem Anfang des 19. Jahrhunderts wurde es als Bibliothek des benachbarten Kapuzinerklosters benutzt, ein Umstand, dem es seine gute Erhaltung verdankt.

Abb. 12: Lysikrates-Denkmal.

Statuen des Aischylos, Sophokles und Euripides (um 330 v. Chr.)
Eine der letzten großen Schöpfungen der ausklingenden Spätklassik in Athen waren die Porträts der drei Tragiker Aischylos (525/4–46/5 v. Chr.), Sophokles (497/6–406/5 v. Chr.) und Euripides (485/80–406 v. Chr.), die man relativ genau um 330 v. Chr. datieren kann, da sie von dem Staatsmann und Redner Lykurg veranlasst wurde.

Porträts der drei großen Tragiker

Lykurg, ein Mitglied der sich auf den mythischen attischen Heros Erechtheus zurückführenden Priesterfamilie der Eteobutaden, wurde wahrscheinlich vor 383/2 v. Chr. geboren. Ab 338 v. Chr. bestimmte er für drei Vierjahresperioden mit großem Erfolg die Finanzpolitik Athens. Er führte für die Polis ein umfassendes patriotisches Erneuerungsprogramm durch: Er verwendete die gesteigerten Staatseinkünfte einerseits zur Vergrößerung der Flotte, zum Ausbau der Häfen und Befestigungen und zur Fertigstellung des Zeughauses im Piräus, andererseits aber auch für ein repräsentatives Bauprogramm, zu dem unter anderem die Erneuerung des Dionysos-Theaters in Stein gehören. Besonders bedeutend sind Lykurgs Erneuerung und glanzvolle Erweiterung des religiösen und kulturellen Lebens in Athen, die die Reform der Epheben-Erziehung, die Neuordnung von Festen und die Anfertigung eines so genannten Staatsexemplars der Werke der drei Tragiker umfasste, das heißt die Erstellung eines authentischen und definitiven

Textes, der Basis für alle zukünftigen Aufführungen sein sollte. Auf Antrag des Lykurg beschloss die Volksversammlung außerdem, die drei Dichter mit einer Bronzestatue zu ehren, die im Dionysos-Theater, wo ihre Stücke aufgeführt wurden, aufgestellt werden sollten.

Sophokles — Die Statue des Sophokles ist in einer Kopie augusteischer Zeit im Vatikan in Rom (Lullies – Hirmer 223) erhalten, die den bärtigen Tragiker eng in einen Mantel gehüllt zeigt, der beide Arme bedeckt. Der rechte, angewinkelte Arm ruht in einer Falte des Mantels, der linke ist in die Hüfte gestemmt. Zanker 1995, 48–56 hat erläutert, wie diese durch das Kleid eingeschränkten Bewegungen und die extreme Selbstkontrolle darstellende Pose doch gleichzeitig angespannte Energie und dominierende Präsenz ausdrücken. Der Habitus des Dichters ist auch der eines Redners und Politikers, der über die Ruhe und Selbstdisziplin verfügt, die in der „guten alten Zeit" (deren Erneuerung sich Lykurg verschrieben hatte) noch üblich war: Der große Dichter ist als vorbildlicher Bürger dargestellt.

Aischylos und Euripides — Etwas weniger sicher ist die Zuschreibung der beiden anderen Porträts. Das des Aischylos ist vielleicht in einer Porträtherme im Museo Nazionale in Neapel zu erkennen, die ebenfalls einen älteren Mann mit dichtem, gelockten Bart und Haupthaar zeigt. Der damals geschaffene Euripides kann mit dem „Typus Farnese" (Neapel, Museo Nazionale; Lullies – Hirmer 224) identifiziert werden, einer Herme der frühen römischen Kaiserzeit, die ebenfalls einen würdigen Mann mit subtilen Alterszügen und ernstem, vergeistigtem Ausdruck zeigt. Er trägt einen lockigen Bart, Stirn und Oberkopf sind kahl, das hagere Gesicht mit den eingefallenen Wangen und den fest geschlossenen dünnen Lippen ist von langen, lockigen Strähnen umgeben. Zanker 1995, 57–61 hat auf die Ähnlichkeit dieses *kalos gerōn*, des schönen Greises, mit zahlreichen Darstellungen von sitzenden, Abschied nehmenden alten Männern auf zeitgenössischen Grabstelen verwiesen.

Sokrates — Sehr gut möglich ist, dass auch das von dem berühmten Bildhauer Lysippos erschaffene „schöne" Porträt des Sokrates (Zanker 1995, 62–66 Lullies – Hirmer 225) 330 v. Chr. im Rahmen von Lykurgs umfassendem Erneuerungsprogramm enstand. Aus dieser Sokratesdarstellung sind alle Züge des Silen verschwunden; auch der weise alte Satyr mit seinen unbequemen Fragen ist zum Symbol der *paideia*, der Bildung und Erziehung, und zum Bürger mit allen Tugenden geworden. Seine Statue stand laut Diogenes Laertios 2, 43 im Pompeion, dem Gebäude an der Stadtmauer beim Kerameikos, in dem sich der Festzug für die Panathenäen versammelte.

e) Weitere Monumente

Man kann in der vorangehenden Zusammenstellung manches vermissen; Vollständigkeit konnte nicht erreicht werden. In diesem Zusammenhang lässt sich auch die Dominanz Athens beziehungsweise des griechischen Mutterlandes kritisieren: Man hätte natürlich auch den Zeustempel von Akragas besprechen können, von dem wir wissen, dass er aus der immensen karthagischen Kriegsbeute aus der Schlacht von Himera 480 v. Chr. finanziert wurde und noch nicht vollendet war, als ihn die Karthager bei ihrem Großangriff 406 v. Chr. in einem wütenden Racheakt in kleinste

Stücke schlugen, und natürlich das Mausoleum von Halikarnass, das bereits in der Antike berühmte Grabmal des Maussollos II., der in Karien als Satrap der Perserkönige Artaxerxes II. und III. von 377–353 v. Chr. herrschte. An den Bauskulpturen seiner Grabstätte arbeiteten berühmte Künstler des griechischen Mutterlandes (Leochares, Bryaxis, Skopas, Timotheos) mit.

Mausoleum von Halikarnass

Die geographische Einseitigkeit hat Gründe nicht zuletzt in der Überlieferungslage; literarische und historische Schilderungen, die Hintergründe für Weihungen und Bauten liefern können, sind am zahlreichsten aus dem griechischen Mutterland erhalten, ebenso staatliche Urkunden. Nach den Perserkriegen war Athen politisch und kulturell die führende Polis, die Maßstäbe setzte und entsprechenden Einfluss hatte. Es wurde außerdem versucht, Monumente auszuwählen, die aufgrund von literarischen und epigraphischen Zeugnissen sicher und möglichst genau datiert werden können, und deren Bauzeit sich nicht über viele Jahre erstreckte oder bei denen Beginn oder Ende der Bauzeit unbekannt ist. So ist vom Mausoleum in Halikarnass bekannt, dass der Satrap es schon zu seinen Lebzeiten begonnen hatte, wahrscheinlich im Zusammenhang mit der Rückverlegung der Residenz seines Vaters von Mylasa nach Halikarnass 359 v. Chr., und dass nach seinem Tod seine Schwester und Gattin Artemisia daran weiterarbeiten ließ, aber auch bei ihrem Tod 351 v. Chr. war der Bau noch nicht fertig. Wahrscheinlich wurde er bald danach vollendet; eine andere These besagt aber auch, dass dies erst zur Zeit Alexanders geschah.

Unvollständig ist natürlich auch die Besprechung der durch ihren Anlass datierten Weihgeschenke aus Delphi und Olympia; auch auf der Athener Akropolis gab es zahlreiche Staatsweihungen (dazu Schneider – Höcker 2001, 155–159). Von der Ausstrahlung der beiden panhellenischen Heiligtümer, die aus der ganzen damaligen Welt Geschenke und Votive erhielten, berichtet ausführlich Pausanias (Delphi: X 5–32; Olympia: V 7–VI 21). In Olympia dominierten die Weihungen der Wettkampfsieger, in Delphi mehr die kriegerischen Denkmäler (Maaß 1993, 184–216): Hölscher 1994 zeigte, dass sich davon viele aufeinander beziehen beziehungsweise als direkte Provokation oder entprechend wütende Antwort darauf verstanden werden könne. Das monumentale Denkmal in Delphi, das an den Sieg der Spartaner und ihrer Verbündeten bei Aigospotamoi über Athen 405 v. Chr. erinnert, der den Peloponnesischen Krieg entschied, beglich sicher eine Rechnung mit der Nike des Paionios in Olympia. Von diesem größten und figurenreichsten Monument, das je in Delphi geweiht wurde, sind verstreute Funde des Sockels und große Teile der Inschrift erhalten; es umfasste insgesamt 38 Figuren, 24 davon stellten die siegreichen Admirale dar, vorne Lysander, der von Poseidon bekränzt wird, diverse Götter und Heroen (Pausanias X 9, 7–10). Von zahlreichen anderen, mit Pausanias zu identifizierenden Weihungen sind ebenfalls Fundamente oder Bruchstücke erhalten; im Hellenismus dominierten Ehrenstatuen und -gruppen der Könige. Solange die Heiligtümer in Delphi und Olympia bestanden, waren die Herrscher bemüht, sich mit Weihungen dort zu legitimieren und als Griechen zu erweisen.

Denkmal für den Sieg von Aigospotamoi

IX. Hellenismus

1. Historischer Hintergrund

Als Alexander der Große 323 v. Chr. im Alter von 33 Jahren in Babylon starb, hinterließ er keinen anerkannten Nachfolger. Seine wichtigsten Generäle kämpften um die Nachfolge während nahezu einer Generation, in der sie de facto das Alexander-Reich unter sich aufteilten. Folgende waren die Reiche dieser so genannten *Diadochen* (Nachfolger):

Antigoniden
In Makedonien herrschten die *Antigoniden*, benannt nach Alexanders Offizier Antigonos Monophthalmos („der Einäugige"), die sich erst nach langen Jahren des politischen Chaos als Könige etablieren konnten; Monophthalmos' Enkel, Antigonos Gonatas, begründete die neue Dynastie. Ihr Versuch, die makedonische Herrschaft über die Griechen wiederherzustellen, führte immer wieder zu Kriegen mit den anderen makedonischen Herrscherhäusern, den Ptolemäern und den Seleukiden (vgl. u.). Das andere außenpolitische Hauptziel, der Kampf gegen Rom, führte zu den drei Makedonischen Kriegen, von denen der letzte, der so genannte Perseuskrieg (171–168 v. Chr.), mit der Niederlage des letzten makedonischen Königs Perseus gegen den römischen Feldherrn Aemilius Paullus (s. u.) endete und das Ende der makedonischen Monarchie bedeutete.

Seleukiden
Das Reich der *Seleukiden* ist für die griechische Kultur von großer Bedeutung, weil seine Herrscher zeitweise große Teile Asiens durch griechische Siedlungen und Städte hellenisierten. Der seleukidische Herrschaftsbereich war nie konstant; Seleukos I., seit 312 v. Chr. Herrscher von Babylon, verlor 303 v. Chr. Indien, aber gewann Nordsyrien und Mesopotamien 302 v. Chr., Kilikien 296 v. Chr. und fast ganz Kleinasien 281 v. Chr.; sein Sohn und sein Enkel beherrschten ein Gebiet, das sich vom Mittelmeer bis zum heutigen Afghanistan erstreckte. Nebst der nordsyrischen Haupstadt Antiochia (s. u.) waren auch Sardes und Seleukeia am Tigris wichtige Zentren. Zwischen 250 und 227 v. Chr. entstand unter anderem das Parthische Königreich, so dass Teile des Seleukidenreiches nördlich von Persien verloren gingen. 198 v. Chr. eroberte Antiochos III. den Rest Syriens von Ägypten, aber bereits 190 v. Chr. wurde er von den Römern geschlagen und verlor 189 v. Chr. Kleinasien (s. u.). Der Tod des Antiochos Sidetes 129 v. Chr. zog den endgültigen Verlust von Babylon und Judäa nach sich und reduzierte die Seleukiden auf die Bedeutung einer lokalen nordsyrischen Dynastie.

Ptolemäer
Die *Ptolemäer* herrschten in Ägypten als kleine Kaste über ein dichtbevölkertes Land (was wohl nicht den ursprünglichen Absichten Alexanders entsprach, der in seinen letzten Jahren die Partizipation einheimischer Reichsbewohner gefördert hatte). Unter den ersten Ptolemäern war kein Ägypter in den Truppen; aber als neu rekrutierte ägyptische Soldaten für Ptolemaios IV. die Schlacht bei Raphia 217 v. Chr. gewannen, wurden die Einheimischen selbstbewusster. Für die Entwicklung des Hellenismus spielte die Hauptstadt Alexandria, deren Museion und Bibliothek Forschungsstätte für Gelehrte aus aller Welt wurde, eine zentrale Rolle.

Im Laufe des 3. Jahrhunderts v. Chr. entstanden in Kleinasien eine Reihe weiterer kleinerer Reiche, wovon in kunsthistorischer Hinsicht das Attaliden-Reich von Pergamon das bedeutendste ist, da über pergamenische

Kunst mehr bekannt ist als über die der übrigen Reiche. Das Königreich begann bescheiden, entwickelte aber schnell eine erstaunliche Wirtschaftskraft und beherrschte Kleinasien innerhalb des Taurus von 188–133 v. Chr.; die Könige waren Freunde Ägyptens und damit Feinde der Seleukiden. Anders als die Ptolemäer in Ägypten stilisierten sie sich aber nicht zu Göttern, sondern stellten sich als demokratische Herrscher und Bürger von Pergamon dar. Geschäftsmäßig nüchtern und realistisch stellten sie sich von Anfang an auf die Seite Roms; der letzte Herrscher, Attalos III., vermachte das Reich den Römern. Die Attaliden verwandelten die alte Hügelfestung Pergamon nach und nach in eine großartige griechische Residenz mit Palast, Bibliothek, Tempeln von Athena, Dionysos, Zeus u. v. a., drei Gymnasien und einer Agora (s. u.).

Pergamon

Die Entstehung dieser hellenistischen Königreiche bedeutete eine tiefgreifende Transformation der Mittelmeerwelt, die hier nur oberflächlich angedeutet werden kann. Die alte griechische Welt der *Polis* war machtpolitisch bedeutungslos geworden; in den neuen, zentralistischen Königreichen herrschten für Kunst und Kultur veränderte (aber durchaus günstige) Bedingungen. Sowohl Auftraggeber wie Kunden waren andere geworden; die politische Stabilität des 3. Jahrhunderts. v. Chr., als die Könige mit unumschränkter politischer und militärischer Macht herrschten, brachte eine außergewöhnliche künstlerische Kreativität hervor. Dies hing nicht zuletzt damit zusammen, dass die neuen Herrscher sehr bestrebt waren, sich auch kulturell zu legitimieren. Kultur und Bildung, Kunst und Wissenschaft wurden wie nie zuvor gefördert, meist von den Herrschern selbst, und das königliche Mäzenatentum zog wiederum Künstler, Dichter und Gelehrte in die neuen Hauptstädte. Die veränderten politischen Bedingungen brachten aber auch eine neue Einwohnerschicht hervor, die sowohl Auftraggeber wie Klienten stellten: Eine reiche, hochgebildete Bürgerschicht verlangte nach immer Neuem, Exotischen, Originellen, aber auch hohe Hofbeamte, die „Freunde" des Königs, betätigten sich als Sponsoren. Private Vereinigungen, zum Beispiel von Händlern oder Soldaten, bestellten Statuen ihrer Schutzgottheiten oder Gönner, Philosophenschulen solche ihrer verstorbenen Leiter. Auf der anderen Seite sind im Vergleich zur klassischen Zeit wenige neue Tempelbauten zu verzeichnen. Auch staatliche Siegesanatheme, die nach den Perserkriegen so wichtig waren, fehlen, denn wichtige Kriegszüge – und damit auch die Siege – gehörten dem König, der die entsprechenden Votive aufstellte.

Mäzenatentum der Könige

Alle diese hellenistischen Königreiche waren immer wieder in Kämpfe miteinander verwickelt, wenn ihre Herrscher nicht gerade sich beziehungsweise ihre Töchter, Söhne, Schwestern und Brüder miteinander verheirateten (oder beseitigten); sie existierten nebeneinander, bis sie nach und nach von Rom erobert wurden.

2. Probleme der Chronologie der Epoche

Die obigen Bemerkungen weisen auch gleich auf einige für die Chronologie der Epoche wichtige Gegebenheiten hin: Die zahlreichen Städtegründungen hellenistischer Herrscher liefern natürlich feste *termini post quem* für das dort gefundene archäologische Material, manchmal auch Daten für bestimmte, mit der Gründung in Verbindung stehende künstlerische Neuschöpfungen (s. u. zur Tyche von Antiochia). Dadurch verlagerte sich aber auch (bereits seit der Zeit Alexanders des Großen) nicht nur die politische, sondern auch die kulturelle Führungsrolle von Athen weg, zum einen nach Alexandria, das Zentrum der Wissenschaft wurde, aber auch zum Beispiel nach Rhodos, Pergamon, und in die nordostsyrische Landschaft Kommagene. Diese Entwicklung in getrennten kulturellen Zentren war ein Charakteristikum der hellenistischen Kunst, das auch in der römischen Kaiserzeit bestehen blieb, wobei seit dem 2. Jahrhundert v. Chr. Rom hinzukam, später auch das syrische Antiochia, Rhodos die Produktion einstellte, und Athen mit dem konservativen, so genannten neuattischen Geschmack auch Einfluss auf die kleinasiatischen Provinzen ausübte (dazu allg. Boiy 2007).

Exotisches und Groteskes Prägnante künstlerische Neuerungen und Entwicklungen des Hellenismus bestanden vor allem in einer immensen Erweiterung des Repertoires: Es gab weit mehr Themen als in klassischer Zeit, und eine viel größere Spannweite seelischer und körperlicher Zustände kam zur Darstellung. Hatten sich Gegenstände der Darstellung und Figurensprache klassischer Zeit noch in überschaubarem Rahmen bewegt, so hatte die immense Horizonterweiterung durch die Züge und Eroberungen Alexanders eine Gesellschaft hervorgebracht, die multikulturell, kosmopolitisch und komplex war und entsprechende Bedürfnisse hatte. Jetzt wurde auch Exotisches dargestellt, ekstatische dionysische Themen, aber auch hinfällige, von Alter und Armut gezeichnete Menschen der Unterschicht, Krüppel und Grotesken. Für den Stil, der zwischen etwa 225 und 150 v. Chr. seinen Höhepunkt erreichte, wird oft der Ausdruck „Barock" verwendet, da der theatralische Ausdruck, die emotionale Intensität (mit entsprechender Mimik) aber auch in technischer Hinsicht, unruhige Oberflächen, extreme hell-dunkel-Kontraste, wie sie durch wilde Bewegungen und tief unterschnittene Falten erreicht wurden, ein aus den Fugen geratener Aufbau der Figuren, die einen verlagerten Schwerpunkt zeigen, mit der europäischen Kunst zwischen 1600 und 1750 in vieler Hinsicht verwandt zu sein scheinen. Diese intensive Erforschung neuer Ausdrucksmöglichkeiten hatte zur Folge, was Smith 1991, 269 so formulierte: „Neither the evidence nor historical probability supports the hypothesis that Hellenistic sculpture underwent a consistent, measurable, organic development – either in a continuous line or consecutive phases." Mit stilistischen Einordnungen und Datierungen ist also im Hellenismus mehr Vorsicht denn je geboten (erheblich zu optimistisch: Andreae 1989). Gerade für die für diese Epoche so typischen Kunstwerke aus der „Welt des Dionysos" gibt es keine äußeren, absoluten Daten, bei den barocken Gruppen sind nur die Großen Gallier datiert. Ein

Sperlonga Beispiel für dieses Problem sind die homerischen Gruppen von Sperlonga, benannt nach der architektonisch ausgestalteten Grotte in Sperlonga an der Küste südlich von Rom. Die Grotte gehörte zu einer vornehmen Villa, eventuell des Kaisers Tiberius (reg. 14–37 n. Chr.); die gesamte Komposition besteht aus insgesamt vier mythologischen Skulpturengruppen: Die Pasquinogruppe, ein älterer, bärtiger Krieger mit Schild und Helm (Menelaos), der einen nackten, toten Jüngling vom Schlachtfeld trägt, der Raub des Palladion durch Diomedes, die Blendung des Polyphem durch Odysseus und seine Gefährten, und das Schiff des Odysseus, von dem das Ungeheuer Skylla gerade den Steuermann herunterzieht. Bis heute herrscht keine Einigkeit, ob es sich bei den Gruppen um Kopien nach Originalen von 170–160 v. Chr. handelt oder um eine neue, für römische Villen und Paläste geschaffene Gattung, die erheblich frühere Vorlagen der Flächenkunst (aus dem 3. Jh. v. Chr.) in monumentale Skulptur umsetzte (Himmelmann 1996).

Eine der bedeutendsten und wirkungsmächtigsten Schöpfungen war das Philosophenporträt (dazu von den Hoff 1994). Hellenistische Philosophie konzentrierte sich vor allem auf Fragen der Ethik, was den einzelnen Bürger persönlich anzusprechen vermochte, da sich daraus Verhaltensregeln zur Lebensführung und -bewältigung ableiten ließen. Die politische Macht lag nun in den Händen von Königen, aber Philosophen konnten die Autorität in moralischen und ethischen Belangen für sich beanspruchen. Darstellungen von Philosophen oder anderen Vertretern von traditionellen Normen und Werten der Polis weisen daher gemeinsame Züge auf, mit denen sie sich betont von Königen und Personen des Hofes absetzen: Sie tragen einen Bart, oft unfrisiertes Haar, und einen Mantel (*Himation*) anstelle der kurzen *Chlamys*. Der typische Philosophenmantel besteht aus einem Himation ohne Untergewand. Sitzstatuen sind häufig, manchmal mit Attributen wie Büchern versehen; stehend werden vor allem Vertreter asketischer Lebensweisen, wie die Kyniker, dargestellt. Anders als bei den Herrscherporträts (s. u.) werden auch Zeichen von Alter und körperlichem Verfall angegeben. Die Gattung ist gut dokumentiert, da Marmorkopien der Köpfe, meist auf einem Pfeiler (als so genannte „Herme") in allen Villen gebildeter Römer standen, oft mit Namensinschriften versehen. Präzise Datierungen sind aber nicht möglich. Auch das Todesdatum ist kein fester Anhaltspunkt, denn die Statue konnte noch zu Lebzeiten wie auch lange Jahre nach dem Tod einer bekannten Persönlichkeit (s. u. zur Demosthenes-Statue) errichtet werden. Man kann höchstens versuchen, die Bildnisse nach stilistischen Kriterien relativchronologisch einzuordnen beziehungsweise mit den wenigen fest datierten Denkmälern der Epoche zu vergleichen.

Philosophenporträt

3. Fundgattungen und Einzelmonumente mit sicherer Datierung

a) Herrschermünzen und -porträts

Die Praxis, das Bild des Herrschers auf Münzen zu prägen, etablierte sich erst im Hellenismus (vgl. o. S. 119). Unmittelbar nach Alexanders Tod setzten die Diadochen noch postume Alexander-Porträts auf ihre Münzen, um ihre Position zu legitimieren; er wird dabei gerne mit Attributen der Göttlichkeit ausgestattet, wie zum Beispiel den „Ammonshörnern", das heißt den Widderhörnern des Zeus Ammon, in dessen Heiligtum in der Oase Siwa das Orakel Alexanders Abstammung von Zeus verkündet hatte. Besonders in Ägypten, wo Alexander als Gründer Alexandrias und gewissermaßen „usurpierter" Vorfahre der Ptolemäer verehrt wurde, waren diese

Alexanderporträt

Münzprägungen beliebt; sie treten aber in allen Diadochenstaaten auf. Danach wurde es aber bald üblich, auf die Vorderseite der Münzen das Porträt des regierenden Königs mit Herrscherbinde zu setzen; die Rückseite trug meistens die Dastellung einer Gottheit, zu der entweder der Dynastiegründer oder der amtierende Herrscher eine besondere Beziehung hatte.

Theoretisch müsste es möglich sein, mithilfe dieser datierten Münz-Emissionen auch die Porträts der hellenistischen Könige zu bestimmen und damit zu datieren. In der Praxis ist dies aber, ganz im Gegensatz zur römischen Zeit, nicht in allen Fällen möglich, da hellenistische Herrscherdarstellungen bemerkenswert einheitlich sind (Smith 1991, 22–24; Pollitt 1986, 19–37). Individualität war weit weniger gefragt als eine königliche Erscheinung, was vor allem idealisiert bedeutete, dynamische Energie oder sogar heroische Qualitäten ausstrahlend, jugendlich oder doch jedenfalls alterslos. Innerhalb der Darstellungsmöglichkeiten des idealen Herrschers gab es eine gewisse Variationsbreite; die Seleukiden betonen mit harten, schmallippigen, kurzhaarigen Köpfen ihre militärischen Tugenden, während die Ptolemäer die Üppigkeit, das luxuriöse Wohlleben, die *tryphe*, auch in ihren Gesichtern zur Schau tragen. Oft ist aber schwierig zu entscheiden, der wievielte aus einer bestimmten Dynastie dargestellt ist.

Porträts hellenistischer Könige waren Bronzestatuen, in der Regel nackt oder mit einem kurzen militärischen Mantel, der *chlamys*, über der einen Schulter. Die beliebteste Pose war an einen Speer gelehnt beziehungsweise einen Speer, gelegentlich auch das Blitzbündel des Zeus oder die Keule des Herakles, in der einen Hand erhoben. Porträtbüsten sind eine Erscheinung römischer Zeit, aber verständlicherweise hatten gebildete Römer geringeres Interesse an Kopien hellenistischer Herscherbildnissen als an denen von Dichtern und Philosophen; Könige wurden daher weniger kopiert. Eine bemerkenswerte Ausnahme bildet die „Galerie" hellenistischer Porträts in der „Villa dei Papiri" bei Herculaneum, die ihren Namen nach den dort gefundenen zahlreichen griechischen Papyri mit Werken des epikureischen Philosophen Philodemos von Gadara hat, der in den 80er Jahren des 1. Jahrhunderts v. Chr. nach Rom gekommen war und freundschaftliche Beziehungen mit Lucius Calpurnius Piso Caesoninus, dem Eigentümer der Villa unterhielt; dieser hatte die erwähnte Galerie anfertigen lassen. Einige Porträts aus der Skulpturenausstattung der luxuriösen Anlage konnten identifiziert werden: Demetrios Poliorketes (starb um 260 v. Chr.; Neapel; Mus. Naz. 6149); er trägt kleine Stierhörner im Haar und eine an Alexander erinnernde Lockenfrisur, was ihn in eine heroische oder fast schon göttliche Sphäre rückt. Pyrrhos von Epirus (starb 271 v. Chr.; Neapel Mus. Naz. 6150) ist ebenfalls jugendlich-idealisiert, betont aber mit seinem Helm, über den der Kranz aus Eichenlaub des Zeus von Dodona gelegt ist, mehr den militärischen Aspekt. Zwei weitere, Seleukos I. Nikator (reg. 311–281 v. Chr.; Bronze Neapel Mus. Naz. 5590) und Philhetairos von Pergamon (reg. 283–263 v. Chr.; Neapel Mus. Naz. 6148) tragen individuellere, realistischere und vor allem auch etwas ältere Züge. Identifizierte hellenistische Herrscherporträts sind somit ein wichtiger chronologischer Anhaltspunkt.

Margin note: Hellenistische Porträts in der „Villa dei Papiri"

b) Stiftungen, Weihungen, Siegesanatheme hellenistischer Herrscher

Sicher in die Regierungszeit eines bestimmten Herrschers zu datieren, manchmal sogar mit einem auf ein bestimmtes Jahr festgelegten Ereignis verbunden sind die zahlreichen Gebäude, Skulpturen und Gruppen, die hellenistische Herrscher einem befreundeten beziehungsweise verbündeten Staat oder einem griechischen Heiligtum stifteten. Diese – oft sehr aufwendige – so genannte *Euergesia* („Wohltat") diente natürlich auch der Selbstdarstellung und Legitimation des Herrschers. Umgekehrt errichteten auch die beschenkten Staaten oder Heiligtümer oft Ehrenmonumente für die Wohltäter. Diese Monumente sind viel zu zahlreich, als dass sie hier im Einzelnen besprochen werden könnten; eine erste übergreifende Gesamtdarstellung gibt Hintzen – Bohlen 1992. Einige allgemeine Bemerkungen zu diesen Denkmälern sollen aber gemacht werden:

    Euergesia

Wie schon (oben S. 120) deutlich wurde, tritt bereits nach den Perserkriegen in Heiligtümern das politisch-historische Moment der Weihgeschenke in den Vordergrund, während in archaischer Zeit der religiöse Gehalt als Geschenk an die Gottheit nebst der Repräsentation noch vorhanden war. Diese Tendenz setzt sich im Hellenismus fort. Große Monarchien scheinen für ihre Stiftungen Delphi oder Delos bevorzugt zu haben, kleinere Dynastien wollten vor allem in Olympia repräsentiert sein. Seit der 1. Hälfte des 2. Jahrhunderts v. Chr. tauchen in griechischen Heiligtümern auch Weihgeschenke hoher römischer Beamter auf, die aber noch vergleichsweise bescheiden sind, wie Phialen oder goldene Kränze. Seit dem Ende des Dritten Makedonischen Krieges errichteten die Römer auch Siegesdenkmäler (s. u.).

Folgende waren die beliebtesten Denkmälergattungen: Die aufwendigste war die Stoa („Wandelhalle"), die in Heiligtümern oft mit Bänken für die Pilger versehen ist. Beispiele sind diejenige des Antigonos Gonatas in Delos, die er nach 255 v. Chr. anlässlich seines Sieges über Ptolemaios II. in der Schlacht bei Kos errichten ließ, oder, ebenfalls in Delos, die von Philipp V. kurz nach 217 v. Chr. zum Ende des Bundesgenossenkrieges gebaute. Der beeindruckendste Neubau des 2. Jahrhunderts v. Chr. in Athen war die Attalos-Stoa, in der sich heute das Agora-Museum befindet. Die Widmung auf dem Architrav lautet: *König Attalos, Sohn des Königs Attalos und der Königin Apollonis baute die Stoa [...] für den Demos der Athener* (Agora Inscr. I 6135); sie wurde also von Attalos II. von Pergamon (reg. 159–138 v. Chr.) gestiftet. Das aus Marmor und Kalkstein errichtete, 115 m lange und 20 m tiefe doppelgeschossige Gebäude enthielt 42 Räume, die als Läden dienten. Die Stoa bestand über 400 Jahre lang, bis zum Einfall der Heruler 267 n. Chr.; danach blieben die Ruinen bestehen, da sie in eine neue Befestigungsmauer einbezogen wurden, so dass das Gebäude zwischen 1952–56 rekonstruiert werden konnte.

    Stoa

Als statuarische Weihung in Heiligtümern bevorzugten hellenistische Könige Familiengruppen, wie sie ja auch schon früher bekannt gewesen waren (s. o. S. 133 f. zum Daochos-Monument). Bereits Philipp II. von Makedonien hatte aus Anlass seines Sieges bei Chaironeia (s. o. S. 133) 338 v. Chr. in Olympia das so genannte *Philippeion* errichtet (Paus. V 20, 9), das

    Familiengruppe

wahrscheinlich von Alexander fertiggestellt wurde, ein Rundbau aus Marmor und Porosquadern mit den Statuen von fünf Mitgliedern seiner Familie.

Pfeilermonument — Eine hellenistische Neuschöpfung im Bereich der Ehrungen für Herrscher war das Pfeilermonument, das heißt ein hoher Pfeiler, der von einer Statue, einem Reiterstandbild oder einer Quadriga des Geehrten bekrönt war. In Delphi wurde ein solches Monument 220/10 v. Chr. für den pergamenischen König Attalos I. zum Dank für die Stiftung der Terrassenanlage errichtet. 160/59 v. Chr. wurde daneben ein weiterer Pfeiler mit den Reiterstatuen von Eumenes II. und Attalos II. als Dank für ihre Geldspenden aufgestellt. In Olympia hatte der ptolemäische Admiral Kallikrates dem Herrscherpaar Ptolemaios II. (283–246 v. Chr.) und Arsinoe II. ein Monument gewidmet, das wahrscheinlich aus einem langen Sockel mit einer Exedra mit Bänken in der Mitte bestand, an dessen Ende auf jeweils einer hohen Säule die Statuen des Königs und der Königin standen.

Es gibt also zahlreiche Monumente, die mit einem bestimmten hellenistischen Herrscher in Verbindung gebracht und damit innerhalb eines bestimmten Zeitraums datiert werden können.

c) Hâdra-Hydrien

In den 80er Jahren des 19. Jahrhunderts wurden beim Dorf Hâdra in der Nähe von Alexandria ausgedehnte hellenistische Nekropolen entdeckt, in denen eine bestimmte Sorte von Hydrien als Aschenurnen verwendet wurden, die seither als Hâdra-Hydrien bezeichnet werden (Enklaar 1985). Sie

Produktion in Alexandria — wurden sicher in Alexandria hergestellt, wo man die größte Menge dieser Gefäße fand (über 300 gegenüber 7 in Kreta und 5 in Zypern). In der Regel sind sie sehr handwerklich und nicht von hoher künstlerischer Qualität, so dass kaum eine stilistische Entwicklung zu sehen ist. Auf dem tongrundigen Gefäß sind in flüchtiger schwarzfiguriger Zeichnung ornamentale und florale Motive, manchmal Delphine dargestellt; einige tragen Darstellungen sepulkralen Charakters, so dass man annehmen kann, dass sie von Anfang an als Urnen vorgesehen waren und nicht zuerst anderweitig verwendet wurden. Enklaar 1985, 109 vermutet, dass die außerhalb von Alexandria gefundenen (und auch dort, wo der Fundort bekannt ist, aus Gräbern stammenden) Stücke die Asche von Söldnern und anderen Immigranten enthielten, die in ihre Heimat zurückgeschickt wurde.

Inschrift — Eine glückliche Ausnahme in der sonst schwierigen Chronologie hellenistischer Keramik stellt eine Gruppe von 30 Hâdra-Hydrien dar, die fest datiert sind, da auf ihnen Name, Rang und Herkunft des Verstorbenen, der Name des für die Bestattung verantwortlichen und vor allem das Datum der Bestattung genannt wird. Diese Vasen enthielten die Asche hochrangiger Verstorbener wie zum Beispiel Diplomaten oder Kommandanten von Söldnern, die in Alexandria ein Staatsbegräbnis bekommen hatten; der Unterzeichner war wahrscheinlich ein königlicher Funktionär, der sich um die Angelegenheiten verstorbener Ausländer kümmern musste. Die älteste dieser Vasen lässt sich auf 260 v. Chr. datieren. Die Blütezeit der Gattung, aus der die meisten Stücke stammen, war 250–210 v. Chr.

Die letzte datierte Vase stammt von 197 v. Chr. Das Ende der Serie fällt mit dem Ende des Zweiten Makedonischen Krieges zusammen, nach dem Ägypten seine bedeutende Rolle in der internationalen Politik verloren hatte und dementsprechend weniger Diplomaten an den ptolemäischen Hof kamen. Mit beeinflusst war das Verschwinden der Gattung wahrscheinlich auch von den soziologischen Veränderungen in Alexandria: Hâdra-Hydrien wurden fast ausschließlich von Griechen verwendet, die im 3. Jahrhundert v. Chr. das öffentliche Leben dominierten. Nach der Schlacht von Raphia 217 v. Chr. (s. o.) gewann die einheimische Bevölkerung an Bedeutung, was sich zum Beispiel an den Gräbern reicher, hellenisierter Ägypter auf der Insel Pharos zeigt, von denen das früheste aus der 1. Hälfte des 2. Jahrhunderts v. Chr. stammt. Da die Ägypter die Kremation nicht praktizierten, waren Grabhydrien weniger gefragt.

d) Das Grabluxusgesetz des Demetrios von Phaleron

Im Lauf des 4. Jahrhunderts hatten in Attika Aufwand und Ausschmückung privater Grabmäler vermögender Familien – sowohl von Einheimischen wie auch von Metöken (dauerhaft ansässigen Fremden) in enormem Ausmaß zugenommen; wer immer es sich leisten konnte, entwickelte eine erstaunliche Selbstinszenierung im Kerameikos, auf dem Friedhof im Piräus oder auf den ländlichen Friedhöfen und Gräberstraßen Attikas (s. dazu Scholl 1994; Engels 1998).

Die stilistische Tendenz von Reliefs war im Lauf des 4. Jahrhunderts v. Chr. dahin gegangen, dass sich die Figuren immer mehr vom Hintergrund lösten und immer rundplastischer wurden; Grabbauten aus dem letzten Viertel des 4. Jahrhunderts v. Chr. sind *Naiskoi*, kleine Tempelchen, in denen vollplastische, nur an der Rückseite etwas weniger vollständig ausgearbeitete Statuen und Statuengruppen stehen. Daneben gab es aber auch geradezu monumentale Bauten, von denen das im Piräusmuseum zu sehende, aber immer noch nicht richtig publizierte Grabmal von Kallithea (benannt nach seinem Fundort, einem Vorort Athens) einen Eindruck vermittelt. Das Monument ließ sich ein reicher Metöke aus der milesischen Schwarzmeerkolonie Histria (im heutigen Rumänien) errichten, nach epigraphischen Angaben um 330–26 v. Chr. Der Grabbau besteht aus einer großen P-förmigen Basis mit zwei ionischen Säulen und einem Naiskos über einem verzierten Sockel. Die Figurengruppe in dem Naiskos besteht aus den Statuen des Auftraggebers Nikeratos, Sohn des Polyidos, aus Histria, der mit einem gutbürgerlichen Himation bekleidet ist, seinem Sohn Polyxenos als nackter jugendlicher Athlet in der Mitte, und einem weiteren älteren Mantelträger daneben. Der Fries am Sockel zeigt eine Amazonomachie, also ein auch in der offiziellen athenischen Staatskunst beliebtes Thema. Auf einem weiteren Fries waren Löwen, Panther und Stiere abgebildet. Anlagen dieser Art sind nahezu private *Heroa* (tempelartige Kultstätten eines zum Heros erhobenen Verstorbenen), mit denen sich einzelne Bürger oder Familien mit fast aristokratischem Anspruch aus der Polisgemeinschaft heraushoben. Diesen Auswüchsen wurde 317/6 v. Chr durch den makedonischen Statthalter in Athen, Demetrios von Phaleron, ein

Grabmal von Kallithea

Ende gemacht; die Gesetzgebung des Staatsmannes und Philosophen (Theophrast-Schüler) ist durch das Marmor Parium datiert (FGrHist 239 F 13) und bei Cicero, *De Legibus* 2, 66 (= Demetrios Fr. 135 Wehrli) überliefert:

[…] Sepulcris autem novis finivit modum; nam super terrae tumulum noluit quid <quam> statui, nisi columellam tribus cubitis ne altiorem aut mensam aut labellum, et huic procurationi certum magistratum praefecerat.

Für die Anlagen neuer Grabmäler bestimmte er ein Maß: Über dem Grabhügel durfte nichts errichtet werden als eine Säule, nicht höher als drei Ellen, oder ein Opfertisch oder ein Becken, und zur Aufsicht hierüber hatte er einen besonderen Beamten eingesetzt.
(Übersetzung Engels 1998, 129.)

columella, mensa, labellum

Columellae sind kleine Säulchen, am oberen Ende mit einem Wulst (Torus) abgeschlossen, am unteren Teil, der in der Erde steckte, unbearbeitet. Sie sind 50–80 cm hoch, meist aus hymettischem Marmor, und tragen am oberen Ende eine Namensinschrift, sehr selten noch ein kleines, eingetieftes Relief. *Mensa* ist die Übersetzung des griechischen *trapeza* (eigentlich „Tisch") und bezeichnet eine flach auf dem Grab liegenden Steinplatte oder einen an den Rändern profilierten Steinkasten. Etwas unklar war immer die Bedeutung von *labellum*, da es davon (im Gegensatz zu den ersten beiden Typen) keine archäologischen Zeugnisse gibt; am wahrscheinlichsten ist die Interpretation als Säulchen mit breitem Fuß und Einsatz oben, also eine Art kultisches Wasserbecken. Am beliebtesten waren die *columellae*, von denen über 1000 im hellenistischen Attika gefunden wurden, davon sehr viele im Kerameikos (Knigge 1991, 171 Abb. 43).

Das Grabluxusgesetz des Demetrios von Phaleron liefert einen sicheren *terminus ante quem* für die spätesten attischen Grabstelen und -monumente. Die Herstellung luxuriöser Grabmäler wurde auch nach dem Sturz des Demetrios 307 v. Chr. nicht wieder aufgenommen. Damit hatte eine Gattung ihr Ende gefunden, die am Schluss immer übersteigerter geworden war und deren Auswüchse vielleicht nicht nur Demetrios als anstößig oder ungesund für die Polis empfunden hatte.

4. Datierte Denkmäler (Übersicht mit Beispielen)

Thrasyllos-Monument

Das Thrasyllos-Monument (320/19 v. Chr.)
Ein weiteres monumentales choregisches Denkmal (vgl. o. S. 134 zum Lysikrates-Monument) befindet sich hoch am Südabhang der Athener Akropolis vor der senkrecht abfallenden, großen künstlich angelegten Felswand vor dem Dionysostheater, die im Zusammenhang mit dem lykurgischen Ausbau des Theaters entstand und von den Athenern *katatomé* genannt wurde (s. Philochoros FGrHist 328 F 58; Hypereides bei Harpokration s. v. *katatomé*). Dort ließ Thrasyllos 320/19 v. Chr. das Denkmal für seinen Sieg als Chorege errichten (Travlos 1971, 562 mit der früheren Literatur; Knell 2000, 159 f.). Es handelt sich um eine Fassadenarchitektur direkt vor einer Höhle im Akropolisfelsen, deren Öffnung jetzt durch ein Portal gefasst wurde: Auf einem zweistufigen Podest stehen zwei Antenpfeiler, ein weiterer Pfeiler in der Mitte teilt die Front in zwei Felder, in denen sich je eine

zweiflügelige Tür befand, die nach innen geöffnet werden konnten. Zu dem etwa 6 m hohen, 6,20 m langen und 1,70 m breiten Innenraum schreibt Pausanias I 21, 3, es seien darin Apollon und Artemis dargestellt, wie sie die Kinder der Niobe töteten. Wahrscheinlich handelte es sich dabei eher um ein Wandgemälde als um eine Statuengruppe, die in dem kleinen Raum zu viel Platz beansprucht hätte. Vielleicht war die Darstellung ein Hinweis auf eines der Themen der Aufführung, für die Thrasyllos den Sieges-Dreifuß gewonnen hatte, der auf einem dreistufigen Postament auf dem flachen Dach über den Türen steht. Auf dem Architrav nannte eine Inschrift (IG II² 3056) den Anlass der Weihung, auf dem darüberliegenden Fries sind Kränze dargestellt. Das Denkmal wurde von der Familie des Stifters noch über längere Zeit gepflegt: 271/0 v. Chr. stellte Thrasykles, der Sohn des Stifters, zwei weitere gewonnene Dreifüße neben den seines Vaters (IG II² 3083).

Weitere choregische Dreifüße

Es gibt noch weitere Höhlen in der Felswand, in denen choregische Monumente untergebracht waren, ebenso auch viele Felsbettungen für Dreifußbasen. Es ist leicht zu begreifen, dass dieser Platz begehrt war, konnte man doch die hier aufgestellten Votive von weither sehen. Das Thrasyllos-Denkmal ist aber besonders pompös und erinnert in seiner aufdringlichen Selbstinszenierung an spätklassische Grabmäler. Für das Monument musste im hintersten Rang des Theaters Raum aus dem *Koilon*, dem Zuschauerraum, geschält werden, und die künftig im Dionysostheater gezeigten Aufführungen fanden direkt gegenüber dem Thrasyllosmonument statt.

Das Denkmal wurde um 400 n. Chr. noch einmal restauriert, später in eine kleine Kirche umgewandelt; es ist auf mehreren alten Zeichnungen festgehalten und blieb bis zum Griechischen Unabhängigkeitskrieg vollständig erhalten; die heute sichtbaren Zerstörungen entstanden erst 1827 bei der türkischen Belagerung der Akropolis.

Die Tyche von Antiochia (300 v. Chr.; Abb. 13)

Tyche von Antiochia

Bei der Statue der Tyche von Antiochia des Eutychides ist der glückliche Umstand hervorzuheben, dass wir erstmals eine für den Hellenismus typische künstlerische Neuschöpfung mit Sicherheit datieren können. Das Glück, der Zufall, die „Chance" war keine olympische Gottheit; ihre Entwicklung von der abstrakten Idee zur Göttin, die man darstellen und verehren konnte, vollzog sich vor allem im 4. Jahrhundert v. Chr. Zwar kennen bereits Pindar, Euripides, Sophokles und Thukydides Tyche, doch wohl noch nicht als Personifikation oder gar Göttin; für Thukydides scheint Tyche sowohl das zufällige, unvorhergesehene Ereignis zu sein, für das es keine Vorbereitung gibt, als auch das „Schicksal" von Individuen und Städten. Aber im späten 4. Jahrhundert v. Chr. bringt der Komödiendichter Menander eine Göttin Tyche auf die Bühne (*Aspis* [Schild], Prolog der 2. Szene von Akt I, Vv. 96–148). Ebenfalls aus dem späteren 4. Jahrhundert v. Chr. stammen zahlreiche Inschriften aus Athen, die Opfergaben für die Agathé Tyche (das „gute Glück") aufzählen, was ein klares Zeugnis für deren Kult liefert. Bisweilen empfing Tyche die Opfer zusammen mit anderen, etablierten Göttern; eine Inschrift nennt Tyche zusammen mit Eirene (Friede) und Demokratia, die ebenfalls Opfer erhalten, also auch von Per-

Abb. 13:
Tyche
von Antiochia.

sonifikationen zu Göttinnen geworden sind. Es war ein langdauernder und komplexer Prozess, in dessen Verlauf die Kraft des Zufalls, über die niemand Macht hatte, zu einer Gottheit wurde, die man anrufen und mit den richtigen Gebeten und Gaben milde stimmen konnte; verständlicherweise wurde im Kult ihre gute Seite betont und sie als Agathé Tyche angerufen.

Wahrscheinlich erklären die oben in Abschnitt IX.1 erwähnten enormen kulturellen Umwälzungen und politischen Veränderungen des Hellenismus, dass die Göttin Tyche in dieser Zeit so prominent wurde. Viele Menschen konnten buchstäblich vor ihren Augen Reiche entstehen und vergehen, Zeitgenossen zu Königswürden emporsteigen und erbärmlich in Gefangenschaft enden sehen. Pollitt 1986, 1–4 konstatierte für die Zeit des Hellenismus geradezu eine „Obsession" mit Tyche. Die Göttin hatte auch den für diese Epoche richtigen „kosmopolitischen" Aspekt: Zum einen war sie persönlicher als die entfernten Olympier, zum anderen konnte sie ohne Probleme verschiedenen Religionen und Kulturen angepasst werden: In Ägypten wurden die ptolemäischen Königinnen als Tyche-Isis verehrt, im Nahen Osten wurde sie mit den Muttergottheiten Kybele und Atargatis verschmolzen, in römischer Zeit blieb sie als Fortuna populär.

Die Tyche von Antiochia wird zuerst von Pausanias VI 2, 6–7 erwähnt, der unter den Siegerstatuen in Olympia ein Werk des Eutychides, Schüler des Lysippos, anführt und hinzufügt:

Dieser Eutychides hat auch den Syrern am Orontes ein Kultbild der Tyche gemacht, das bei den Einheimischen in hohen Ehren steht.
(Übersetzung E. Meyer, Zürich/München ²1975.)

Überlieferung bei Johannes Malalas

Eine Beschreibung und gleichzeitig Hinweis für die Datierung liefert der byzantinische Chronist Johannes Malalas (Ioh. Mal. VIII p. 200, 15–201, 3 Dindorf), der um 490 n.Chr. in Antiochia geboren wurde und vielleicht seit Mitte der 30er Jahre des 6. Jahrhunderts n.Chr. in Konstantinopel lebte, wo er die früheste fast vollständig erhaltene byzantinische Weltchronik verfasste und während der Regierung Justins II. (565–578 n.Chr.) starb:

Er (= König Seleukos) ließ durch den Oberpriester und Wundertäter Amphion ein jungfräuliches Mädchen namens Aimathe opfern, zwischen der Stadt und dem Fluss [...] Er stellte eine Bronzestatue einer menschlichen Figur auf, des Mädchens, das geopfert worden war, als Tyche der Stadt, über dem Fluss [sitzend], und brachte ebendieser Tyche sogleich ein Opfer dar.
(Übersetzung Verfasserin.)

Seleukos gründete Antiochia 300 v.Chr. Nicht allzu wörtlich nehmen sollte man die Schilderung des Jungfrauenopfers, da es sich dabei um ein etwas ermüdendes Dauerthema der Chronik handelt; eine solche Aktion wird sämtlichen paganen Herrschern im Zusammenhang mit Städtegründungen und Bauprojekten unterstellt, um die milden, unblutigen christlichen Bräuche (z. B. des Kaisers Konstantin) davon abzuheben. Alles andere scheint aber glaubwürdig, zumal der ältere Plinius (23/4–79 n. Chr.) *Naturalis Historia* XXXIV 51 Eutychides' Blütezeit in die 121. Olympiade setzt (= 296–93 v. Chr.), was zur Schaffung der Tyche anlässlich beziehungsweise kurz nach der Stadtgründung passt.

Die Tyche von Antiochia ist in zahlreichen Kopien erhalten, vor allem in kleinformatigen Bronzen späthellenistischer und römischer Zeit. Die Göttin sitzt mit übereinandergelegten Beinen auf einem Felsen, ganz in ein weites, faltenreiches Gewand eingehüllt, aus dem die linke Hand hervorschaut, die sie auf den Felsen gelegt hat. Der rechte Arm kommt vom Ellbogen an, den sie auf das Knie gestützt hat, aus den Draperien hervor, in der rechten Hand hält sie ein Büschel Palmzweige. Der mit einer Sandale bekleidete rechte Fuss ruht auf der Schulter eines kleineren, jungen Mannes mit langen Haaren, der vom nacktem Oberkörper an mit weit ausgebreiteten Armen aus dem Grund zu kommen scheint: die Personifikation des Flussgottes Orontes. Auf dem Kopf trägt Tyche die Mauerkrone, ein die Form der Mauerzinnen imitierendes Diadem.

Erstaunlich populär wird die Tyche des Eutychides auf kaiserzeitlichen Münzen, was wohl damit zusammenhängt, dass Antiochia seit der Zeit des Augustus ein wichtiges militärisches, politisches und ökonomisches Zentrum für den östlichen Teil des Imperiums war. Seit einer Münz-Emission des Kaisers Trajan (98–117 n. Chr.) kurz vor 115 n. Chr. hält die Göttin meist eine Weizengarbe, gelegentlich einige Früchte oder Blumen in der Hand; das ursprüngliche Attribut des Palmzweiges, der Seleukos' Sieg bei Ipsos kurz vor der Stadtgründung symbolisierte, hatte in dieser Periode der Prosperität und Stabilität an Bedeutung verloren, die Ähren dagegen betonen die Fruchtbarkeit und damit die Rolle der Tyche als Beschützerin von Glück und Wohlstand.

Die Statue des Demosthenes (280 v. Chr.)

Der attische Redner und Politiker Demosthenes (geb. 384/3 v. Chr. in Athen) zählte zu den einflussreichsten Politikern Athens; berühmt war er vor allem durch seine Reden gegen Philipp II. von Makedonien, den Vater Alexanders des Großen. Doch seine außenpolitischen Bemühungen waren ein Misserfolg; nichts konnte den Aufstieg Makedoniens aufhalten. Nach Alexanders Tod unterstützte Demosthenes die athenischen Politker Hypereides und Leosthenes, die Athen an der Spitze eines neuen Hellenenbundes in den Krieg gegen Makedonien führten („Lamischer Krieg"). Nach der Niederlage bei Krannon wurde er in Abwesenheit zum Tode verurteilt und beging 322 v. Chr. im Poseidonheiligtum von Kalauria, wohin er geflüchtet war, Selbstmord, als man ihn dort aufspürte.

42 Jahre nach seinem Tod, 280 v. Chr., stellten die Athener zu seinen Ehren auf Antrag seines Neffen Demochares auf der Agora neben dem Zwölfgötteraltar seine Bildnisstatue auf (Ps.-Plutarch, *Leben der Zehn Redner*, Vit. X Or. 44). Von dieser Bronzestatue, die der attische Bildhauer Polyeuktos geschaffen hatte, sind zwei Repliken römischer Zeit in Marmor erhalten (Rom, Vatikan Braccio Nuovo Nr. 62; Kopenhagen, Ny Carlsberg

Glyphothek Inv. Nr. 2782), dazu über 40 Mamorrepliken des Kopfes: Demosthenes-Büsten gehörten geradezu zur Grundausstattung der Villa eines vornehmen, kultivierten Römers.

Die etwas überlebensgroße (ohne Plinthe 1, 92 m) Demosthenesstatue (Lullies – Hirmer 248) ist ein Meilenstein der Darstellungskunst. Die Figur ist ganz auf Vorderansicht gearbeitet, ohne Schwingungen und Achsenverschiebungen. Der Redner steht betont einfach, streng und ernst da. Er hat die Hände vor dem Körper ineinandergelegt und ist mit Sandalen und einem Mantel aus dickem Stoff bekleidet, der den hageren Körper eng umfasst. Ein dicker Stoffwulst verläuft quer unterhalb der Brust, das Mantelende fällt über die linke Schulter nach vorne. Schultern, Arme und Hände ergeben ein regelmäßiges Sechseck, der Mantel ein hohes Rechteck, das am Oberkörper von vertikalen und horizontalen Faltenmotiven durchschnitten wird.

Der leicht gesenkte bärtige Kopf ist hager und von tiefen Furchen durchzogen. Die zusammengepressten Lippen, die tiefliegenden, beschatteten Augen und die hohe Stirn geben dem abgezehrten Gesicht einen tiefernsten, ja verbitterten Ausdruck und vermitteln eine Vorstellung von der Tragik des gescheiterten Staatsmannes. Die geradezu verkrampfte Körperhaltung zeigt die innere Spannung und Unruhe, die Leidenschaft und Energie des Redners, der aber gleichzeitig auch so gehemmt war, dass er weit weniger Anklang bei der Menge fand als sein selbstsicher und brillant auftretender Gegner Aischines. Ein Blick auf das ein halbes Jahrhundert früher entstandene Bildnis des Sophokles zeigt die große Entfernung zwischen den beiden Darstellungen: Die weltmännische Eleganz des erfolgreichen Dichters dort, die herbe kantige Erscheinung des abgekämpften alten Mannes hier: „Die Zeiten haben sich seit dem 4. Jahrhundert geändert; nicht Schönheit ist jetzt die Losung, sondern Charakter" (Hekler 1962, 37).

„Große Gallier"

Die „Großen Gallier" (um 220 v. Chr.; Abb. 14)
Ein datiertes Siegesmonument eines hellenistischen Herrschers muss hier gesondert behandelt werden, da zwei der berühmtesten Werke der antiken Skulptur dazugehören: der „Sterbende Gallier" (Lullies – Hirmer 256; Rom, Museo Capitolino Inv. 747) und die „Galliergruppe Ludovisi" (Lullies – Hirmer 257; Rom, Museo Nazionale Romano Inv. 8608). Sie waren im 2. Jahrhundert n. Chr. nach Bronzeoriginalen eines vielfigurigen Weihgeschenks im Athenaheiligtum von Pergamon angefertigt worden und wurden anfangs des 17. Jahrhunderts n. Chr. in den *Horti Sallustiani* (heute Monte Pincio) in Rom gefunden. Diese Parkanlage hat ihren Namen nach dem Politiker und Geschichtsschreiber Sallust (86–35 v. Chr.), der sie aus den immensen, zur Zeit seiner Statthalterschaft in Afrika (46 v. Chr.) auf eher zweifelhafte Art zusammengerafften Mitteln erworben hatte; später ging sie in kaiserlichen Besitz über.

„Sterbender Gallier"

Der „Sterbende Gallier" ist, tödlich getroffen, auf seinen nunmehr nutzlos gewordenen Schild gesunken; am Boden, zwischen seinen Beinen, liegt auch das Horn (*cornu*), die furchterregende „Kriegstrompete" der Gallier. Sein linkes Bein ist ausgestreckt, als sei er eben gestürzt, das rechte hingegen stark angewinkelt, vielleicht um eine schmerzfreiere Stellung einzunehmen: In seiner Brust klafft eine blutende Wunde. Seine linke Hand liegt auf dem rechten Bein; er ist vornübergebeugt und stützt sich auf den rechten Arm, dessen Ellbogen aber jeden Augeblick wegzuknicken droht. Der Kopf des Sterbenden ist gesenkt, sein Gesichtsausdruck ist ruhig, aber die in Falten gelegte Stirn und die zusammengezogenen Brauen zeugen von Schmerz und Anstrengung.

Ein anderes Szenario zeigt die „Galliergruppe Ludovisi": Der nur mit einem über seine Schultern gelegten und nach hinten wehenden Mantel bekleidete Gallier steht in einem weiten Ausfallschritt da und hält in seinem linken Arm seine zusammengesunkene, tote Gefährtin, die er mit dem Schwert erstochen hat, das er sich nun in einer ausgreifenden Bewegung in die Senke oberhalb seines Schlüsselbeines stößt, wo bereits Blut austritt. Wie der „Sterbende Gallier" trägt er den Torques, einen auffälligen Halsreif aus Metall mit kugelförmigen Enden und hat einen dichten Oberlippenbart und in kurzen, dicken Büscheln vom Kopf abstehende, mit Kalk gefestigte Haare. Im Gegesatz zu der dynamischen und muskulösen Figur des Kriegers steht die der toten Gefährtin, die ohne den Griff des Mannes an ihrem linken Oberarm vornüberfallen würde. Kopf und rechter Arm hängen nach vorne; das Kleid, unter dem ihre Füße hervorragen, ist von der Schulter gerutscht und lässt die tödliche Wunde unter der rechten Achsel sehen. Diese Darstellung ist einzigartig, doch in der griechisch-römischen Literatur ist mehrfach bezeugt, dass Gallier lieber sich selbst und ihre Angehörigen töten, als die Sklaverei zu erdulden. Obwohl zu dieser Zeit die Gallier beziehungsweise Kelten die Feinde schlechthin sind und entsprechend viele negative Klischees über sie verbreitet werden, wirken die Skulpturen der heroisch Sterbenden durchaus nicht negativ, nicht nur „barbarisch", sondern erregen auch Bewunderung und Mitgefühl. Obwohl der Auftraggeber natürlich ihre Unterlegenheit beziehungsweise seinen Sieg bezeugt haben will, ist keine abschätzige Bewertung intendiert, wie zum Beispiel in den im Hellenismus üblichen Darstellungen von Krüppeln, Betrunkenen oder Angehörigen der Unterschicht mit grotesk übersteigerten Missbildungen oder Alterszügen; die muskulösen, durchtrainierten, kraftvollen Körper entsprechen eher dem griechischen Athletenbild.

Über die ursprüngliche Anordnung der Gruppen in Pergamon herrscht keine Einigkeit in der archäologischen Forschung; die wahrscheinlichste Rekonstruktion ist die Aufreihung, zusammen mit weiteren Figuren, auf einer langen Basis (auf einer Rundbasis wären die Skulpturen zu gedrängt). Drei der acht zugehörigen Inschriftblöcke (vgl. Plinius, *Naturalis Historia* XXXIV 84) erwähnen Siege gegen verschiedene Gallierstämme und die Seleukiden.

Zeitlich lassen sich die Skulpturen genau eingrenzen. Im frühen 3. Jahrhundert v. Chr. waren verschiedene Keltenstämme, die in der griechischen

Abb. 14: Galliergruppe Ludovisi.

Galliergruppe Ludovisi

Datierung

Literatur mit dem Sammelbegriff Galater bezeichnet werden, in den südöstlichen Mittelmeerraum eingedrungen, wo sie 289 v. Chr. fast das Heiligtum von Delphi zerstörten, was sie für die Griechen zum Inbegriff frevelnder, barbarischer Horden machte. Schließlich ließen sie sich als Söldner des Königs Nikomedes I. von Bithynien (280–250 v. Chr.) in Phrygien nieder (in der Gegend des heutigen Ankara). Dennoch stellten sie weiter ein Problem für die hellenistischen Staaten dar, mit denen sie sich zeitweise verbündeten, von denen sie aber auch immer wieder Tribut forderten. Attalos I. von Pergamon (241–197 v. Chr.) verweigerte den Tribut und riskierte den Krieg. An den Quellen des Kaikos, nordöstlich von Pergamon, besiegte er 234/3 v. Chr. den Stamm der Tolistoagier und setzte dann den Kampf gegen die Galater und die mit ihnen verbündeten Seleukiden fort, nach 223 v. Chr. verlor er die hinzugewonnenen Territorien aber wieder. Die originalen Bronzeskulpturen der „Großen Gallier" müssen daher nach dem ersten Triumph am Kaikos 234/3 v. Chr. und jedenfalls nicht lange nach der letzten erfolgreichen Schlacht 223 v. Chr. entstanden sein.

Nike von Samothrake

Die Nike von Samothrake (um 190 v. Chr.; Abb. 15)

Eines der großartigsten Werke des frühen 2. Jahrhunderts v. Chr. ist die Nike von Samothrake (Paris, Louvre Nr. 2369; Lullies – Hirmer 260; Knell 1995). Sie wurde kurz nach 190 v. Chr. von den Rhodiern im Kabiren-Heiligtum von Samothrake aufgestellt als Monument ihres Sieges über die Seleukiden unter Antiochos III. Dieser seleukidische König hatte seit einigen Jahren eine nach Westen gerichtete Expansionspolitik betrieben, in deren Verlauf auch Rhodos in seine Interessensphäre geriet, denn die Insel konnte den Zugang zum Mittelmeerraum öffnen. Sie lag inzwischen aber auch im Interessengebiet der Römer, wie die um diese Zeit von Rom mit Pergamon und Rhodos geschlossenen Bündnisverträge zeigen. Rom veranlasste seine Verbündeten schließlich zum Krieg gegen Antiochos III., wobei die rhodische Flotte 190 v. Chr. bei Side einen entscheidenden Seesieg errang. Ein

Datierung Jahr später wurde den Seleukiden bei dem von Rom diktierten Frieden von Apameia auferlegt, Kleinasien zu räumen und an Rom und seine Verbündeten Tribut zu zahlen.

Das Heiligtum der Kabiren (zwei oder drei ursprünglich phrygische Gottheiten, die wohl als mächtige Helfer zur See verehrt wurden und deren Mysterienkult sich seit dem 4. Jahrhundert v. Chr. von Samothrake aus verbreitet hatte) war eine große Anlage, in der zahlreiche Gebäude von hellenistischen Herrschern gestiftet wurden, zum Beispiel der Torbau von Ptolemaios II. (283–246 v. Chr.) und ein großer Rundbau von der Königin Arsinoe (316–270 v. Chr.), damals Gattin des Lysimachos von Thrakien.

Die Siegesgöttin ist in dem Moment dargestellt, in dem sie auf dem Bug des 2 m hohen Schiffsvorderteils (Prora) landet, das den Sockel des Denkmals bildet. Die Skulptur war aus parischem Marmor, die Prora aber aus rhodischem, offenbar von den Erbauern importierten Stein. Das Gewicht der Nike ruht auf beiden Füßen, die mächtigen gefiederten Flügel sind nach hinten ausgebreitet; die linke Hüfte ist nach außen gedreht, der nach vorne drängende Oberkörper in die entgegengesetzte Richtung; das zurückgesetzte linke Bein bildet eine Schwingung, die sich bis zu dem rechten Flügel fortsetzt. Der verlorene Kopf war nach links gewandt, der rechte

Arm erhoben, der linke gesenkt; wahrscheinlich hielt sie in der rechten Hand eine Siegerbinde aus Metall. Sie trägt einen langen, unter der Brust gegürteten Chiton aus dünnem Stoff, der von dem Wind so eng an den Körper gedrückt wird, dass Brust, Bauch und linkes Bein wie nackt erscheinen. Der Mantel ist heruntergeglitten und bauscht sich zwischen den Beinen in tiefen Falten bis vor den linken Fuß, hinter der linken Hüfte weht er im Wind. Die losgelöst vom Körper flatternden Gewänder steigern die Unruhe der Figur, deren Achsen verschoben sind, und setzen der vordrängenden Bewegung die zurückschwingenden Falten entgegen. Die Hauptansicht der Nike ist schräg von links.

Die Nike auf der Prora stand in einer Brunnenanlage, einer nach Norden offenen, exedra-artigen Nische, die durch eine vom Hügel herabgeführte Leitung mit Frischwasser versorgt wurde.

Abb. 15: Nike von Samothrake.

Denkmal des Aemilius Paullus in Delphi (168/7 v. Chr.)

Der Sieg des römischen Feldherrn Aemilius Paullus über den makedonischen König Perseus in der Schlacht von Pydna am 22. Juni 168 v. Chr. bedeutete den Untergang des Makedonenreiches. Der Fries des diesen Anlass feiernden Siegesdenkmals ist nahezu unversehrt erhalten und lässt sich in die Monate unmittelbar nach der Schlacht datieren. Das Monument stand nordöstlich vor dem Apollontempel in Delphi; bemerkenswert ist, dass Aemilius Paullus dafür ein unfertiges Pfeilerdenkmal des besiegten Perseus usurpierte (Smith 1991, 185 f.; Hintzen-Bohlen 1992, 172–174): Wahrscheinlich war das Ehrenmonument von den delphischen Amphiktyonen anlässlich des Besuches des Perseus in Delphi 174 v. Chr. beschlossen worden, und mindestens der Orthostatensockel aus dunkelblauem Marmor war auch bereits fertiggestellt. Darauf wurde nun ein Pfeilerschaft aus anderem Marmor gesetzt, der die danebenstehenden Pfeilermonumente des Pergameners Eumenes II. und des bithynischen Königs Prusias deutlich überragte und dessen letzte Steinlage mit einem Rosettenfries geschmückt war. Darüber lagen ein in drei Faszien gegliederter Architrav, der Fries und ein Gesims, das eine Plinthe von 1,25 × 2,45 m trug, auf der sich das bronzene Reiterstandbild des Feldherrn befunden hatte; den Einlassspuren nach zu schließen, war er auf einem sich aufbäumenden Pferd dargestellt. Auf der nördlichen Schmalseite des Sockels verkündet die Weihinschrift die Aneignung des ursprünglich makedonischen Denkmals: *L. Aimilius L. F. Inperator de rege Perse Macedonibusque cepet* (ILLRP 323). Das Denkmal des Aemilius Paullus ist das einzige Beispiel in der Gattung der Pfeilerdenkmäler, mit dem sich ein Sieger selbst ein Monument gesetzt hat.

Der 45 cm hohe und 6,5 m lange Fries, der den Pfeiler auf allen vier Seiten schmückt, stellt die Schlacht von Pydna dar; die beiden Armeen sind

Denkmal des Aemilius Paullus

durch ihre Ausrüstung unterschieden: Die Römer sind an ihren charakteristischen, fast rechteckigen Schilden und den enganliegenden Kettenhemden mit Schultergurten zu erkennen; keiner der Römer ist in bedrängter Lage, im Gegensatz zu den Makedonen, von denen zahlreiche bereits tot sind, gerade getötet werden oder mit ausgestreckten Armen um Gnade bitten. Pro Seite ist eine abgeschlossene Szene, also wahrscheinlich eine Episode der Schlacht, dargestellt. Der Beginn ist wahrscheinlich auf der Längsseite, dessen Mitte ein Pferd ohne Reiter, Sattel und Zaumzeug einnimmt, denn sowohl Plutarch wie Plinius berichten, dass der lange aufgeschobene Kampf losbrach, als ein führerloses Pferd der Römer zwischen die beiden Armeen rannte und Abteilungen beider Seiten beim Versuch, es einzufangen, aneinander gerieten. Das Ende des Reliefs ist wahrscheinlich auf einer der Schmalseiten, auf der die römische Kavallerie über die Körper gefallener Makedonen hinwegreitet.

Relief — Das Relief zeigt die gegenseitige Beeinflussung beziehungsweise Abhängigkeit griechischer und römischer Traditionen in späthellenistischer Zeit: Die Kampfhandlung ist im traditionellen Stil griechischer Friese dargestellt, ohne Angabe von Landschaft und Hintergrund; die Figuren sind mit Abstand zueinander angeordnet. Doch Thema, Zweck und Funktion sind römisch (Pollitt 1986, 156–158). Das Thema ist eine historische Schlacht, und damit steht dieses Monument am Beginn der Reihe römischer historischer Reliefs, von griechischen Bildhauern für römische Kunden gemacht.

Großer Altar von Pergamon — Der Große Altar von Pergamon (166–156 v. Chr.)
Das Hauptwerk der Kunst von Pergamon ist der Große Altar (heute in Berlin, Pergamonmuseum; Lullies – Hirmer 263–270; die Fundamente befinden sich noch vor Ort), der im Zusammenhang mit der Neugestaltung des Athenaheiligtums entstand. Aufgrund seiner gewaltigen Dimensionen – er ist etwa viermal so groß wie der Athenatempel – wurde er eine Terrassenstufe unterhalb des Tempels errichtet. Die Bautradition, ein auf einer Plattform erhobener, von einer Mauer umgebener Altar ist ionisch, aber ins Monumentale gesteigert: Die Breite beträgt 36,5 m, die Tiefe 34 m, die Gesamthöhe 10 m und die Freitreppe an der Westseite ist 20 m breit. Der Bau besteht aus einheimischem, grauem Marmor. Über dem Sockelbau folgt der berühmte Fries (s. u.) von 2,30 m Höhe und 120 m Länge, der oben von einem vorspringenden Gesims abgeschlossen wird; darüber erhebt sich auf einem weiteren dreistufigen Sockel eine umlaufende ionische Säulenhalle, an deren Innenwand sich der so genannte Telephos-Fries entlangzieht, die (nie ganz vollendete) Bilderchronik des sagenhaften Gründers von Pergamon (Radt 1988, 203 f.). Eine solche fortlaufende Erzählung – das Schicksal von Telephos' Mutter Auge, die Abenteuer des Telephos mit Achill und den Griechen, die gegen Troja auszogen, bis zur Gründung Pergamons – war eine völlig neue Darstellungsweise. In der Mitte des vom Telephos-Frieses umrahmten Platzes stand der eigentliche Opferaltar.

Gigantomachie — Um zu der Freitreppe im Westen zu gelangen, mussten die Besucher den Bau umschreiten und den großen Fries betrachten; er stellt die Gigantomachie dar, den Kampf der Olympier gegen die der Erde entsprossenen Giganten (sowohl die Götter wie ihre Gegner tragen Namensbeischriften), ein beliebtes Thema der griechischen Kunst, das hier auch symbolisch als

Kampf der pergamenischen Könige gegen die Barbaren, also vor allem die Gallier, verstanden werden konnte. Die Hauptgötter kämpfen auf der Ostseite, die anderen waren den Himmelsrichtungen zugeordnet, die ihrem Wesen entsprachen (Radt 1988, 202): Auf der Südseite kämpft der Sonnengott Helios, dem seine Schwester Eos, die Morgenröte, voranreitet und die Mondgöttin Selene folgt. Auf der Schattenseite im Norden ist die Nachtgöttin Nyx in der Mitte zu sehen, umgeben von der Streitgöttin Eris, den Schicksalsgöttinnen, den Moiren, und ähnlichen dunklen Mächten. Auf der dem Meer zugewandten Westseite sind die Meergötter (Poseidon und Amphitrite, Nereus und Doris, Okeanos und Tethys) dargestellt.

Der Fries ist ein Höhepunkt des barocken Pathos: Die Körper sind von einer ungeheuren Plastizität; sie scheinen, vor Kraft und Muskeln strotzend, den Fries zu sprengen. Sie haben wildbewegte Haarmassen und stehen fast frei vor dem Reliefgrund; die Gewänder bauschen sich in tief eingeschnittenen, bewegten Falten.

Erstaunlicherweise war die Datierung dieses Meisterwerks lange Zeit umstritten, ebenso unklar waren Anlass und Auftraggeber. Meistens wurde der Altar als Stiftung von Eumenes II. (197–159 v. Chr.) angesehen, der zusammen mit seinem Bruder Attalos II. regierte. Dafür spricht auch eine sehr fragmentierte Inschrift des Architravs, von der noch das Wort *Basiliss(a)* (Königin) zu lesen ist, was sich nur auf die Königinmutter Apollonis (die Gattin Attalos I.) beziehen kann, als deren Söhne sich Eumenes II. und Attalos II. regelmäßig bezeichneten. Smith 1991, 158 sprach sich für eine Datierung nach dem Frieden von Apameia 189 v. Chr. aus, doch neuere Forschungen haben gezeigt, dass man den Bau mit an Sicherheit grenzender Wahrscheinlichkeit in das Jahrzehnt von 166–156 v. Chr. datieren kann (Kunze 1990): Nach dem Dritten Makedonischen Krieg geriet Pergamon in eine kritische Lage, da Rom, das eine pergamenische Hegemonie im Osten befürchtete, Eumenes II. des Verrats bezichtigte und die Kelten gegen das Attalidenreich aufwiegelte. Der um Unterstützung bittende König wurde 167 v. Chr. in Brundisium des Landes verwiesen. Dennoch blieb Pergamon im Krieg gegen die Gallier 168–165 v. Chr. Sieger – ein Sieg, der bedeutender war als alle vorangehenden, zumal nun auch griechische Städte, die Pergamon bisher als Verbündetem Roms misstraut hatten, Eumenes II. nun in zahlreichen Inschriften als Retter der Griechenstädte feiern. Dieser Anlass war bedeutend genug für ein solches Monument. Ein weiteres Indiz ist der Komplex hellenistischer Keramik, der im Fundament des Altars gefunden wurde (Schmidt 1990): Es handelt sich um 165 Vasenfragmente, darunter zahlreiche Stücke von Reliefkeramik mit Netzmuster, die im Westen Kleinasiens hergestellt und über den Umschlagplatz Delos vertrieben wurde, wo sie ab 166 v. Chr. auftritt. Da nicht genau belegt werden kann, wann diese Ornamente zum ersten Mal auftreten, ist dies zwar kein Beweis, aber ein starkes Argument für einen *terminus post quem*. Vor allem aber würde eine Spätdatierung plausibler machen, warum der Altar nie ganz vollendet wurde. Attalos II. (159–138 v. Chr.), dem es gelang, das enge Bündnis mit Rom wiederherzustellen, musste 156–153 v. Chr. Krieg mit Bithynien führen; 156 v. Chr. besetzte und zerstörte Prusias von Bithynien Teile des Stadtgebietes von Pergamon. Danach beanspruchte der Wiederaufbau der Tempel und Häuser im unteren Stadtgebiet alle Kräfte.

Datierung

Unterschiede zwischen den beiden Friesen

Die stilistischen Unterschiede zwischen dem Gigantomachie- und dem Telephos-Fries sind also nicht chronologisch bedingt (anders aber Himmelmann, 1996, 11). Die Gigantomachie, die auf einen Krieg bezogen werden konnte, der von den Zeitgenossen unmittelbar erlebt wurde, ist im hellenistischen Barock wie ein zeitgenössisches Schlachtengemälde dargestellt. Dem Telephos-Fries, der Ereignisse der fernen Frühzeit darstellt, war der „moderne" klassizistische Stil angemessener.

Statuen des Dioskurides und der Kleopatra

Statuen des Dioskurides und der Kleopatra von Delos
(138/7 v. Chr.; Abb. 16)

166 v. Chr. erklärten die Römer die Insel Delos zum Freihafen, was die Insel schnell zu einem blühenden Wirtschaftszentrum machte. Der rege Handelsverkehr war wohl auch ein Grund, warum Delos als Aufstellungsort von Monumenten und Stiftungen hellenistischer Herrscher so beliebt war – mehr internationales Publikum war kaum zu haben. Unter den zahlreichen Kaufleuten, die sich dort niederließen, um mit dem östlichen Mittelmeer Handel zu treiben, befanden sich auch viele Römer und Italiker; das größte Gebäude der Insel ist die „Agora der Italiker", die um 130/20 v. Chr. gebaut wurde.

Im Hof des „Hauses der Kleopatra", dem bedeutendsten Wohnbau im so genannten Theaterviertel, wurden 1906 zwei Gewandstatuen ohne Kopf gefunden, die auf einer gemeinsamen Basis gestanden hatten (erhaltene Höhe ohne Basis 1,52 m; Delos, Museum; Lullies – Hirmer 279). Die Häuser der Wohlhabenden in Delos verfügten meist über mindestens einen von Säulen umstandenen geräumigen Innenhof, in dem sich die Statuen der Besitzer befanden. Laut Inschrift auf dieser Basis (IDélos 1987) handelt es sich um die Standbilder der Kleopatra, Tochter des Adrastos, und ihres Gatten Dioskurides, Sohn des Theodoros, beide aus dem attischen Demos Myrrhinutta, und ließ Kleopatra die Statuen aufstellen zum Gedenken an die Weihung zweier silberner Dreifüße in das delphische Apollon-Heiligtum unter dem Archontat des Timarchos in Athen, was die Statuen auf das Jahr 138/7 v. Chr. datiert. Beide Statuen waren durch ihre Körperhaltung und durch die noch erkennbare Wendung der verlorenen Köpfe aufeinander bezogen. Dioskurides ist, ähnlich wie der oben auf Seite 136 besprochene Sophokles, ganz in einen Mantel gehüllt; während der linke Arm herabhängt, lagert der angewinkelte rechte auf Brusthöhe in einem Bausch. Sein Gewicht ruht auf dem linken Bein, von dem rechten, locker angewinkelten, zieht sich der Stoff in großen Diagonalfalten bis zur linken Schulter. Kleopatra ist mit langem Chiton und Mantel bekleidet. Ihr Gewicht ruht auf dem rechten Bein, das linke ist so weit zur Seite gesetzt, dass sich die rechte Hüfte herauswölbt. Der rechte Unterarm überquert den Körper, die Hand hält ein Ende des Mantels, auf dem rechten Handgelenk ruhte der Ellbogen des linken Armes, der zum Kopf geführt war. Der dünne Mantel umspannt den Körper so eng, dass die senkrechten Falten des Chitons darunter sichtbar bleiben, der unterhalb der Knie in dichten, reichen tiefen Falten unter dem Mantelsaum hervorkommt. Sie ist im Typus der *Pudicitia* (Göttin der Sittsamkeit oder Keuschheit) dargestellt, einem im Frühhellenismus geschaffenen Typus der weiblichen Gewandstatue, der für weibliche Ehren- und Grabstatuen beliebt wurde.

Abb. 16:
Statuen
des Dioskurides
und der Kleopatra
von Delos.

Ebenfalls auf das Jahr genau datiert werden kann eine kolossale Marmorstatue der ägyptischen Göttin Isis auf Delos (127 v. Chr.), da sie laut Inschrift auf der Basis (IDélos 2044) vom athenischen Volk unter der Priesterschaft des Euthymachos, Sohn des Ergochares, geweiht wurde, und der Katalog der Priester ägyptischer Gottheiten auf Delos erhalten ist. Oberkörper, Kopf und Arme sind verloren, der erhaltene Rest lässt eine matronale Figur in Chiton und einem dicken, faltenreichen Himation erkennen, das in einem Wulst quer über den Bauch geführt ist. Die Darstellung scheint kaum ägyptische Züge gehabt zu haben, außer dass sich vielleicht aus den erhaltenen Gewandteilen schließen lässt, dass der Stoff über der Brust in einem so genannten Isisknoten, der für die Kleidung der Göttin und ihre Priesterinnen charakteristisch ist, zusammengefasst war. Teile ihres goldenen Diadems wurden ebenfalls gefunden.

Isis von Delos

88 v. Chr. wurde Delos durch die Seestreitkräfte Mithridates' VI. bis auf die Grundmauern zerstört, wobei angeblich über 20000 Menschen umkamen und zahlreiche Frauen und Kinder in die Sklaverei verschleppt wur-

Zerstörung
von Delos

den (Pausanias III 23, 3–5). Nach teilweisem Wiederaufbau verwüsteten 69 v. Chr. mit Mithridates verbündete Piraten die Insel erneut, wovon sie sich nicht mehr erholte, zumal sie auch durch die Veränderung der politischen Verhältnisse im Mittelmeer ihre Bedeutung als Handelsplatz verloren hatte. Sie wurde schließlich von den restlichen Bewohnern verlassen.

Ehrenstatuen der Frauen aus der Familie des Lucius Valerius Flaccus

Ehrenstatuen der Frauen aus der Familie des Lucius Valerius Flaccus (62 v. Chr.)

Im Winter 1890/91 wurden im so genannten Athena-Heiligtum, einem großen Gebäude an der Westseite der Agora, in Magnesia am Mäander drei weibliche Statuen aus Marmor mit den dazugehörenden Basen gefunden (Pinkwart 1973). Aus den jeweiligen Inschriften auf den Basen ergibt sich, dass es sich um Mutter, Frau und Tochter des Lucius Valerius Flaccus, Sohn des Lucius, handelt.

Baebia, die Mutter (Istanbul, Archäolog. Museum, Inv. 605; Höhe mit Plinthe 2,30 m), ist als kräftige Matrone mit breiten Schultern dargestellt. Sie trägt einen faltenreichen Chiton und ein dünnes Himation, das über den Kopf gelegt ist, darüber. Das Mantelende hängt von der linken Schulter über den Rücken. Sie ist im gleichen Pudicitia-Typus dargestellt wie Kleopatra von Delos: Der rechte Arm liegt quer über dem Leib, der linke, mit dessen Ellbogen sie sich auf die rechte Hand stützt, ist zum Kinn geführt. Die Faltenflut des Mantels an der linken Körperseite überdeckt die Funktion von Stand- und Spielbein; das Untergewand, das in einer Masse senkrechter Falten unter dem Mantel hervorkommt, stützt den Aufbau der Figur, durch die sich ein leichter S-Schwung zieht. Das Haar ist in der Mitte gescheitelt und in Wellen nach hinten geführt. Saufeia, die Gemahlin (Istanbul, Archäolog. Museum, Inv. 606; Höhe mit Plinthe 2,125 m), eine Frau mittleren Alters, gleicht in Haltung und Tracht ihrer Schwiegermutter, aber Stand- und Spielbein und der über den Leib gelegte und der erhobene Arm sind vertauscht. Die Tochter Polla Valeria (Izmir, Archäolog. Museum, Inv. 579; Höhe mit Plinthe 1,23 m) ist ein junges, schmales Mädchen, das einen über der Schulter geknöpften Chiton und einen Mantel trägt, der quer über den Leib gezogen und über die linke Schulter gelegt ist. Das linke obere Mantelende ist mit dem linken Arm fest an den Körper geklemmt; mit der unter dem Stoff verborgenen rechten rafft das Kind seinen Mantel. Auch hier verschwinden die Körperformen unter der Gewandfülle; die Beine sind weit aus dem Bereich des Schwerpunkts der Figur gerückt, der stattdessen durch die starren Faltentäler des Chitons gebildet wird. Alle drei Figuren zeigen den gleichen konischen, von den Gewandfalten gestützten Aufbau, voluminösen Rumpf und transparenten Mantelstoff, der auf ein Vorbild aus dem späten Hellenismus (160/50 v. Chr.) hinweist.

In den Inschriften wird Lucius Valerius Flaccus als *anthypatos* bezeichnet, was die gegen Ende des 2. Jahrhunderts v. Chr. aufkommende Bezeichnung für *stratêgos anthypatos [Rômaiôn]* ist, also Statthalter einer Provinz. Die Liste der Statthalter der Provinz Asia ist fast lückenlos rekonstruierbar: Es gab zwei mit dem Namen Lucius Valerius Flaccus, Vater und Sohn, wobei es sich nicht um den älteren handeln kann, da dessen Vater Gaius hieß und er zudem sein Amt gar nicht erst antreten konnte, da er 86 v. Chr. in Nikomedia ermordet wurde, noch ehe er einen Fuß in seine Provinz gesetzt hatte. Sein Sohn, der mit den Statuen seiner Familie geehrt wurde, war 62 v. Chr. Statthalter, was eine genaue Datierung für die Gruppe liefert. Lucius Valerius Flaccus wurde um 103 v. Chr. geboren, war 63 v. Chr. Praetor und unterstützte Cicero bei dessen Vorgehen gegen die catilinarischen Verschwörer. Nach seiner Rückkehr wurde er 59 v. Chr. wegen unrechtmäßiger Bereicherung auf Kosten der Provinzialen angeklagt, aber Cicero erwirkte (mit seiner Rede *Pro Flacco*) einen Freispruch; er starb bald nach 54 v. Chr. Auffallend ist, dass nur die Frauen seiner Familie dargestellt sind, was vielleicht mit der Aufstellung der Gruppe gegenüber dem Artemis-Heiligtum zu tun hat; aber natürlich galt die Ehrung auch dem Statthalter selbst.

X. Römische Zeit

1. Einleitung

Epochengrenzen

Wann beginnt die römische Kunst? Wie schon oben auf S. 44 erwähnt, sind Epochengrenzen künstlich, so auch diejenige, die den Hellenismus mit der Schlacht von Actium 31 v. Chr. enden lässt. Natürlich gibt es Rom schon Jahrhunderte vor diesem Datum. Wann genau der Übergang von späthellenistischer zu römischer Zeit anzusetzten ist, oder wie man das Phänomen der griechischen Künstler, die in Rom oder für römische Auftraggeber arbeiteten, einordnet, ist immer noch Gegenstand der Diskussion (s. auch oben S. 41). Wenn im Folgenden vor allem auf kaiserzeitliche Monumente eingegangen wird, dann deshalb, weil diese am sichersten mit bestimmten Personen oder Ereignissen in Verbindung gebracht werden können. Der Aussagewert von Inschriften und die Möglichkeiten der Verbindung von Monumenten mit literarischen Angaben wurden bereits im Italien des 14. Jahrhunderts erkannt, wo teilweise schon treffende Vorschläge für Datierungen gemacht wurden; aber dies blieben doch isolierte Unternehmungen, die die archäologische Hinterlassenschaft des römischen Imperiums noch nicht in eine übergreifende zeitliche Abfolge bringen konnten. Der Rahmen für die Chronologie der römischen Epoche wurde erst seit 150 Jahren durch das CIL (*Corpus Inscriptionum Latinarum*, begründet 1853) und die großräumige Ausgrabung von datierten Stätten geschaffen.

2. Fest datierte Denkmäler (Übersicht mit Beispielen)

a) Kaisermünzen und -porträts

Republikanische Münzen

Bis zum Beginn des 3. Jahrhunderts v. Chr. diente in der Römischen Republik noch immer das *aes signatum*, gegosssene, bis zu 3 Pfund schwere Kupferbarren als Geld, danach das *aes grave* („Schwergeld"), bereits die griechische Rundform zeigende, aber immer noch gegossene und 373 g schwere Münzen. Sie zeigten auf der Vorderseite Götterköpfe, auf der Rückseite ein Schiffsvorderteil (*Prora*), aber ihr Gewicht machte eine weiträumige und intensive Zirkulation unmöglich. Wahrscheinlich seit den Pyrrhos-Kriegen wurden in Rom selbst Didrachmen geprägt, deren Münzbilder und -legenden zunächst noch durch griechische Vorbilder bestimmt waren, dann aber immer mehr Hinweise auf Taten der Vorfahren und Traditionen wichtiger aristokratischer Familien enthielten. Dies hängt damit zusammen, dass Angehörige senatorischer Familien als erste Station der Ämterlaufbahn unter anderem das Amt eines *triumvir monetalis* bekleiden konnten, das heißt eines Mitglieds des für die Münzprägung verantwortlichen Dreimännerkollegiums. Obwohl seit der Mitte des 2. Jahrhunderts v. Chr. die römische Münze zur Weltwährung geworden war, was mit der römischen Expansions- und Eroberungspolitik einherging, die wiederum riesige Mengen von Edelmetall nach Rom brachte, lassen sich republikanische Münzen nur schwer datieren. Aufgrund der politischen Organisation der Münzprägung erschien nach jedem Neujahr eine neue Emission mit neuen Bildprogrammen unter neuen Aufsichtsbeamten. Einzelne Prägungen, die mit einem bestimmten Prätor oder Quästor in Verbindung gebracht werden können, lassen sich auch in republikanischer Zeit datieren, ebenso natürlich Münzen, die zu einem bestimmten Anlass, wie zum Beispiel der Gründung der Kolonie Narbo in Südfrankreich 118 v. Chr. geprägt wurden. Absolute Datenreihen für römische Münzen gibt es erst seit dem späten 1. Jahrhundert v. Chr. Gaius Iulius Caesar war die erste Person, dessen Porträt noch zu Lebzeiten auf Münzen erschien, und dazu bedurfte es eines Senatsbeschlusses.

Unter Kaiser Augustus (27 v.–14 n. Chr.) wurde das Geldwesen neu geordnet und ein zentralisiertes, den Anforderungen von Handel und Verkehr angepasstes Münzwesen geschaffen. Die straff organisierte kaiserliche Münzstätte unterstand der kaiserlichen Finanzverwaltung unter Leitung eines *procurator monetae*. Prägerecht war nun kaiserliches Privileg, auch wenn weiterhin auf fast alle Messing- und Kupfermünzen die Buchstaben SC (*Senatus Consulto* = auf Beschluss des Senats) gesetzt wurden. Auf der Vorderseite erscheint das Porträt des Herrschers mit ausführlicher Legende, die sich seit dem 2. Jahrhundert n. Chr. oft bis auf die Rückseite zieht, da die offiziellen kaiserlichen Titulaturen immer länger werden, was auch Zeugnis von der Entwicklung und dem Ausbau des Prinzipats gibt. *Imperator*, *Caesar* und *Augustus* sind feste Namensbestandteile, dazu kommen Namen von den Ländern siegreicher Schlachten (*Germanicus*, *Dacicus*, *Parthicus*), was schon Anhaltspunkte für die Datierung geben kann; noch wichtiger ist aber, dass die Anzahl der wiederholten Ämter (Konsulat, tribunizische Gewalt) und die Anzahl der Akklamationen zum Imperator angegeben wird, was die Emissionen auf das Jahr genau datierbar macht.

Kaiserliche Münzprägung

Münzen sind die einzige datierte ununterbrochene Sequenz römischer Kunst, die es gibt. Sie bilden den Ausgangspunkt für Forschungen zum römischen Porträt: Nur auf Münzen ist der Kaiser immer benannt, und nahezu alle römischen Kaiserporträts wurden ursprünglich durch den Vergleich mit dem Münzporträt zugewiesen. Mithilfe der Münzen kann das Urbild, das den zahlreichen Repliken zugrundeliegt, identifiziert und historisch eingeordnet werden. Bei den bisweilen sehr kurz regierenden Soldatenkaisern sind die von ihnen geprägten Münzen oft die einzigen überhaupt erhaltenen Darstellungen.

Münzporträts

Porträts römischer Kaiser (s. Neudecker 2001) zeigen bestimmte Merkmale, die auch Chiffren für politische Aussagen sein können. Augustus schuf zum Beispiel mit der markanten Gabel-Zangen-Einteilung des Stirnhaares eine charakteristische Frisur, die auch die übrigen männlichen Mitglieder seiner Familie zeigen und die später von Trajan wieder aufgenommen wird. Bisweilen gibt es leichte Änderungen im Erscheinungsbild des Kaisers, manchmal wird zu einem bestimmten Anlass ein neuer Typus kreiert, der durch Münzvergleich datiert werden kann. In der römischen Kaiserzeit wird das zeitgenössische Porträt zum Massenphänomen. Dabei setzten die Haar- und Barttrachten der Mitglieder des Kaiserhauses „Modetrends". Doch nicht nur die sich verändernden Frisuren der Männer und komplizierten Haartrachten der Frauen oder der Bart beziehungsweise die Rasur der Männer, sondern sogar physiognomische Merkmale werden

Kaiserporträts

übernommen. Man spricht dabei vom „Zeitgesicht", das die recht genaue Datierung auch privater Porträts, wie sie zum Beispiel auch auf Sarkophagreliefs erscheinen, ermöglicht.

Datierung der Mühlen von Barbégal

Ein Beispiel für die weit reichenden Konsequenzen, die Münzfunde haben können, sind die Mühlen von Barbégal (Leveau 1996), ein sehr gut erhaltener, 61 × 20 m großer, von einer Mauer umgebener Gebäudekomplex 7 km westlich von Arles. Er besteht aus zwei symmetrischen, durch eine breite Treppe getrennten Teilen, in denen sich nach unten abgestufte Räume mit je 16 Mühlrädern befanden, die durch das Wasser eines von oben herangeführten Aquaedukts gespeist wurden. Von der in den 1940ern entdeckten Mühle wurde bislang angenommen, sie sei gegen Ende des 3. Jahrhunderts n. Chr. gebaut worden und bis in das späte 4. Jahrhundert n. Chr. in Betrieb gewesen; sie spielte daher eine zentrale Rolle bei der Debatte über die industrielle Nutzung von Wasserkraft im Zusammenhang mit dem technologischen Wandel beim Übergang von der Antike zum Frühmittelalter. Man brachte den Bau der Mühle mit der Errichtung einer kaiserlichen Residenz in Arles in der Spätantike in Verbindung und nahm daher an, sie sei in kaiserlichem Besitz gewesen; das importierte Getreide sei in Arles gelagert, in Barbégal verarbeitet und an die dort stationierten Soldaten verteilt worden. Bei neuen Grabungen ergab aber der Fund eines (nicht abgenutzten, also nicht lange in Umlauf gewesenen) Denarius des Trajan einen *terminus post quem* von 103–11 n. Chr. für die Reorganisation der Wasserzufuhr und den Bau der hydraulischen Anlagen. Zahlreiche Münzen und Keramikfragmente aus dem Abflusskanal am unteren Ende der Mühle zeigen, dass der Höhepunkt der Aktivität im 2. Jahrhundert n. Chr. lag, was dem Höhepunkt der Bauaktivitäten in Arles entspricht, das offensichtlich von Produkten versorgt wurde, die im Umland angebaut und in der Mühle verarbeitet wurden. Eine Abfallgrube enthält Keramik, die nicht später als das späte 2. Jahrhundert n. Chr. datiert werden kann. Dagegen gibt es auf dem Gelände der Mühle vier Bestattungen mit Material aus dem 3./4. Jahrhundert n. Chr., die nicht erfolgt sein konnten, als sie im Betrieb war. Damit ist jede Beziehung zwischen dem Bau der Mühle von Barbégal und der Kaiserresidenz in Arles widerlegt; wie die Arbeit von Leveau 1996 zeigt, müssen damit zahlreiche Annahmen über die wirtschaftliche Organisation von Stadt und Umland revidiert werden.

Lokalisierung der Varusschlacht

Aufgrund von Münzfunden ließ sich auch das richtige Gebiet der Varusschlacht bestimmen, das bereits Theodor Mommsen 1885 wegen der Massierung spätaugusteischer Münzen in der Umgebung von Kalkriese (Landkreis Osnabrück) vermutete. Die seit 1987 gemachten sensationellen Funde von 4000 Militaria und über 1200 Münzen (von denen keine nach 9 n. Chr. geprägt wurde), darunter auch Kupfer-Assen mit Gegenstempeln des Varus, bestätigten eindrucksvoll die Lokalisierung der Katastrophe von 9 n. Chr., bei der drei römische Legionen in die Falle des Arminius gingen und vollständig aufgerieben wurden.

Problematik der Datierung nach Münzen

Der Gebrauch von Münzen für die Datierung anderer Funde birgt jedoch auch Gefahren (s. auch oben S. 119), die zur Vorsicht mahnen (Collis 1974): Wie auch alle anderen Kunstwerke, so repräsentieren auch die erhaltenen Münzen nur den geringsten Prozentsatz der produzierten. Der Auswahlprozess wurde von verschiedenen Umständen beeinflusst: Bereits die Münzproduktion variierte in verschiedenen Epochen sowohl in der Quantität wie in der Qualität. Die kaiserliche Politik konnte den Münzverkehr beeinflussen, zum Beispiel die Verschiebung großer Truppenteile, die ja bezahlt werden mussten; in der späteren Antike blockierten bürgerkriegsähnliche Zustände, Reichsteilungen oder die zeitweise Abspaltung von Sonderreichen den Münzfluss. Ein Militärlager oder ein Markt (wo Kleingeld gefragt ist) beeinflusst Art und Dauer der Münzen, die im Umland zirkulieren. Gold und Silber werden gerne gehortet. Die Münzfunde eines größeren Raumes ergeben im Allgemeinen ein Bild dessen, was im Umlauf war, so dass sich in den großen und kleineren Städten des Mittelmeerraums ein ähnliches Bild ergibt; auf den Landgütern, in den Villen des römischen Reiches dagegen findet man nur wenige Münzen, aber auffallend oft ältere Emissionen. Vor allem kann noch immer nicht genau gesagt werden, wie lange bestimmte Münzsorten im Durchschnitt zirkulierten, bevor sie an ihren Fundort gelangten. Daher bilden Münzfunde im gut stratifizierten Kontext im Wesentlichen einen *terminus post quem*.

b) (Kaiserliche) Bautätigkeit

Von sehr vielen erhaltenen Bauten des römischen Imperiums kennen wir das Datum des Baubeginns oder der Einweihung. Vor allem seit der Kaiserzeit sind (meist durch Bauinschriften) auch die Stifter bekannt. Vor dem 3. Viertel des 1. Jahrhunderts v. Chr. wurden in Rom fast keine öffentlichen Bauten aus privaten Mitteln gebaut oder restauriert; eine Ausnahme bildeten die Stiftungen der Triumphatoren, die öffentliche Gebäude, in der Regel Tempel, aus den Geldern errichten ließen, die ihre Kriegsbeute beim Verkauf eingetragen hatte. Die Censoren, denen der Bau und Unterhalt öffentlicher Bauten oblag, hatten riesige Geldmittel zur Verfügung, seit dem späteren 1. Jahrhundert v. Chr. gab es aber auch immer mehr Schenkungen von Ädilen, deren weitere Karriere zunehmend von den während der Dauer ihres (recht niedrigen) Amtes realisierten Bauprojekten abhing. Außerdem hatten Pompejus und Julius Caesar durch ihre Siege im Osten beziehungsweise in Gallien enorme Mittel erhalten, die sie in öffentliche Bauten (Theater bzw. Tempel) steckten, um ihr Ansehen zu erhöhen. Bereits Caesar hatte den Plan einer völligen Neugestaltung des Zentrums von Rom; von ihm begonnene Bauten, wie zum Beispiel die Basilica Iulia und die Basilica Aemilia auf dem Forum, wurden von Augustus vollendet, der auch die von Caesar geplanten Bauprojekte aufnahm.

_{Finanzierung von Bauten}

Im Laufe einer fast 40-jährigen Bau- und Denkmalpolitik hat Kaiser Augustus Rom fast völlig umgestaltet (Sueton, *Augustus* 28). Dabei wurden keine neuen Bauformen entwickelt; Fora, Tempel und Basiliken (Hallenbauten für Gerichtsverhandlungen und Versammlungen) waren in römischer Tradition gut etablierte Bautypen. Neu waren die Prachtentfaltung, die Marmorfassaden und -verkleidungen und die aufwendige Ausgestaltung der griechischen architektonischen Ordnung an der Außenseite der Gebäude. Die Stadt Rom hatte den Herrschaftsanspruch des Imperiums zu repräsentieren (Vitruv, *De Architectura* I pr. 2). Alle späteren Kaiser folgten dem von Augustus gesetzten Vorbild. Die *liberalitas principis* blieb wäh-

Baupolitik des Augustus

rend der ganzen römischen Kaiserzeit eine wesentliche Herrschertugend, zu der neben dem Stiften öffentlicher Bauten für das Imperium auch der Wiederaufbau katastrophengeschädigter Städte gehörte (zur Bautätigkeit der Kaiser im Spiegel der Literatur Scheithauer 2000, zu Augustus ibid. 27–75).

Die im Folgenden aufgeführten Bauten stellen nur exemplarisch einen kleinen Ausschnitt dar und sind vielleicht etwas zu einseitig auf Rom beschränkt. Natürlich stifteten die Kaiser auch in den Provinzen, wie auch andere hochrangige und finanzkräftige Magistrate. Bauinschriften nennen den Stifter; wenn der Kaiser nur als Restaurator älterer Gebäude auftrat, wird dies (zumindest in Rom und Italien) in der Inschrift mit Hinweis auf den Ersterbauer vermerkt (Zusammenstellung der Bauinschriften im westlichen Imperium von 27 v. Chr.–284 n. Chr. bei Horster 2001, hier 31–38). In Nemausus (heute Nîmes in Südfrankreich) ließ Augustus 16 v. Chr. die Stadtmauer (CIL XII 3151) und die „Maison Carrée" errichten; auf dem Architrav des Tempels wurde nach dem frühen Tod von Augustus' Adoptivsöhnen Lucius und Gaius Caesar (2 n. Chr. bzw. 4 n. Chr.) eine Weihinschrift für die beiden Prinzen (CIL XII 3156) angebracht. Augustus' wichtigster Helfer Agrippa kümmerte sich nicht nur um zahlreiche Nutzbauten (Wasserleitungen, Abzugskanäle, Getreidespeicher) in Rom selbst, sondern errichtete um das Jahr 15 v. Chr. auf der Athener Agora ein Odeion (Travlos 1971, 365–377). In Britannien wurde 122–138 n. Chr. die nach dem Erbauer benannte Grenzbefestigung, der Hadrianswall, errichtet (Scriptores Historiae Augustae, *Hadrianus* 11,2); Kaiser Gallienus (reg. 260–268 n. Chr.) ließ 265 n. Chr. angesichts drohender Barbareneinfälle in Verona eine Stadtmauer erbauen (CIL V 3329), um nur ganz wenige Beispiele zu erwähnen.

Von den unten erwähnten Bauten ist das Datum des Baubeginns oder der Einweihung bekannt; sehr viele römische Monumente hatten lange Bauzeiten und wurden mehrfach restauriert und umgebaut, so dass die heute noch sichtbaren Überreste nicht unbedingt mehr viel mit dem ursprünglichen Stifter zu tun haben: Ein bekanntes Beispiel ist das Pantheon in Rom, das auf der heute noch sichtbaren Inschrift auf der Fassade als Erbauer Agrippa zur Zeit seines dritten Konsulats nennt und damit in das Jahr 27 v. Chr. datiert ist. Dieses Gebäude, dessen Reste 2,5 m unter dem heute sichtbaren Tempel liegen, wurde 80 n. Chr. von einer ersten, unter Trajan von einer zweiten Brandkatastrophe heimgesucht und schließlich von Hadrian von Grund auf neu gebaut (Scriptores Historiae Augustae, *Hadrianus* 19,10); die gestempelten Ziegel der Fundamente stammen aus dem Jahr 126 n. Chr. Eine alphabetische Zusammenstellung aller Bauten in Rom mit sämtlichen epigraphischen und literarischen Quellen bietet Richardson 1992.

Öffentliche Bauten

46 v. Chr. Tempel der Venus Genetrix auf dem Forum Iulium
42 v. Chr. Tempel des vergöttlichten Julius Caesar auf dem Forum Romanum
13–9 v. Chr. Ara Pacis Augustae
10 n. Chr. Einweihung des Concordia-Tempels

38–52 n.Chr. Aquaedukte Anio Novus und Aqua Claudia
60–62 n.Chr. Thermen und Gymnasium des Nero
70–80 n.Chr. Amphitheatrum Flavium („Colosseum")
121–135 n.Chr. Tempel für Venus und Roma
145 n.Chr. Tempel für den vergöttlichten Hadrian
298–305/6 n.Chr. Diocletiansthermen

46 v.Chr. weihte Julius Caesar den Tempel der Venus Genetrix auf dem Forum Iulium in Rom ein (Cassius Dio XLIII 22, 2–3; Richardson 1992, 166) und erfüllte damit ein Gelübde, das er in der Schlacht von Pharsalos getan hatte; die Kultstatue der Göttin, auf die sich die *Gens Iulia*, das Geschlecht Caears und damit auch seines Adoptivsohnes Augustus zurückführte, wurde von dem mit großem Erfolg in Rom tätigen griechischen Bildhauer Arkesilaos geschaffen (Plinius, *Naturalis Historia* XXXV 156).

Tempel der Venus Genetrix

42 v.Chr. begannen die Triumvirn am Ort der Kremation des ermordeten Diktators den Tempel des vergöttlichten Julius Caesar auf dem Forum Romanum (Cassius Dio XLVII 18, 4; Richardson 1992, 213 f.); vollendet und geweiht wurde er am 18. 8. 29 v.Chr. von Octavian (Cassius Dio LI 22, 2; *Res Gestae divi Augusti* 19). Von dem prostylen Tempel mit sechs Säulen an der Front auf einem hohen Podium, der von Arkaden (der *Porticus Iulia*) umgeben und über Rampen zugänglich war, sind die Fundamente erhalten. Vor dem Tempel diente eine Plattform, die mit den bei Actium erbeuteten Schiffsschnäbeln dekoriert war, als Rednertribüne, von der aus Tiberius die Grabrede auf Augustus hielt (Sueton, *Augustus* 100, 3) und die auch von späteren Kaisern gerne für Ansprachen benutzt wurde. Kaiser Hadrian (reg. 117–138 n.Chr.) führte Reparaturen durch, aber ohne etwas an der Architektur zu verändern.

Tempel des Julius Caesar

Am 4. 7. 13 v.Chr. beschloss der Senat in Rom zum Dank für Augustus' siegreiche Rückkehr von Spanien und Gallien ein Heiligtum und einen Altar der Friedensgöttin zu erbauen. Das kleine, ungefähr 11,6 × 12, 6 m messende Heiligtum lag an der Via Flaminia im Marsfeld, die Maße wiederholen diejenigen des Zwölfgötteraltars des 5. Jahrhunderts v.Chr. auf der Athener Agora. Der eigentliche Altar lag innerhalb einer reich mit Reliefs verzierten Marmorumfriedung: Außen sind im unteren Teil Ornamente von Ranken und Blüten mit kleinen Tieren dazwischen zu sehen, im oberen Teil ein Figurenfries: Auf den Langseiten eine lange Prozession von Mitgliedern des Kaiserhauses und Priestern, die zum Opfer schreiten. Neben dem Eingang ist die Göttin Tellus, die Mutter Erde, auf einem Felsen sitzend dargestellt, mit zwei nackten Knäblein auf dem Schoß, umgeben von Blumen, Ähren, Früchten, Tieren sowie den Göttinnen von Erde und Meer. Im Innern zeigt die Wand unten eine zaunartige Vertikalstruktur, oben aufgehängte Fruchtgirlanden. Eingeweiht wurde die Ara Pacis Augustae am 30. 1. 9 v.Chr. (Ovid, *Fasti* I 709–722).

Ara Pacis

Von 7 v.Chr.bis 10 n.Chr. unternahm der spätere Kaiser Tiberius (reg. 14–37 n.Chr.) den Neubau des Concordia-Tempels am Fuß des Kapitolinischen Hügels, am Ende der *Via Sacra* (Richardson 1992, 98 f.). Ein Vorgängerbau war 121 v.Chr. errichtet worden, so dass sich der Nachfolgebau nach den vorgegebenen Platzverhältnissen zu richten hatte. So misst die Cella 45 m × 24 m, der davor liegende sechssäulige Pronaos 34 × 14 m. Im

Concordia-Tempel

Innern standen elegante korinthische Säulen mit springenden Böcken als Eckvoluten. Tiberius verwendete für den prachtvollen Bau, dessen Neubau Teil seines Triumphes war, auch Spolien aus Germanien und stiftete auch später noch zahlreiche Kunstwerke. Geweiht wurde der Bau am 16. 1. (Ovid, *Fasti* I 637–38) 10 n. Chr. (Cassius Dio LVI 25, 1; nach Sueton, *Tiberius* 20 12 n. Chr.) in seinem und seines verstorbenen Bruders Drusus' Namen.

Anio Novus und Aqua Claudia

Zwischen 38 und 52 n. Chr. wurden in Rom zwei der schließlich insgesamt 11 großen Leitungen, die die Stadt der Kaiserzeit mit Wasser versorgten, vollendet. Sie wurden noch von Kaiser Caligula (reg. 37–41 n. Chr.) begonnen und von Kaiser Claudius (reg. 41–54 n. Chr.) fertig gestellt. Der eine Aquaedukt, Anio Novus (CIL VI 1256) hatte seinen Namen von den Ursprungsquellen im Gebiet des Anio, eines Seitenflüsschens des Tiber, und überwand bis Rom eine Strecke von über 84 km. Die Aqua Claudia (Sueton, *Caligula* 21; Frontinus, *De aquis urbis Romae* I 13), benannt nach ihrem Vollender, wurde von vier Quellen in der Nähe von Arsoli gespeist und durchlief einen 74 km weiten Weg über Brücken und in Tunnels bis zur Porta Maggiore in Rom. Die 10 km lange Bogenreihe aus Travertin in der Campagna wurde schon im Altertum als Wunderwerk bestaunt. Sie wurde während der ganzen Kaiserzeit immer wieder ausgebessert, hielt aber allen Unbilden der Zeit stand, bis die Goten bei der Belagerung Roms Ende des 5. Jahrhunderts n. Chr. der Stadt das Wasser abschnitten. Danach stellte Belisar Mitte des 6. Jahrhunderts n. Chr. die Leitungen noch einmal her; sie wurden zum größten Teil vernichtet, als die Architekten Sixtus' V. die neue Wasserleitung des Papstes, Aqua Felice, bauten.

Thermen des Nero

In den Jahren 60–62 n. Chr. ließ Nero Thermen und ein Gymnasium erbauen (Tacitus, *Annales* XIV 47, 2; Cassius Dio LXI 21, 1; Richardson 1992, 393–395); der Komplex bedeckte ein großes Areal, das sich von der Nordwestecke des Pantheon zur heutigen Piazza Navona und nach Norden erstreckte. Nach den Thermen des Agrippa war dies die zweite große derartige Anlage. Sie wurde 227 n. Chr. von Alexander Severus erneuert und erweitert und danach als *Thermae Alexandrinae* bezeichnet.

Colosseum

70 n. Chr. wurde unter Vespasian (reg. 69–79 n. Chr.) das Colosseum in Rom, eigentlich *Amphitheatrum Flavium* (der heutige Name stammt aus dem Mittelalter nach einer daneben aufgestellten kolossalen Porträtstatue Neros), an der Stelle von Neros künstlichem See begonnen (Sueton, *Vespasian* 9,1; Richardson 1992, 7–10). Der Bau hat einen elliptischen Grundriss mit einer Längsachse von 187,77 m; im Erdgeschoss bilden dorische Halbsäulenpfeiler 80 Arkaden, die mit fortlaufenden Nummern als Eingänge für das Publikum bezeichnet sind. Dieser dorischen Ordnung entspricht im zweiten Stock eine ionische, im dritten eine korinthische, im vierten, der aus gelbem statt wie die übrigen drei aus grauem Travertin erst von Titus (reg. 79–81) hinzugefügt wurde, gliedern korinthische Pilaster die geschlossene Wandfläche. Der Zuschauerraum in Innern war durch ein 3,5 m hohes Gitter gegen die Arena geschützt und bot drei Rangklassen mit insgesamt etwa 48 000 Sitzplätzen sowie etwa 5000 Stehplätze. Die Einweihung erfogte durch Titus 80 n. Chr. (CIL VI 2059; Sueton, *Titus* 7,3; Aurelius Victor, *Caesares* 10, 5).

In den Jahren 121–135 n. Chr. wurde unter Kaiser Hadrian der wohl größte und prachtvollste Tempel in Rom, der Doppeltempel für Venus und Roma, errichtet. Baubeginn war 121 n. Chr. (Scriptores Historiae Augustae, *Hadrianus* 19,12; Richardson 1992, 409–411), die Einweihung erfolgte 135 n. Chr. (Cassiodorus, *Monumenta Germaniae Historica* Chron. min. II p. 142). Um Platz für den Bau zu bekommen, der auf einer 145 × 100 m großen, von Kolonnaden umgebenen Plattform steht, musste der Eingang von Neros Goldenem Haus zerstört und sein kolossales Standbild neben das Amphitheatrum Flavium (s. o.) verschoben werden. Die beiden Cellae waren sozusagen Rücken an Rücken errichtet, diejenige der Venus nach Westen ausgerichtet, diejenige der Roma nach Osten zum Forum Romanum. Das Podium hadrianischer Zeit ist erhalten, die Apsiden der Cellae stammen aber von einer Renovierung des Maxentius 307 n. Chr. Den beiden Cellae ist je ein Pronaos mit vier Säulen zwischen den Anten vorgelagert. Von außen erscheint der Tempel wie ein Peripteros auf einem hohen, siebenstufigen Stylobat, mit zwanzig korinthischen Säulen auf den Längs- und zehn auf den Schmalseiten. Der Bau wurde wohl vor allem durch ein Erdbeben im 9. Jahrhundert n. Chr. zerstört; später wurden mehrere Kirchen eingebaut.

Tempel der Venus und Roma

145 n. Chr. errichtete Antoninus Pius für den vergöttlichten Hadrian einen Tempel (Scriptores Historiae Augustae, *Antoninus Pius* 8, 2; *Lucius Verus* 3, 1) im Marsfeld. Das Podium des Baus ist jetzt in der Erde verborgen; von den ursprünglich je 8 korinthischen Säulen der Schmal- und 15 der Langseiten stehen noch 11 aufrecht. Die noch sichtbare Cellawand aus Peperin war mit Marmor verkleidet. Der Tempel war von einer Säulenhalle umgeben, in der sich Reliefplatten mit alternierenden Darstellungen von personifizierten römischen Provinzen und Waffentrophäen befanden.

Tempel des Hadrian

298 n. Chr. begann Diocletian mit dem Bau einer riesigen Thermenanlage von 356 × 316 m, um der Bevölkerung des abgelegeneren Viertels auf dem Viminal den Badeluxus leichter zugänglich zu machen. Die Apsis der Umfassungsmauer ist heute noch in der modernen Exedra am Eingang in die Via Nazionale zu erkennen. Der Hauptsaal des Tepidariums (Warmluft-Raums) ist zu großen Teilen erhalten, da er von Michelangelo 1563–1566 in die Kirche Sta. Maria degli Angeli verwandelt wurde, wobei er auch vier der antiken graugrünen Granitsäulen wiederverwendete. Die Wände des Frigidariums (Kaltbades) bilden den Hof des Museo Nazionale delle Terme. Zu sehen sind noch die Marmorkonsolen der einst die Nischen umrahmenden Architektur. Eingeweiht wurden die Thermen von den Augusti Diocletian und Maximian nach deren Abdankung zwischen dem 1. 5. 305 und dem 25. 7. 306 (CIL VI 1130 = 3142).

Thermen des Diocletian

Siegesmonumente: Ehrenbögen

16 n. Chr. Tiberiusbogen in Rom
81 n. Chr. Titusbogen in Rom
114 n. Chr. Trajansbogen von Benevent
203 n. Chr. Septimius-Severus-Bogen in Rom
297 n. Chr. Galeriusbogen in Thessaloniki
315/6 n. Chr. Konstantinsbogen in Rom

Triumph

Eine spezifisch römische, in der griechischen Antike unbekannte Form des Ehrenmonuments ist der Triumphbogen (urspr. lat. *fornix*, seit der Zeitenwende häufiger *arcus*). Ursprünglich war diese Architekturform als Tor gedacht, das der siegreiche Feldherr (*imperator*) beim Triumphzug durchschritt; die *Porta Triumphalis* republikanischer Zeit, die nicht mehr genau lokalisierbar ist (wahrscheinlich auf dem südlichen Marsfeld) wurde zu diesem Zweck genutzt. Ein Triumph wurde einem Feldherrn zugesprochen, wenn er in einem gerechten Krieg (*bellum iustum*) gesiegt, eine bestimmte Anzahl Feinde getötet hatte und im Besitz eines vollen *imperiums*, das heißt Konsul, Prätor oder Diktator war. Er musste mit seinem Heer vor der Stadt warten, bis der Senat den Triumph genehmigt hatte, erst dann konnte er zur *pompa triumphalis* einziehen. In dem etwa 4 km langen Zug, der von der Porta triumphalis bis auf das Forum Romanum führte, wurden auch die Kriegsbeute, Gefangene, und bildliche Darstellungen der Kriegstaten mitgeführt. Seit Augustus wurde der Triumphzug zum Monopol der kaiserlichen Familie. In der Spätantike wurde auch der Sieg in einem Bürgerkrieg mit einem Triumph gefeiert (s. u. zu Konstantin). Die kaiserzeitlichen Triumphbögen dienten nun nicht mehr dem feierlichen Durchschreiten, sondern waren in erster Linie Bildträger, die an entsprechend gut sichtbaren Stellen errichtet wurden, d. h. auf Hauptstraßen, vor Heiligtümern, auf dem Forum oder anderen Plätzen, in Provinzstädten oft im Stadtzentrum. Die Monumente wurden auf Beschluss des Senates errichtet; in Provinzstädten geschah dies auf Veranlassung der lokalen Verwaltung (und auf deren Kosten), und zwar oft nicht für einen militärischen Triumph, sondern zum Dank für erhaltene Wohltaten des Kaisers.

Der Triumphbogen kann eintorig (Titusbogen) oder dreitorig (Septimius-Severus-, Konstantinsbogen) sein; über dem beziehungsweise den Bogen ist ein Gesims und ein erhöhter Aufbau (Attika), auf dem sich die Statue des Feldherrn, meist auf einem Viergespann (Quadriga) befand. Baumaterial ist meist Guss- oder Ziegelmauerwerk, das mit Marmor verkleidet wurde. Bunt bemalte Reliefs mit der Schilderung der Taten des Triumphators, wurden zuerst nur im Durchgang, ab dem frühen 2. Jahrhundert n. Chr. auf dem gesamten Bogen angebracht.

Bögen des Augustus, Tiberius und Titus

Bereits für Kaiser Augustus (27 v.–14 n. Chr.) wurden in Rom drei Bögen errichtet, die aber nur literarisch und inschriftlich bezeugt sind (Künzl 1988, 51–57): Cassius Dio XLIX 15, 1 berichtet, dass für Octavian nach seinem Sieg über Sextus Pompeius 36 v. Chr. auf Senatsbeschluss ein Bogen mit Trophäen errichtet worden sei. 29 v. Chr. wurde ein weiterer Bogen für den Sieg bei Actium gegen Antonius und Kleopatra (31 v. Chr.) beschlossen, der mit einer südlich des Caesartempels gefundenen Inschrift (CIL VI 873) verbunden wird; ein eintoriger Bogen mit der Aufschrift *imp Caesar*, der eine Quadriga trägt, erscheint auf Denaren des Octavian von 29–27 v. Chr. In der gleichen Gegend wurde zehn Jahre später für den nunmehrigen Kaiser Augustus ein weiterer Bogen errichtet, diesmal für seinen Erfolg in der Partherpolitik. Augustus war es gelungen, vom Partherkönig Phraates IV. die von Crassus 53 v. Chr. bei der Niederlage von Carrhae verlorenen römischen Feldzeichen wiederzuerhalten, was auf den Münzen, die den ebenfalls eintorigen Bogen abbilden, mit *signis receptis* vermerkt wird. Diese Münzen geben auch durch die Nennung des neunten Imperatorentitels und des fünften Tribunats des Kaisers ein genaues Datum. Gegenüber diesem Bogen, auf der anderen Seite des Forums, wurde 16 n. Chr. der eintorige Tiberiusbogen errichtet, von dem (neben dem Saturntempel) die Fundamente gefunden wurden. Er war unter der Regierung des Kaisers Tiberius für die Rückeroberung der 9 n. Chr. im Teutoburger Wald verlorenen Feldzeichen durch seinen Neffen Germanicus veranlasst worden (CIL VI 906, 31422, 31575; Tacitus, *Annales* II 41, 1). Bald nach 81 n. Chr. wurde der Titus-Bogen auf der Via sacra östlich des Forums in Rom gebaut; die Bauinschrift (CIL VI 945) nennt als Empfänger den vergöttlichten Kaiser Titus. Der Bau wurde also in der Regierungszeit seines Bruders und Nachfolgers Domitian (81–96 n. Chr.) errichtet und ist damit auch ein Denkmal der Apotheose, der Vergöttlichung des Titus, der 81 n. Chr. nach nur zweijähriger Regierungszeit gestorben war. Vermutlich trug der Bau ein Elefantengespann; die Scheitelreliefs des Bogendurchgangs zeigen Titus, der von Jupiters Adler in den Himmel getragen wird. Der Bogen ist aber auch ein Monument für den jüdischen Triumph zehn Jahre zuvor – der siegreiche Feldzug in Galiläa und Judäa hatte Titus' und Domitians Vater Vespasian schießlich 69 n. Chr. die Kaiserherrschaft gebracht. Die bemerkenswerten Durchgangsreliefs, die als Beispiel des malerischen spätflavischen Stils gelten, zeigen den Triumphzug: Auf der Südseite ist die Beute aus dem Tempel von Jerusalem zu sehen, die nördlichen Reliefs zeigen die Triumphatoren, darunter Titus in der Quadriga.

In einem Zuge wurde im Spätsommer 114 n. Chr. der Trajansbogen von Benevent gebaut (Künzl 1988, 25f.); die Inschrift (CIL IX 1558) gibt an, dass Trajan zum 18. Mal Inhaber der tribunizischen Gewalt, zum 7. Mal Imperator und zum 6. Mal Konsul ist. Der 41 m lange und 60 cm hohe Fries, der über zwei Lang- und zwei Schmalseiten des Bogens läuft, ist die einzige erhaltene Gesamtdarstellung eines römischen Triumphzuges (vom Beginn bis zur Ankunft beim Jupitertempel) und zeigt den Zug von 107 n. Chr. anlässlich der Unterwerfung Dakiens.

Trajansbogen von Benevent

203 n. Chr. wurde vom Senat ein dreitoriger Triumphbogen für Septimius Severus (193–211) und seine Söhne Caracalla und Geta – der Name des letzteren wurde später weggemeißelt – auf dem Forum Romanum in Rom für Eroberungen im Osten errichtet (Inschrift auf beiden Seiten: CIL VI 1033. CIL VI 31230). Die Kämpfe gegen die Parther sind auch im Relief dargestellt. Septimius Severus hatte zwar auf den vom Senat angebotenen Triumphzug verzichtet, aber sein zehnjähriges Regierungsjubiläum mit glänzenden Spielen gefeiert (Cassius Dio 77, 1, 1–5).

Bogen des Septimius Severus

Galerius (Caesar 293–305 n. Chr., Augustus 305–311 n. Chr., s. u.) hatte Thessaloniki in Nordgriechenland zur Residenzstadt gemacht; dort wurde, höchstwahrscheinlich von der Polis von Thessaloniki gestiftet, 297 n. Chr. der letzte Bogen im Osten errichtet, der mit historischen Reliefs geschmückt ist. Der Galeriusbogen war ursprünglich in einen weiträumigen Gesamtkomplex eingebunden, zu dem auch der Palast des Kaisers und sein Mausoleum gehörten, und überspannt eine Kreuzung der Via Egnatia, der Ost-West-Achse Makedoniens. Von den ursprünglich vier Pfeilern sind noch zwei sowie ein großer Teil des Gewölbes mit insgesamt 28 Reliefs er-

Galeriusbogen in Thessaloniki

halten. Die Reliefs, die von oben nach unten zu lesen sind, waren offenbar in großer Eile gearbeitet und zeigen den zeremoniellen steifen Stil der Hofkunst jener Zeit. Sie hatten ursprünglich die vier gleichen Frontseiten des Tetrapylons sowie den Innenraum bedeckt; der Betrachter konnte also immer nur einen Ausschnitt sehen (Laubscher 1975). Der historische Anlass für den Bogen ist folgender: Der Sassanidenkönig Narses hatte zunächst den römischen Vasallenstaat Armenien an sich gerissen, dann 296 n. Chr. den Tigris überschritten und eine Offensive gegen die Römer eröffnet. Der Caesar Galerius hatte zunächst in Osrhoene eine Niederlage erlitten, war aber dann mit Verstärkung aus den Donauprovinzen und Unterstützung durch den Augustus Diocletian nach Armenien vorgerückt, wo den Römern bei einem kühnen Überfall auf das persische Lager Familie und Kriegskasse des Narses in die Hände fielen, der daraufhin zu Verhandlungen bereit war und sich von den Römern in Nisibis die Friedensbedingungen diktieren ließ. Auf dem Bogen werden diese Ereignisse in wenigen ausgewählten Episoden geschildert; nebst den Topoi römischer Triumphalkunst wie der Ansprache des Kaisers an das Heer sind vor allem die Darstellungen mit der Gefangennahme der königlichen Harems, der persischen Friedensgesandtschaft und das erstmalige Auftreten von Germanen als königliche Leibgarde interessant.

Konstantinsbogen

315/6 n. Chr. wurde der Konstantinsbogen in Rom gebaut. Er wurde vom Senat für Kaiser Konstantin für seinen Sieg über Maxentius und wohl auch zur Feier seiner *Decennalia*, des zehnjährigen Regierungsjubiläums, errichtet; die Inschrift (CIL VI 1139) besagt, Konstantin habe den Staat am Tyrannen (i. e. seinem Gegner Maxentius) und dessen Parteigängern in einem gerechten Kampf gerächt, aufgrund der Eingebung einer Gottheit durch die Größe seines Geistes (*instinctu divinitatis mentis magnitudine*), was eine religionspolitisch neutrale Formulierung ist, wie denn auch der Schmuck des Bogens keine christliche Symbolik enthält. Nach seinem Sieg an der Milvischen Brücke 312 n. Chr. war Konstantin zwar feierlich in Rom eingezogen, hatte aber keinen Triumph gefeiert, vielleicht weil es sich um den Sieg in einem Bürgerkrieg handelte, womöglich auch, um aus Rücksicht auf christliche Gefühle das Opfer an Jupiter zu vermeiden. Pagane Opfer und Darstellungen des *Sol invictus*, des Sonnengottes, sind aber durchaus auf den aus konstantinischer Zeit stammenden Reliefs zu sehen. Der größte Teil des Skulpturenschmucks des Bogens stammt von anderen, früheren Gebäuden: einem großen Kampfrelief des Trajan (98–117 n. Chr.), die runden Medaillons von einem Jagddenkmal des Hadrian (117–138 n. Chr.) und oben an der Attika die Reliefs von einem Triumphbogen des Marc Aurel (161–180 n. Chr.). Dabei wurden nur die Kaiserköpfe umgearbeitet. Künzl 1988, 63 f. hält dies weniger für Zeugnis der Verarmung der Stadt als für ein politisches Programm, da Trajan als *optimus princeps*, bester Kaiser, galt, Hadrian die Reichsgrenzen stabilisiert und Marc Aurel, der Philosophenkaiser, sich als standhaft in den Krisen der Markomannen- und Partherkriege und der großen Pest erwiesen habe. Allerdings wurden ja gerade deren Monumente für den Konstantinsbogen „geplündert" und damit teilweise zerstört, was vielleicht doch eher auf mangelnde Mittel schließen lässt.

Siegesmonumente: Säulen

113 n. Chr. Trajanssäule in Rom
nach 161 n. Chr. Säule des vergöttlichten Antoninus Pius in Rom
180–192 n. Chr. Marcussäule in Rom
390 n. Chr. Theodosiusobelisk in Konstantinopel
386–394 n. Chr. Theodosiussäule in Konstantinopel
402 n. Chr. Arcadiussäule in Konstantinopel (eingeweiht 421 n. Chr.)
450–452 n. Chr. Marciansäule in Konstantinopel
608 n. Chr. Phokassäule in Rom

Das Säulenmonument für einen Herrscher, das heißt eine aus dem architektonischen Kontext herausgelöste und als „Basis" für die Herrscherstatue dienende Säule existiert seit dem Hellenismus (zum Beispiel das Weihgeschenk des Kallikrates in Olympia, s. o. S. 144). Auch im republikanischen Rom gab es Ehrensäulen, etwa die Columna Minucia von 439 v. Chr. oder die Columna M. Aemilii Paulli von 255 v. Chr.; der Höhepunkt sind aber die Kaisersäulen des 2. Jahrhunderts n. Chr., auf denen eine monumentale Kaiserstatue stand und die sowohl auf dem reliefierten Sockel wie auf einem spiralförmigen Reliefband auf dem Säulenschaft die Taten des Kaisers darstellen. Da dabei bestimmte Siege gefeiert werden oder das Einweihungsdatum bekannt ist, können sie fest datiert werden:

Am 18. 5. 113 n. Chr. wurde die dem Kaiser Trajan „von Senat und Volk" errichtete, zusammen mit der Basis 38 m hohe Säule hinter der Basilica Ulpia auf dem Trajansforum eingeweiht (CIL VI 960). Das *Forum Traiani*, das letzte und größte der Kaiserforen, war noch von Domitian (reg. 81–96 n. Chr.) begonnen worden, aber zum Zeitpunkt seines Todes, als die Arbeiten unterbrochen wurden, noch nicht weit gediehen. Die Säule besteht aus 17 kolossalen Trommeln aus parischem Marmor; die goldene Statue des Trajan, die sie bekrönte, verschwand im Mittelalter und wurde 1588 durch eine des heiligen Petrus ersetzt. Das Relief, das die Säule umzieht, ist mehr als 200 m lang und enthält über 2500 Figuren; es erzählt chronikartig die Kriege des Kaisers in Dakien (101–102 n. Chr. und 105–106 n. Chr.). Die Darstellungen sind nicht nur ein Zeugnis der Kunst trajanischer Zeit, sondern auch eine historische Quelle für zahlreiche Details des römischen (und dakischen) Kriegswesens. So sieht man unter anderem eine römische Stadt am felsigen Donauufer, eine römische Legion, die eine Schiffsbrücke über die Donau überquert, Trajan, der eine Ansprache an die Soldaten hält, Brücken- und Lagerbau der Römer, römische Kavallerie, römische Soldaten, die ein dakisches Dorf niederbrennen, und fliehende Daker, römische Transportschiffe auf der Donau, einen dakischen Stamm, der sich freiwillig unterwirft, Schlachtszenen mit verwundeten Soldaten, die von einem Arzt versorgt werden, dakische Frauen, die römische Gefangene foltern, dakische Fürsten, die Selbstmord durch Gift begehen und von ihren Landsleuten zur Bestattung aus dem Stadttor getragen werden. Die Säule diente auch als Grab des Kaisers (s. u.).

Trajanssäule

Für den vergöttlichten Antoninus Pius (reg. 138–161 n. Chr.) wurde eine Säule aus ägyptischem Rosengranit geweiht. Sie war halb so hoch wie Trajans- und Marcussäule und ohne Reliefschmuck und trug ein Bronze-

Säule des Antoninus Pius

standbild des Kaisers, das nicht erhalten ist; von der Säule, die 1703 beim Versuch, sie zu heben, zerbrach, ist nur noch ein Rest vorhanden. Erhalten ist aber die Basis, deren Hauptseite die Apotheose des vergöttlichten Antoninus Pius und seiner Gemahlin Faustina zeigt. In der Mitte schwebt ein geflügelter, nackter Jüngling, der Gott Aion, die Personifikation der ewigen Zeit, in den Himmel; er trägt auf seinen Schwingen das Kaiserpaar, dem auf jeder Seite ein Adler zugeordnet ist. Links ist auf dem Boden ein Jüngling mit nacktem Oberkörper gelagert, der mit der linken Hand einen Obelisken umfasst: die Personifikation des Marsfeldes; zu seiner Rechten sitzt die Göttin Roma mit Helm und Schild, vor ihr liegen weitere Waffen. Auf den beiden Seiten ist ein militärisches (modern stark ergänztes) Reiterspiel, wie bei der Bestattung üblich, dargestellt. Der Sockel wird von einem Rundstab mit Akanthusblättern oben abgeschlossen. Die Weihinschrift auf der Rückseite (CIL VI 1004) gibt an, dass das Monument von den Adoptivsöhnen des Kaisers, Marc Aurel und Lucius Verus, also zwischen 161 und 169 n. Chr., errichtet wurde.

Marcussäule   Die Marcussäule wurde unter Kaiser Commodus (180–193 n. Chr.) vom römischen Senat für seinen Vater und Vorgänger Marcus Aurelius für dessen Siege über Markomannen und Quaden (172/3 n. Chr.) sowie Sarmaten und Jazygen (174–176 n. Chr.) errichtet. Eine 193 n. Chr. datierte Inschrift erwähnt einen *procurator*, der sich um die Säule kümmerte (CIL VI 1585). Sie besteht aus 26 Trommeln von Carraramarmor und ist wie ihr Vorbild, die Trajanssäule, 100 römische Fuß hoch und innen ebenfalls durch eine Stiege besteigbar. Durch eine Renovierung 1589 verlor sie den Reliefschmuck ihres Sockels, und die Marc-Aurel-Statue wurde durch eine Bronzestatue des Apostels Paulus ersetzt. Die 23 Windungen der Reliefs sind genau in der Mitte durch eine Victoria, die auf einem Schild schreibt, so abgeteilt, dass die untere Hälfte den ersten, die obere den zweiten Krieg beschreibt. Trotz der motivischen Übereinstimmung mit ihrem Vorbild ist der Stil der Säulenreliefs ein fundamental anderer als bei der Trajanssäule, auf der die Figuren sorgfältig, in klassizistischem Stil für die Nahsicht gearbeitet wurden. Die Darstellung der Marcussäule ist expressiv vereinfacht; es gibt erheblich weniger Figuren in den Windungen als bei der Trajanssäule, doch dafür sind sie größer und offensichtlich mehr für die Fernsicht gearbeitet; auch Landschaftsangaben sind kaum noch zu finden; die Gesichter der Römer, die hier einen Verteidigungskrieg (im Gegensatz zu den Angriffskriegen in trajanischer Zeit) führen müssen, wirken schwer und traurig.

Theodosiusobelisk   Nach dem Vorbild der Trajanssäule wurden auch Siegessäulen in Konstantinopel, dem neuen Rom erichtet, von denen aber wenig erhalten ist. 390 n. Chr. (Marcellinus Comes, Chron. p. 62 Mommsen) ließ Proculus, Stadtpräfekt 388–392 n. Chr., im Hippodrom von Konstantinopel einen ursprünglich aus dem Amun-Tempel in Theben stammenden Obelisken aufstellen (Kiilerich 1993, 31–49). Er steht auf einer doppelten Basis: Die untere zeigt Reliefs von Wagenrennen im Hippodrom, sowie auf der einen Seite einen lateinischen (CIL III 737), auf der gegenüberliegenden einen griechischen (IG IV 8612) Panegyricus auf Kaiser Theodosius. Bei den in der lateinischen Inschrift erwähnten besiegten „Tyrannen" muss es sich um die Usurpatoren Victor und Magnus Maximus handeln; letzteren besiegte Theodosius 387 n. Chr. und hielt 389 n. Chr. dafür in Rom seinen Triumph ab. Die obere Basis zeigt die kaiserliche Familie, umgeben von Leibwächtern und Hofstaat, die über die Spiele präsidiert; in der unteren Hälfte des Reliefs sind die Zuschauer zu sehen. Auf der dem Palast zugewandten Seite überreicht der Kaiser einen Siegeskranz.

Von der Säule des Theodosius (Kiilerich 1993, 50–54) auf dem Forum Tauri, die 386 n. Chr. begonnen (Theophanes, a. m. 5878 [p. 70,20 de Boor]), 394 n. Chr. vollendet wurde (*Chronicon paschale* Ol. 293,2 [p. 565,6 Bonn]), sind einige Fragmente erhalten, von denen die meisten in ein Ende des 15. Jahrhunderts gebautes türkisches Bad verbaut wurden. Die Säule wurde zur Feier des Sieges über die Greuthungen errichtet, die 386 n. Chr. versucht hatten, die Donau zu überschreiten, aber von Promotus, dem Feldherrn des Ostens, geschlagen wurden und von Theodosius und seinem Sohn Arcadius neuen Wohnstätten zugewiesen bekamen.

Theodosiussäule

Die Säule des Kaisers Arcadius (Kiilerich 1993, 55–64) wurde 402 n. Chr. errichtet (Theophanes, a. m. 5895 [p. 77,24 de Boor]), aber erst 421 n. Chr. eingeweiht (*Chronicon paschale* Ol. 300,1 [p. 579,15 Bonn]) und wurde im 16. und 17. Jahrhundert, als sie noch in gutem Zustand war, von mehreren Künstlern gezeichnet; 1715 wurde sie größtenteils abgetragen. Sie war ebenfalls 100 Fuß hoch, innen mit einer Treppe versehen, und zeigt auf dem reliefierten Sockel Darstellungen von Spolien und Tropaia, Siegesprozessionen und huldigenden Barbaren sowie Engel, die ein Christusmonogramm in einem Kranz tragen; auf den 13 Reliefbändern der Säule sind Kämpfe zur See und zu Lande von Römern gegen Barbaren in kurzen Fellmänteln zu sehen. Es muss sich dabei um Arcadius' Sieg über die Goten 400/1 n. Chr. handeln, deren Anführer Gainas ursprünglich Feldherr des Kaisers gewesen war, aber von den gotenfeindlichen Kreisen in der Regierung schließlich auf die andere Seite getrieben worden war und die Stadt verlassen hatte.

Arcadiussäule

Es gibt in Konstantinopel eine ganze Reihe kleinerer Ehrensäulen, die aber nicht zuweisbar sind. Eine Ausnahme bildet die Marcianssäule, die dem oströmischen Kaiser Marcian (reg. 450–57 n. Chr.) vom Präfekten Tatian geweiht wurde; von der Inschrift auf der Nordseite des Sockels, unter der zwei geflügelte Niken einen Kranz halten, sind noch die Bettungen der Metallbuchstaben erhalten (CIL III 1, 738). Tatian wurde 450 n. Chr. zum Stadtpräfekten ernannt und ist zum letzten Mal 452 n. Chr. in diesem Amt bezeugt. Auf den anderen drei Seiten des Sockels ist jeweils ein Kranz mit Christogramm dargestellt. Die 8,74 m hohe Säule aus grauem Granit ist unverziert und wird oben von einem so genannten theodosianischen Kapitell mit stacheligen Akanthusblättern abgeschlossen. Darauf liegt ein schwerer Marmoraufsatz, der wohl das Standbild des Kaisers trug.

Marcianssäule

Ein eher unerfreulicher, aber unübersehbarer Nachklang antiker Sieges- und Ehrensäulen ist die Phokassäule, die dem gewalttätigen 602 n. Chr. durch einen Putsch an die Macht gekommenen (und 610 n. Chr. wieder vertriebenen) byzantinischen Kaiser Phokas von Smaragdus, dem Exarchen (Vertreter des byzantinischen Kaisers) von Italien aufgestellt wurde (CIL VI 1200). Sie steht auf einer hohen, mit Stufen versehenen Basis auf dem Forum Romanum. Die Fundamente stammen ebenso wie die Säule von älteren Bauten, das gut gearbeitete korinthische Kapitell wahrscheinlich von einem frühkaiserzeitlichen Monument.

Phokassäule

c) Grabmäler

28 v. Chr. Baubeginn des Mausoleums Augusti in Rom
139 n. Chr. Vollendung des Mausoleums Hadriani in Rom
113 n. Chr. Trajanssäule in Rom
114–116 n. Chr. Philopappos-Monument in Athen
300–306 n. Chr. Grabmal des Diocletian in Spalato

In Rom und Italien kommt seit dem 1. Jahrhundert v. Chr. die Form des Tumulusgrabes (von Hesberg 1992, 94–113) auf. Ein Tumulus besteht aus einer profilierten Steinbasis als Unterbau, in dem sich die Grabkammer befindet, und dem sichtbaren angeschütteten Erdkegel. Die Maße steigern sich im Laufe der Zeit – Gräber der Senats-Aristokratie betrugen etwa 30 m im Durchmesser und 12 m in der Höhe – und während früher nur die Urnen unter der Erdaufschüttung beigesetzt waren, so kamen später auch Einbauten dazu. Die Form des Tumulus wird von den Kaisergräbern in abgewandelter und ins Monumentale gesteigerter Form wieder aufgenommen. Diese weithin sichtbaren Monumente waren in der Regel Zeichen stabiler Herrschaftsverhältnisse und verkündeten auch einen dynastischen Anspruch, besonders wenn, wie im Fall des *Mausoleum Augusti*, auch die Angehörigen dort bestattet waren. Die offizielle Bezeichnung des Monuments lautete *Tumulus Iuliorum*, der sich rasch verbreitende volkstümliche Name entstand aufgrund der Anklänge an das Mausoleum in Halikarnass (o. S. 137).

Mausoleum Augusti — Kaiser Augustus (reg. 27 v.–14 n. Chr.) begann bereits zu Lebzeiten, nämlich 28 v. Chr. (Sueton, *Augustus* 100,4) mit dem Bau seiner Grabstätte auf dem Marsfeld in Rom. Es war das prachtvollste Grabmal der Stadt und übertraf mit einem Durchmesser von etwa 90 m und einer Höhe von etwa 45 m alles bisher dagewesene. Es war zudem umgeben von öffentlichen Gartenanlagen, in denen sich auch die Verbrennungsstätte (*Ustrinum*) für die Toten des Kaiserhauses befand (Strabon V 3, 8 p. 236). Der Tumulus war zweigeschossig, mit Urnen-Nischen für weitere Familienmitglieder im Innern (die Asche des Kaisers war im zentralen Pfeiler beigesetzt). Auf der Spitze der mit Schwarzpappeln bepflanzten Erdanschüttung stand die Statue des Kaisers. Die Frontseite bestand aus Marmor, zu beiden Seiten der Zugangstür befanden sich Inschriften. Eine solche Anlage diente natürlich nicht zuletzt der Selbstdarstellung der Dynastie, die auch durch die auf der Erdanschüttung (neben weiteren Statuen) aufgestellten Beutewaffen und den später auf Bronzetafeln neben der Tür zu sehenden Tatenbericht (*Res Gestae*) betont wurde. Bis zu Nerva (reg. 96–98 n. Chr.) wurden mit wenigen Ausnahmen (Caligula, reg. 37–41 n. Chr.; Nero, reg. 54–68 n. Chr.) alle Kaiser im Grabmal des Augustus beigesetzt.

Mausoleum Hadriani — Das *Mausoleum Hadriani* (die heutige „Engelsburg"), das Kaiser Antoninus Pius im Jahr nach Hadrians Tod 139 n. Chr. (CIL VI 984–995) für Kaiser Hadrian und seine Nachfolger vollendete, knüpfte an das *Mausoleum Augusti* an. Es gibt aber bei dem jenseits des Tibers gelegenen Grabbau, für den als Zugang eine eigene Brücke, der *Pons Aelius*, gebaut werden musste, auch gravierende Unterschiede: Das Monument steht auf einem eckigen, 11,20 m hohen und 86 m breiten Sockel, auf dem ebenfalls Inschriften angebracht waren; Ecken und zentrale Tür sind von breiten Pilastern eingefasst. Auf diesem quadratischen Podium steht der 21 m hohe Marmorzylinder, der einen Durchmesser von 65 m hat, darauf folgt die Erdaufschüttung, auf der ein alles überragender Pfeiler, der auch die Grabkammer enthielt, die Statue des Kaisers in vier- oder fünffacher Lebensgröße trug. Auf der Basis standen Statuen (wahrscheinlich von Angehörigen der kaiserlichen Familie), die auf Alarichs Soldaten herabgeworfen wurden, die 410 n. Chr. das Monument belagerten.

Wie oben erwähnt, diente die 113 n. Chr. eingeweihte Trajanssäule auch als Grabmal für den 117 n. Chr. verstorbenen Kaiser: Im Innern des Sockels gab es eine enge Kammer für die Urnen des Kaisers und seiner Gemahlin. Zudem ließ sich die Säule durch eine Wendeltreppe mit 185 Stufen im Innern ersteigen, die von 43 kleinen, im Relief versteckten Schlitzen erleuchtet wird, und vom Kapitell aus hatte man Aussicht auf das Trajansforum (von Hesberg 1992, 160f.) Die Wahl einer Ehren- und Siegessäule als Grabstätte ist eher überraschend, da es keine römische Tradition von Grabsäulen gibt. Gründe dafür könnten einfach Platzmangel auf dem Forum gewesen sein oder vielleicht auch eine betonte Absetzung vom Mausoleum der julisch-claudischen Dynastie. *Trajanssäule*

In der Spätantike wurde oft der Kaiserpalast in Verbindung mit der zukünftigen Grabstätte gebaut: 300–306 n. Chr. ließ Diocletian in Spalato (Split) in seinem Palast auch eine prachtvolle oktogonale Grabstätte errichten, reich ausgestattet mit teilweise aus Ägypten importierten Säulen aus grauem Granit und Porphyr mit korinthischen Kapitellen und einem Erotenfries im zweiten Stock. Zwei ebenfalls oktogonale Grabmonumente wurden in Galerius' Geburtstadt Romuliana (heute Gamzigrad in Ostserbien), benannt nach seiner Mutter Romula, gefunden. Sie wurden 1993 auf einer Terrasse neben dem Palast des ehemaligen Kaisers gefunden und waren wahrscheinlich 306–311 n. Chr. für den ehemaligen Kaiser und seine Mutter errichtet worden. *Spätantike Kaisergräber*

Auch private Grabmäler und Grabbauten in Rom und den Provinzen, selbst bescheidene Grabsteine, lassen sich gut datieren, wenn der Inschrift historische Angaben über Person oder Laufbahn des Bestatteten (Ämter, Zugehörigkeit zu einer bestimmten Legion, Tod in einem bestimmten Krieg oder Gefecht) zu entnehmen sind. So gibt zum Beispiel die Inschrift auf dem oberen Rand des prachtvollen Sarkophags des Junius Bassus in Rom an, dass der Verstorbene Stadtpräfekt war und 359 mit 42 Jahren starb (CIL VI 32004). Die Athener errichteten 114–116 n. Chr. dem kommagenischen Prinzen Philopappos für erhaltene Wohltaten ein heute noch weithin sichtbares Grabmal aus hymettischem Marmor auf der Spitze des Musenhügels (IG II² 3451 a–e; Travlos 1971, 462–465).

d) Keramik (Terra Sigillata)

Die *Terra Sigillata*, eine Gattung von Tafelgeschirr der römischen Feinkeramik, gehört zu den am besten erforschten antiken Keramikgattungen. Der (moderne) Begriff rührt von den eingestempelten Töpferzeichen, die wichtige chronologische Hinweise liefern. Sie hat eine leuchtend rote Glasur, die Formen sind meist einfach, auf der Drehscheibe gefertigt und mit – oft figürlichen – Einstempelungen oder in Barbotine-Technik (vor dem Brand in Tonschlicker aufgetragenen Verzierungen) dekoriert. Diese Art von Keramik stammt ursprünglich aus dem östlichen Mittelmerraum, und die frühesten bekannten Gefäße stammen aus Schichten in Pergamon, die in die Mitte des 2. Jahrhunderts v. Chr. datiert werden können (so genannte pergamenische Reliefkeramik). Zwischen 40 und 30 v. Chr. begann die Produktion in Italien in Arretium (heute Arezzo), vielleicht von Künstlern (Sklaven?) aus dem Osten inspiriert; es gab noch etwa zehn weitere italische Herstellungsorte. Die Keramik aus Arezzo wurde sehr schnell in der gesamten Mittelmeerwelt marktbeherrschend. Bereits in augusteischer Zeit (um 30 v. Chr.) setzte auch die Produktion in Südgallien (Lyon) ein; der Qualitätsstandard der gallischen Ware war so hoch, dass sie im Lauf der Zeit die Position der arretinischen übernahm, deren Produktionsstätte um 60 n. Chr. ein Ende fand. Aus immer noch nicht geklärten Gründen hörte die Keramikherstellung am Ende des 2. Jahrhunderts n. Chr. auch in Gallien ziemlich abrupt auf, vom Ende des 1. Jahrhunderts n. Chr. an wurde aber in afrikanischen Werkstätten rotglasierte Feinkeramik produziert (so genannte African Red Slip ware).

Für die Chronologie entscheidend – gleich wie bei der frühen griechischen, insbesondere der korinthischen Keramik (s. o. S. 76) – waren die Ausgrabungen von Orten, die durch historische Ereignisse datiert sind, insbesondere die augusteischen und tiberischen Grenzbefestigungen in Germanien, die während der Hauptexportzeit der Terra Sigillata besetzt waren (Todd 1982). Grundlegend waren dabei die Arbeiten von S. Loeschcke in Haltern an der Lippe und E. Ritterling in Hofheim am Taunus. In Haltern können mindestens sieben aufeinander folgende Lager unterschieden werden, von denen das erste nicht datiert werden kann; die allgemein übliche Verbindung mit der Kampagne des Drusus 12–8 v. Chr. kann nicht belegt werden. Das Ende der Besatzung kann hingegen mit einiger Sicherheit auf 9 n. Chr. datiert werden, aufgrund einer umfangreichen Münzserie: Zahlreiche Münzen tragen als Gegenstempel das Monogramm des Legaten Publius Quinctilius Varus. Natürlich kann keine davon später als 7–9 n. Chr. datiert werden; man kann also annehmen, dass das Fort nach dem Desaster im Teutoburger Wald verlassen wurde. Für ein plötzliches Ende sprechen auch Versteckfunde im Hauptlager und Skelette im Töpferquartier; zudem war nach den Inschriften auf Bleibarren mindestens zeitweise die in der *clades Variana* untergegangene 19. Legion hier stationiert. Ein weiterer wichtiger Fixpunkt ist das Fort von Oberaden (s. u. S. 180), dessen Belegung sicher von 11–8 v. Chr. datiert werden kann, und mit dem sich eine ganze Reihe anderer Grenzbefestigungen verbinden lässt (Nijmegen, Vetera, Asberg, Mainz), in denen die gleiche Terra Sigillata gefunden wurde.

Den nächsten festen Punkt für die Chronologie der römischen Keramik bilden die Grenzkastelle aus den Regierungszeiten des Caligula (37–41 n. Chr.), Claudius (41–54 n. Chr.) und Nero (54–68 n. Chr.), von denen Hofheim (*Croftella/Cruftella*) das wichtigste ist, da eine breite Reihe verschiedenster Typen von Keramik dort gefunden wurde. Im Stadtgebiet des heutigen Hofheim entstand spätestens um 40 n. Chr. ein erstes Erdlager, das wohl in den Wirren des Jahres 69 n. Chr. zerstört wurde. 75 n. Chr. wurde

90 m entfernt ein neues, rechteckiges Kastell gebaut, das von einer Steinmauer umgeben war und 110 n. Chr. aufgelassen wurde. Der Abriss des Forts war flächendeckend (während ein Lagerdorf, in dem auch Germanen wohnten, noch bis 260 n. Chr. weiter bestand) und wird auch durch die Ziegelstempel bestätigt: Die letzten Ziegellieferungen für das mehrfach umgebaute und erneuerte Lagerbad erfolgten vor 110 n. Chr.

Für die Rekonstruktion der Keramik-Chronologie ist zudem die Invasion Britanniens am Beginn der Regierungszeit des Kaisers Claudius von Bedeutung; die frühesten römischen Schichten in Richborough, Colchester, Fishbourne und Verulamium (beim heutigen St Albans nordwestlich von London) liefern einen klaren archäologischen Horizont. Die Städte London, Verulamium und Colchester weisen einen Zerstörungshorizont auf, der in das Jahr der Revolte der Boudicca, 60/1 n. Chr., datiert werden kann. Weitere Anhaltspunkte sind der Baubeginn des Hadrianswalls kurz nach 120 n. Chr. und die Anlage der Forth-Clyde-Grenze durch Antoninus Pius kurz nach 141 n. Chr.

Britannien

e) Ziegelstempel

In augusteischer Zeit und dann vor allem seit der zweiten Hälfte des 1. Jahrhunderts n. Chr. wurden standardisierte quadratische Ziegel hergestellt, wobei das Standardmaß einen römischen Fuß (29,4 cm) bei einer Dicke von 4–5 cm betrug. Die Herstellung stand unter kaiserlicher Verwaltung, und die Ziegel erhielten vor dem Brand einen runden oder quadratischen Stempel, der den Eigentümer der Ziegelei und das Datum nennt und damit eine Datierung des daraus hergestellten Bauwerks ermöglicht. In den Provinzen wurden die Ziegel (wie die Bleirohre der Wasserleitungen) mit dem Signum der dort stationierten Legion gestempelt (Legionsstempel). Seit trajanischer Zeit tragen die Ziegel neben den Namen der Kaiser auch Konsulardaten, was eine noch präzisere Datierung möglich macht. Die erwähnten Namen füllen teilweise auch Lücken in der Prosopographie der frühen Kaiserzeit. Nach 164 n. Chr. werden keine Konsuln mehr erwähnt; der letzte gut bekannte Name auf Ziegelstempeln ist der des Kaisers Caracalla (reg. 211–217 n. Chr.), worauf eine Lücke bis zu Kaiser Diocletian besteht. Ziegel wurden aber in dieser Zeit sicher weiterhin produziert, und vielleicht gehören die Stempel, die einfach den „Kaiser" ohne Eigennamen nennen, in die „leere Zeit" des 3. Jahrhunderts n. Chr. Nebst der Datierung einzelner Gebäude ermöglichen die datierten Stempel auch eine Chronologie der Entwicklung der Bauweisen von Ziegelmauern, was bei sonst schlecht zu interpretierenden Überresten eine immerhin annähernde Datierung verschiedener Bauphasen möglich macht (eine Einführung in die Materie bei Helen 1975).

Herstellung unter kaiserlicher Verwaltung

Sammlungen von Ziegelstempeln existierten schon Mitte des 16. Jahrhunderts; die wichtigste davon stammte von Gaetano Marini, dessen 1500 Stempel enthaltendes Manuskript 1790 vollendet war, aber erst 1884 publiziert wurde. Den Nutzen gestempelter Ziegel für die Chronologie erkannte H. Dressel, der seine Methode zum ersten Mal 1886 in seinem Werk *Untersuchungen über die Chronologie der Ziegelstempel* der gens

Domitia darlegte. Eine umfassende Sammlung von über 2500 Stempeln publizierte er dann 1891 im ersten Faszikel des CIL XV, 1.

Es ist nicht immer einfach, Ziegelstempel zu lesen, da sie erheblich mehr Abkürzungen enthalten als sonst in Inschriften üblich. Ein Beispiel (CIL XV, 1 Nr. 245) aus dem Jahr 135 n. Chr.:

EX PR M A V OFFIC ANNI ZOS FIG
CERM PONT ET ACIL
COS

ex praedis M. Anni Veri, (ex) officina Anni Zosimi, (ex) figlinis Cermanianis (?); Pontiano et At(t)iliano consulibus

Problematisch kann sein, dass Ziegel lange gelagert und auch wiederverwendet werden können, wie es zum Beispiel in der aurelianischen Stadtmauer der Fall war, die große Mengen von Ziegeln mit Stempeln von Kaisern des 2. Jahrhunderts n. Chr. enthielt. Auch frühkaiserzeitliche Bauten wurden mehrfach repariert und umgebaut und in späteren Zeiten bisweilen zu Steinbrüchen für andere Gebäude. Durch die archäologischen Ausgrabungen seit dem 18. Jahrhundert wurden große Mengen an antiken Baumaterialien verschoben, so dass der Fundort von Ziegeln oft nicht dem Ort entspricht, an dem sie einmal verbaut waren. Dennoch sind Ziegelstempel von unschätzbarem Nutzen für die Baugeschichte Roms, da die Hauptstrukturen der beeindruckendsten Gebäude aus Ziegeln errichtet wurden, so zum Beispiel die *Castra praetoria,* das von Tiberius 21–23 n. Chr. erbaute Fort für die Prätorianergarde, Neros nach dem Stadtbrand von 64 n. Chr. errichtete *Domus Aurea* (das Goldene Haus), der von Domitian 81–92 n. Chr. auf dem Palatin erbaute Komplex, Forum und Märkte des Trajan (erbaut 107–113 n. Chr.) und schließlich alle Gebäude, die im 2. Jahrhundert n. Chr. im Zuge der Entwicklung Ostias entstanden. Bei den 216 n. Chr. eingeweihten Thermen des Caracalla bei der Porta Capena an der Via Appia in Rom (Aurelius Victor, *Caesares* 21, 4) machen die frühesten Ziegelstempel einen Baubeginn um 211 n. Chr. wahrscheinlich, und aufgrund der Ziegelstempel kann der Baubeginn der Basilika von Trier auf kurz nach 305 n. Chr. datiert werden.

f) Wandmalerei

Von der antiken Wandmalerei ist die römische die am besten erforschte. Sie war auch die technisch raffinierteste und ihre Farben sind aufgrund der Glättung des Wandverputzes und der abschließenden manuellen Politur besonders leuchtkräftig. Nebst Einzelfunden aus dem kaiserzeitlichen Rom und anderen Orten sind es vor allem die Überreste aus den 79 n. Chr. verschütteten Vesuvstädten Pompeji und Herculaneum, die das Bild der römischen Wandmalerei prägten (grundlegende Einführung Mielsch 2001). In Herculaneum begannen 1738 unter Karl II. von Bourbon die ersten Grabungen, 1748 in Pompeji, ein Jahr später in Stabiae. Allerdings geschah dies noch ohne wissenschaftliche Systematik oder Ausgrabungstechnik. Gefundene Fresken wurden ausgeschnitten und in die Villa des Königs nach Portici, später nach Neapel gebracht, und oft wurden die am Ort verbliebenen Wandmalereien zerstört, um das exklusive Besitzrecht des Königs zu garantieren.

Seit 1757 wurden die Funde in der Prachtreihe *Antichità di Ercolano* publiziert, was eine wahre Mode der römischen Wandmalerei in zeitgenössischen Villen auslöste. Die Forschung beschränkte sich aber noch während längerer Zeit auf mythologische und antiquarische Erläuterungen; erst 1882 schuf A. Mau mit seinem grundlegenden Werk *Geschichte der decorativen Wandmalerei in Pompeji* eine typologische und chronologische Ordnung. Seine Aufteilung ist wie folgt: 1. Stil: Inkrustationsstil (*masonry style*), ein aus dem hellenistischen Griechenland übernommenes Dekorationssystem, das die Monumentalarchitektur, das heißt aus verschiedenen Steinsorten gemauerte Quaderwände imitiert und in Pompeji im 2. Jahrhundert v. Chr. in öffentlichen Gebäuden und in den großen Häusern der Oberschicht zu finden ist. 2. Stil: Architekturstil, eine illusionistische Architekturmalerei, die von Ende 2./Anfang 1. Jahrhundert v. Chr. bis etwa Ende 1. Jahrhundert v. Chr. dauert, die Wandgliederung wird durch aufgemalte Säulen und Pilastern auf Sockeln durchbrochen; der obere Wandteil zeigt kühne Durchblicke auf weitere mehrschichtige Architekturelemente. Dazu kommen in den großen Aristokratenvillen erstmals große Figurenfriese, Landschaften mit Menschen, Tieren und Heiligtümern sowie Mythen, die nach Vorbildern der griechischen hellenistischen Tafelmalerei kopiert sind. 3. Stil: ornamentaler Stil (etwa 20 v. Chr.–40/50 n. Chr.); er ornamentalisiert und abstrahiert die gemalte Architektur und wird auch „Kandelaberstil" genannt, weil Metallständer (nebst vegetabilen Elementen) die weiße, rote oder schwarze Wand gliedern, auf der kleine Bildchen von Menschen, Pflanzen und Tieren eingestreut sind. Es herrscht eine Vorliebe für ägyptisierende Motive und Gartenlandschaften. 4. Stil: letzter oder dekorativer Stil (etwa Mitte bis Ende des 1. Jahrhunderts n. Chr.); er ist sehr vielfältig und nimmt sowohl die Architekturelemente des zweiten Stils wieder auf, entwickelt aber auch den dritten weiter, zum Beispiel mit frei in die Wand eingefügten Mittelbildern, Personen, Gruppen oder ornamentalen Elementen.

> „1.–4. pompejanischer Stil"

Zu diesem sehr kurzen Überblick müssen einige grundsätzliche Bemerkungen gemacht werden: Der von Mau eingeführte Begriff Stil, mit der er jeweils eine nach typologischen Gesichtspunkten ähnliche Gruppe von Wanddekorationen zusammenfasste, entspricht natürlich nicht dem sonst üblichen Gebrauch des Begriffes (s. o. S. 19). Innerhalb jeder der vier als „Stil" bezeichneten Gruppen kann es große stilistische Unterschiede geben, sowohl in der Farbe wie in der Ausführung der einzelnen Dekorationselemente. Dennoch ist die Bezeichnung bis heute beibehalten worden. Ebenso hat die von Mau vorgenommene chronologische Einteilung zwar Verfeinerungen oder leichte Revisionen erfahren, aber keine grundlegende Veränderung. Auch an den Bezeichnungen wurde immer wieder Kritik geübt, aber bis jetzt wurde nichts Überzeugenderes gefunden, das sich hätte durchsetzen können.

Weder für den Beginn noch für das Ende der einzelnen „Stile" sind die Datierungen völlig festgelegt, aber es gibt einige Fixpunkte, die das System stützen: Der so genannte erste Stil (Mielsch 2001, 21–27) ist keine römische Erfindung, sondern findet sich in allen Gegenden der hellenistischen

> Fixpunkte der Chronologie

Welt, aber es kann nicht genau bestimmt werden, wann er in Italien übernommen wurde, da Beispiele aus Rom noch unpubliziert sind und die frühen Häuser in Pompeji bislang nicht genau datiert werden können; klar ist nur, dass er im 2. Jahrhundert v. Chr. allgemein verbreitet war. 80 v. Chr. machte der Diktator Sulla Pompeji zur Veteranenkolonie (*colonia Veneria Cornelia Pompeianorum*); es ist nicht ganz klar, wo und in welchem Umfang Kolonisten aus Rom angesiedelt wurden. Die im zweiten Stil (Mielsch 2001, 29–66) dekorierten Gebäude sind alle nach diesem Zeitpunkt zu datieren, so dass angenommen wurde, dass die Kolonisten diese Dekorationsform mitbrachten. Man hat daher deren Beginn etwas früher angesetzt. Für den dritten Stil (Mielsch 2001, 67–78) gibt es einen Fixpunkt, nämlich die Wand- und Deckengemälde der Cestius-Pyramide in Rom, die erstmals die charakteristischen Kandelaber zeigen. Eine Inschrift nennt den 12 v. Chr. verstorbenen Agrippa als Miterben des Cestius; das Grabmonument muss also vor diesem Zeitpunkt entstanden sein. Andererseits kann aber die Bemalung kaum vor 20 v. Chr. entstanden sein, da die große Gruppe des späten zweiten Stils durch das Haus des Augustus in Rom um und nach 30 v. Chr. datiert ist. Im Gegensatz zu diesem gut gesicherten Punkt ist der Beginn des vierten Stils (Mielsch 2001, 79–93) immer noch umstritten. Die römische Wandmalerei hörte natürlich nicht mit dem Untergang der Vesuvstädte 79 n. Chr. auf (vgl. Mielsch 2001, 93–138). Zahlreiche spätere, v. a. spätantike Komplexe sind durch die Gebäude, in denen sie sich befinden, datiert.

g) Holzkonstruktionen

Wie schon oben in Abschnitt II.1 festgestellt, sind vor allem aus den römischen Provinzen beträchtliche Mengen an Holz erhalten, dessen Wert als chronologische Quelle erst seit vergleichsweise kurzer Zeit genutzt wird. Ein Beispiel ist das römische Fort in Oberaden (*Aliso*) im Mündungsbereich der Lippe (*Lupia*), das auch für das Studium der Chronologie der Terra Sigillata von Bedeutung ist, da es nur während kurzer Zeit besetzt war und sowohl Anfang wie Ende der Besetzung präzise datiert werden können: Der römische Vormarsch im Tal der Lippe begann entweder 12 oder 11 v. Chr., und man hat angenommen, dass sogleich im Zuge dieses Vormarschs eine Basis in Oberaden errichtet wurde. Die dendrochronologischen Daten bestätigen nun den Beginn 11 v. Chr. Die Besetzung dauerte aber höchstens drei Jahre. Im Allgemeinen wird das Datum der Aufgabe der Anlage mit dem Tod von Augustus' Stiefsohn Drusus 8 v. Chr. in Verbindung gebracht (vgl. Cassius Dio LIV 33, 4). Damit stimmen wiederum die Münzfunde überein, denn die spätesten Stücke stammen aus der ersten Emission einer Reihe der Münzstätte in Nemausus (Nîmes), die 10 v. Chr. endete.

Auch andere römische Militäranlagen konnten mithilfe der Dendrochronologie präzise festgelegt werden, so die Rheinuferbefestigung von Mainz (3 n. Chr.) und die Römerbrücke von Trier, die älteste Brücke nördlich der Alpen, die heute noch benutzt wird (s. o. S. 51). Die heute sichtbare Steinpfeilerbrücke ist der Nachfolgerbau älterer Pfahlrost- und Holzkonstruktionen, die an der Stelle einer natürlichen Moselfurt errichtet wurden. Die ältesten vier Pfähle lassen sich auf 18/17 v. Chr. datieren und wurden in schlagfrischem Zustand eingerammt; sie wurden an verschiedenen Stellen der vespasianischen Brücke von 71 n. Chr. gefunden, die den augusteischen Vorgängerbau ersetzte. Die massiven, 23–31 cm dicken Pfähle mussten sicher mit Ramm-Maschinen, die auf Arbeitsflöße montiert waren, eingemauert werden. 144 n. Chr., in antoninischer Zeit, wurde an derselben Stelle eine Steinpfeilerbrücke gebaut, die anhand der Holzkonstruktionen an ihren Wänden datiert werden kann (Cüppers 1967, 65). Bei der Trierer Römerbrücke muss es sich um die Brücke handeln, auf der die bei Tacitus, Historien IV 77, 1 geschilderten dramatischen Kämpfe zwischen Civilis und Cerialis im Jahre 70 n. Chr. stattfanden. Die dendrochronologischen Analysen zeigen, dass an allen drei Brücken immer wieder Umbauten und Reparaturen vorgenommen wurden.

Aber auch zivile Anlagen verschiedenster Zeit konnten eingeordnet werden, so zum Beispiel die römischen Thermen in Aachen (25 n. Chr.). In Trier wurden 1908/9 umfangreiche Holzkonstruktionen (Schwellen, Bohlen, Bretter) und Teile einer Bühnenmaschinerie im erst wenige Jahre zuvor entdeckten ausgedehnten Keller unter der Arena des Amphitheaters ausgegraben (Trier 1987, 176). Die Schwelle lässt sich genau auf das Jahr 294 n. Chr. datieren, die Fällungszeit für das Holz der Bühnenmaschinerie war 298 +/–8 Jahre. Einige weitere Holzproben zeugen von Umbauten und Reparaturen sogar noch nach 305 n. Chr. Diese Arbeiten hängen wohl damit zusammen, dass der Caesar Constantius I. Trier 293 n. Chr. zu seiner Residenzstadt machte und zur Festigung seiner Stellung unter anderem wichtige repräsentative Stätten erneuern ließ (eine Ehreninschrift bezeugt auch einen Umbau des Zirkus in dieser Zeit). Von 310 n. Chr. an begann in Trier ein umfangreiches Bauprogramm, das offiziell mit dem fünfjährigen Regierungsjubiläum des Konstantin in Verbindung gebracht wurde; womöglich lagen die Anfänge der Maßnahmen aber auch schon vorher. Konstantin, der nach seinem Sieg über Maxentius Alleinherrscher des Westens geworden war, kümmerte sich jedenfalls 313–15 verstärkt um die Verteidigung der Rheingrenze, womit auch weitere Reparaturen (auf 315 n. Chr. zu datierende Pfähle in den Pfahlrosten) an der Brücke von Trier zusammenhängen dürften.

Amphitheater von Trier

3. Spezifische Zeugnisse der Spätantike

a) Regierungsjubiläen (Decennalien, Quinquennalien)

293 n. Chr. Tetrarchen-Monument in Venedig
303 n. Chr. Fünfsäulen-Monument auf dem Forum Romanum in Rom
322 n. Chr. Silberschalen der Licinier
388 n. Chr. Theodosius-Missorium

Bereits Septimius Severus hatte 203 n. Chr. sein zehnjähriges Regierungsjubiläum aufwendig gefeiert (s. o. S. 169). Ihm folgte für nahezu neun Jahrzehnte eine große Anzahl Soldatenkaiser, die von der Armee inthronisiert, meist nicht lange danach auch wieder abgesetzt und umgebracht wurden oder in den während der Krise des 3. Jahrhunderts n. Chr. zahlreichen stattgefundenen Kämpfen an den Grenzen fielen. Die politische Instabilität der Zeit lässt sich archäologisch auch schon daran erkennen, dass auf den römischen Münzen der Jahre 235–285 n. Chr. nicht weniger als 40 Personen in Anspruch nehmen, Kaiser zu sein! Danach war es in Perioden relativer Stabilität wohl mehr denn je ein Anliegen, Kontinuität zu betonen: Fünf-, zehn- und zwanzigjährige Regierungsjubiläen (*quinquennalia, decennalia, vicennalia*) wurden aufwendig begangen. Etwa um die Mitte der 80er Jahre des 3. Jahrhunderts n. Chr. versuchte Kaiser Diocletian (reg. 284–305 n. Chr.), der ständigen Gefahr von Revolten und Erhebung von Generälen zu Gegenkaisern durch ein neues System entgegenzuwirken, das in den kommenden Jahren kontinuierlich ausgebaut wurde: In der Tetrarchie herrschten zwei Augusti mit je einem Caesar an ihrer Seite; nach einer bestimmten Zeit sollten die Augusti gleichzeitig abdanken und die Caesares nachrücken. Diese Regierungsform ermöglichte, dass die oberste Gewalt des Imperiums gleichzeitig an mehreren Stellen präsent war. Diocletian erhob seinen Kriegsgefährten Maximian zum Augustus, Caesares wurden Galerius und Constantius Chlorus. Im Dienste der Herrscherrepräsentation wurde auch das Zeremoniell immer stärker ausgebaut. Die erste Tetrarchie begann offiziell 293 n. Chr. mit der Ernennung der Caesares; um diese Zeit muss auch das Tetrarchenmonument aus Porphyr entstanden sein, das vielleicht ursprünglich die Basis einer Säule bildete, 1204 aus Konstantinopel nach Venedig verschleppt wurde und dort noch heute an der Fassade von San Marco zu sehen ist. Die vier Herrscher sind einander auffallend ähnlich und tragen alle denselben Panzer mit Mantel darüber; die linke Hand umfasst den als Adlerkopf gebildeten Schwertgriff. Die beiden Augusti, Diocletian und Maximian, sind durch ihre Bärte als die älteren gekennzeichnet (obwohl sie das nur „hierarchisch", nicht vom Geburtsjahr waren) und legen den rechten Arm um die bartlosen Caesares Constantius und Galerius.

303 n. Chr., zehn Jahre später, konnten die Augusti Diocletian und Maximian ihre Vicennalia, die Caesares Galerius und Constantius Chlorus die Decennalia begehen. (Ein zwanzigjähriges Jubiläum hatte seit Antoninus Pius kein Kaiser mehr erreicht!) Aus diesem Anlass, zu dem Diocletian zum einzigen Mal in Rom war, wurde auf dem Forum Romanum in Rom das Fünfsäulenmonument (Kähler 1964) errichtet. Zwei Jahre später dankten die Augusti ab und übergaben ihre Insignien den beiden Caesares. Die Fundamentierungen der Säulen wurden wiedergefunden, erhalten ist aber nur die eine Decennalienbasis. Eine Darstellung des Monuments ist auf einem Relief des Konstantinsbogens erhalten und zeigt die Statuen der vier Kaiser in der Toga auf den korinthischen Kapitellen der Säulen, auf der fünften in Mitte stand eine Jupiterstatue. Das Relief auf dem quadratischen Sockel zeigt auf der einen Seite einen Schild mit der Inschrift CAESARUM DECENNALIA FELICITER, der von zwei Siegesgöttinnen, von denen die linke mit dem Griffel den Text niederschreibt, an einem Tropaion aufgehängt wird, an dem unten zwei Beinschienen befestigt sind und neben dem zwei Gefangene kauern. Auf der gegenüberliegenden Seite ist der in eine (das Haupt verhüllende) Toga gekleidete und von Genien bekränzte

Kaiser beim Räucheropfer dargestellt. Daneben stehen ein Priester, Opferdiener, ein Flötenspieler und der Gott selbst, auf der anderen Seite die Göttin Roma und der Sonnengott. Auf den anderen Seiten sind Opferdiener mit den Tieren für die Suovetaurilia, das Opfer von Eber, Widder und Stier zu sehen beziehungsweise eine feierliche Prozession des Senats, in der von Offizieren vier *vexilla* (Feldzeichen) mit ovalen Schilden auf dem Fahnentuch getragen werden.

Bald danach scheiterte das System der Tetrarchie, da sich die leiblichen Söhne des Maximian und des Constantius, Maxentius und Konstantin, nicht damit abfanden, dass sie zugunsten von Galerius' Neffen Maximinus Daia und des älteren Offiziers Severus übergangen wurden; Letzterer wurde schon bald von Maxentius, gegen den er erfolglos zu Felde gezogen war, zur Abdankung gezwungen.

Nach der Niederlage des Augustus Maximinus Daia 313 n. Chr. teilten sich Konstantin und Licinius die Herrschaft über das römische Reich, wobei Konstantin den Westen, Licinius den Osten erhielt; die unvermeidliche Auseinandersetzung konnte 317 n. Chr. im Frieden von Serdica noch einmal beigelegt werden. In diesem Jahr wurden Licinius' Sohn, der 315 n. Chr. geborene Licinius II. sowie die beiden Söhne Konstantins, Crispus und Konstantin II., zu Caesares ernannt. Der bald wieder entbrannte Kampf um die Alleinherrschaft endete 324 n. Chr. mit der Niederlage des Licinius bei Chrysopolis und seiner Verbannung nach Thessaloniki, wo er und sein Sohn ein Jahr später umgebracht wurden. Anlässlich des fünfjährigen Regierungsjubiläums (*Quinquennalia*) Licinius' II. am 1. 3. 322 n. Chr. wurden drei Silberschalen (München, Bayer. Hypotheken- und Wechselbank, Inv. 1, 2, 3; Liebighaus 1984, Nr. 37, 419–423) hergestellt. Sie sind von einfacher runder Form und wurden erst getrieben, dann auf der Drehbank überarbeitet. Im Zentrum befindet sich ein Medaillon, das von einem Perlkranz und einer Reihe tieferer Rillen darum herum eingefasst ist. Das Porträt Licinius' I. stellt den Augustus ohne Kranz und Krone, mit kurzen Haaren und einem sich unter dem Kinn von einem Ohr zum anderen ziehenden schmalen Bart dar. Er trägt einen Panzer, von dem auf der rechten Schulter die Verschlussklappen sichtbar sind, und das *paludamentum* (ein rechteckig geschnittener, zur Kriegstracht des Kaisers gehörender Mantel), das ebenfalls auf der rechten Schulter von einer kostbaren Fibel gehalten wird. Das Porträt ist wie eine Münze von einer Umschrift umgeben, die lautet LICINIUS AUG OB D V FIL SUI (*Licinius Augustus anlässlich des fünfjährigen Regierungsjubiläums seines Sohnes*). Die beiden anderen Schalen zeigen im Porträtmedaillon das Bild des Sohnes, der gleich gekleidet und frisiert ist, aber keinen Bart trägt; dort lautet die Inschrift jeweils LICINIUS CAES OB D V SUORUM (*Licinius Caesar anlässlich seines fünfjährigen Regierungsjubiläums*). Alle drei Schalen haben an der Außenseite nahe beim Rand einen kleinen Rundstempel, aus dessen Abkürzungen hervorgeht, dass die ersten beiden in den staatlichen Münzwerkstätten in Nikomedia, die dritte in der Münze von Antiochia hergestellt wurde; die abgekürzten Namen der verantwortlichen Beamten sind nicht mit Sicherheit zu ergänzen. Es handelte sich dabei also um offizielle Geschenke, die der Kaiser wahrscheinlich als Ehrengabe zu dem Jubiläum an hochstehende Beamte verschenkte und die womöglich als Behälter für die oft bei solchen Largi-

Licinier-Schalen

tionen verschenkten Goldmünzen dienten. Die drei Schalen gehören zu einem Schatzfund mit sechs weiteren, unverzierten Silberschalen, von denen zwei durch ihre Inschriften ebenfalls Bezug auf das Jubiläum von 322 n. Chr. nehmen. Fundort und Empfänger sind aber unbekannt, bei Letzterem lässt sich aber vermuten, dass er eine hohe Stellung am Hof des Licinius innehatte, die kostbaren Geschenke seines Kaisers in den Wirren der Niederlage von 324 n. Chr. vergrub und keine Gelegenheit mehr hatte, sie wieder zu heben.

Theodosius-Missorium

Ein weiterer Fixpunkt in der Chronologie der spätantiken Kunst ist das 388 n. Chr. entstandene Missorium des Theodosius (Madrid, Real Academia de la Historia; Liebighaus 1984, Nr. 228, 645–47), eine runde, reliefierte Silberplatte von 74 cm Durchmesser mit einem niedrigem Standring, auf dem sich die Gewichtsangabe befindet. Sie wurde anlässlich des zehnjährigen Regierungsjubiläums des Kaisers angefertigt; die Inschrift am oberen Rand lautet: DN THEODOSIUS PERPET AUG OB DIEM FELICISSIMUM X (*Der Herr, Theodosius, ohne Ende Kaiser, zum allerglücklichsten Tag, dem zehnjährigen Regierungsjubiläum*). Die Platte ist in zwei Bildzonen aufgeteilt, von denen die obere etwa zwei Drittel der Fläche einnimmt und eine viersäulige Fassadenarchitektur mit Giebel zeigt. Unter der Arkade in der Mitte sitzt die am größten dargestellte Gestalt des Kaisers Theodosius auf einer Sella mit Fußschemel. Er ist mit einer langärmeligen Tunika und einer Chlamys bekleidet, die den ganzen Körper und den linken Arm bedeckt und auf der rechten Schulter von einer prunkvollen Rundfibel gehalten wird. Über den Stirnhaaren ist ein Diadem sichtbar, der Kopf ist von einem großen Nimbus umgeben. Zur Rechten des Kaisers nähert sich dem Thron ein Beamter, um mit verhüllten Händen ein Diptychon oder etwas Ähnliches aus der Hand des Kaisers in Empfang zu nehmen. Gleich gekleidet und ebenfalls mit Nimbus, aber kleiner und etwas im Hintergrund dargestellt, thront im Interkolumnium zur Rechten des Theodosius ein weiterer Kaiser, wohl Valentinian II. seit 378 n. Chr. Augustus des Westreiches. In der linken Hand hält er einen Globus, mit der erhobenen rechten stützt er sich auf sein Zepter. Noch etwas kleiner und weiter im Hintergrund thront links von Theodosius sein älterer Sohn Arcadius, seit 383 Mitkaiser; er ist im selben Schema wie die beiden anderen dargestellt, hält in der linken Hand einen Globus und hat die rechte im Redegestus erhoben. Zu beiden Seiten der Säulenarchitektur stehen je zwei Leibwächter mit Schild und Lanze. Im kleineren unteren Bildfeld lagert Tellus („Mutter Erde") mit einem Füllhorn im Arm, umgeben von Ähren; drei kleine Eroten mit Gaben in den Händen schweben auf das obere Bildfeld zu. Die symmetrische, auf die Mittelachse bezogene Verteilung der Figuren – Theodosius genau in der Mitte, zwischen den kleineren Mitregenten und über der personifizierten, auf antike Vorbilder zurückgehenden Erde – betont noch die majestätische Würde und die Hierarchie der Welt, in der über allem der Kaiser steht.

„Hacksilber"

Wie die Licinierschalen gehört auch diese Platte zu den kostbaren Geschenken, die zum Anlass eines Regierungsjubiläums hergestellt und vom Kaiser an hohe Würdenträger des Reichs verschenkt wurden. Theodosius residierte im Ostreich und beging seine Decennalien in Konstantinopel und Thessaloniki, so dass das Missorium wohl auch in einer dieser Städte hergestellt wurde. Die Silberplatte ist heute in zwei fast gleich große Stücke zerbrochen, was auf eine absichtliche Zerstörung mit einem Meißel oder einem ähnlichen Werkzeug zurückzuführen ist. Zur Zeit der Völkerwanderung pflegten Germanen, denen es nur auf den Materialwert ankam, oft antikes Silbergerät zu zerteilen; Funde von „Hacksilber" sind daher typisch für diese Epoche.

b) Konsulardiptycha

Ein Diptychon (griech.) ist eine für die spätrömische Zeit charakteristische, aus zwei Tafeln bestehende und zusammenklappbare Schreibtafel aus Holz oder Elfenbein, manchmal sogar aus Silber oder Gold, deren vertiefte und mit Wachs gefüllte Innenflächen zum Schreiben benutzt wurden, während die Außenseiten verziert waren. Große Elfenbein-Diptychen sind manchmal aus mehreren Stücken zusammengesetzt. Die beiden Platten waren durch Stangenscharniere verbunden; die Ösenplatten sind in Schlitzen der Ränder festgekittet und mit den freien Enden um die Scharnierstange gebogen. Diese Scharniere sind nur selten erhalten; die Stangen bestehen aus Silber oder Elfenbein, die Ösenplatten und Nietenstifte aus vergoldetem Silber. An den äußeren Rändern gibt es Bohrlöcher für einen Schnurverschluss.

Einen besonderen Typus dieser Gattung in der Spätantike stellen die Konsulardiptycha aus Elfenbein dar, die deshalb so bedeutend sind, weil sie sich über anderthalb Jahrhunderte erstrecken und dabei fest datiert und fast immer auch lokalisiert sind (zum Folgenden Delbrueck 1929). Sie sind ein Luxusprodukt und wurden für die oberste Gesellschaftsschicht hergestellt, sie sind außerdem eines der wenigen Kunstprodukte mit ausgesprochen weltlichem Charakter in einer Epoche, in der die meisten Monumente einen christlichen Inhalt haben. Die Konsulardiptycha wurden jährlich zum Amtsantritt verschenkt. Sie sind zum ersten Mal in einem Gesetz von 384 n. Chr. erwähnt (Codex Theodosianus XV 9, 1), das den Luxus der Geschenke zur Feier des Amtsantritts zu beschränken versucht. Der römische Dichter Claudianus (um 370– nach 403 n. Chr.) beschreibt um 400 n. Chr. die Konsulardiptycha des Stilicho (*De consulatu Stilichonis* III 346–8). Obwohl das erwähnte Gesetz das Verschenken von Elfenbeindiptycha eigentlich auf Konsuln beschränkt, konnten andere Beamte, die ihren Amtsantritt auf diese Weise zu feiern wünschten, den dafür nötigen kaiserlichen Dispens offenbar ohne Probleme erhalten: Auch von Quaestoren, Patricii (die höchste Würde im Reich neben dem Konsulat), in einem Fall einem *Tribunus et Notarius* (ein Amt, mit dem meist die Verwaltungslaufbahn vornehmer Jünglinge begann), sind Diptychen erhalten. Die Inschriften, die bei den westlichen Konsuln auf der hinteren, bei den östlichen auf der vorderen Tafel beginnen, nennen den Namen, danach die Amtstitel, zuletzt das Konsulat (*Consul ordinarius*), die bereits absolvierten Ämter werden mit *ex* gekennzeichnet. Ausgehend von den jährlich wechselnden Konsuln in den verschiedenen Hauptstädten des spätrömischen Reiches kommt Delbrueck 1929, 10 auf Hunderttausende von Diptychen, die es gegeben haben muss. Vor allem von den einfachen und bis auf die Inschrift

Geschenke zum Amtsantritt

schmucklosen sind nur wenige erhalten, da die meisten davon (wie auch etliche der verzierten Stücke) im Mittelalter in Buchdeckel verarbeitet wurden, so zum Beispiel das Elfenbeindiptychon des Flavius Messius Phoebus Severus von 470 n. Chr. (Leipzig, Stadtbibl.; Delbrueck 1929, N 5). Der aus Rom stammende Severus lebte im Kreise der Neuplatoniker in Alexandria, bis ihn Kaiser Anthemius bei seiner Thronbesteigung 467 n. Chr. zu sich nach Rom rief und zum Stadtpräfekten, Konsul und einflussreichen Berater machte.

Großfiguriger Typus   Bei den verzierten Stücken gibt es mehrere Typen: Bei den großfigurigen wird die Tafel von je einer – oft in einem Säulenjoch stehenden – Figur ausgefüllt. Ein Beispiel dafür ist das Diptychon der vornehmen römischen Familien der Symmachi und Nicomachi (London, Victoria and Albert Mus., Inv. 212–1865; Delbrueck 1929, Kat. N 54), das 388–394 n. Chr. aus Anlass der Hochzeit des Nicomachus Flavianus mit der Tochter des Quintus Aurelius Symmachus entstand. Es zeigt auf jeder Seite eine opfernde Priesterin an einem Altar unter einer Pinie. Auf der Rückseite steht sie vor einem Rundaltar und hält in jeder Hand eine gesenkte Fackel; an einem Ast der Pinie hängen zwei Kymbala. Auf der Vorderseite steht sie vor einem rechteckigen, mit einem Girlandenrelief verzierten Altar, auf dem ein Feuer brennt, und entnimmt einem kleinen Gefäß ein Weihrauchkorn; hinter dem Altar steht eine kleine Opferdienerin, die in der rechten Hand einen Kantharos (Trinkgefäß mit hohem Fuß und zwei Henkeln), in der linken eine Schale mit Früchten hält.

Tribunaltypus   Beim so genannten Tribunaltypus ist im oberen Abschnitt der Beamte in seinem Tribunal zu sehen, meist thronend, manchmal mit Begleitern, unten meist Spiele oder andere von ihm organisierte Anlässe. Diese Darstellung zeigt das jetzt in den Deckel eines Evangeliars verarbeitete Teilstück eines Elfenbeindiptychons von 449 n. Chr. (Darmstadt, Hess. Landesmus., Inv. Elfenbeinslg. 1; Delbrueck 1929, N 4) für Flavius Asturius, Militär in Gallien und Spanien, der sein Amt als Konsul 449 n. Chr. in Arles antrat. Er sitzt in einem aus vier korinthischen Pfeilern, Gebälk und Attika gebildeten Tribunal auf der *Sella* (dem Amtssessel des Konsuls), in der linken Hand das Zepter, die rechte im Schoß mit einer Schriftrolle; zu beiden Seiten steht je ein Liktor. Weitere Beispiele diese Typus sind das Elfenbeindiptychon des Flavius Areobindus Dagalaifus (Zürich, Landesmus. Inv. 3564; Delbrueck 1929, N 9), das laut Inschrift zum Jahre 506 n. Chr. gearbeitet wurde, als Areobindus das Konsulat bekleidete. Er ist sowohl auf der Vorder- wie auf der Rückseite in reich verzierten Gewändern auf einer mit Löwenfüßen verzierten *Sella* mit Fußschemel zu sehen, mit zwei Begleitern im Hintergrund; in der unteren Bildhälfte sind jeweils Tierspiele in der Arena dargestellt, vorne eine blutige Tierhetze (*venatio*), hinten ein unblutiges Geschicklichkeitsspiel.

Diptychon des Orestes   Eines der letzten datierten Stücke ist das Elfenbeindiptychon des Orestes von 530 n. Chr. (London, Victoria and Albert Mus. Inv, 139–1866; Delbrueck 1929, N 32), das laut Inschrift anlässlich des Konsulats des Rufus Gennadius Probus Orestes, Sohn des Avienus (cos. 502 n. Chr.) hergestellt wurde. Es zeigt den Konsul im üblichen Tribunaltypus, hier aber umgeben von den Personifikationen der beiden Hauptstädte, Roma und Konstantinopel; im schmalen unteren Bildfeld sind jeweils zwei von beiden Seiten herbeeilende kleine Diener mit prall gefüllten Geldsäcken zu sehen, der Boden um sie herum ist mit Münzen, runden und eckigen Platten gefüllt.

Wie Farbreste noch erkennen lassen, waren die Diptycha vollständig bemalt. Herstellungsorte waren im Westen natürlich in erster Linie Rom, daneben die neuen Hauptstädte Ravenna und Mailand, in Gallien Arles und vielleicht Trier. Im Ostreich war Konstantinopel das Zentrum der Kunstproduktion. Afrikanisches und ein Großteil des indischen Elfenbeins gelangte nach Alexandria, vielleicht auch nach Antiochia und in andere syrische Städte. Die Konsulardiptycha gibt es – zusammen mit dem zugehörigen Amt – in Rom seit 534 n. Chr., in Konstantinopel seit 541 n. Chr. nicht mehr.

c) Kirchen

Die christliche Gemeinde in Rom war eine der größten des Reiches, obwohl die soziale und geistige Oberschicht in Rom noch längst nicht christianisiert war. Hier befanden sich auch zahlreiche Apostel- und Märtyrergräber; von den Kirchen wurden mehrere von Konstantin selbst oder Angehörigen seiner Familie gestiftet. Für den Stil der spätrömischen Architektur ist der christliche Sakralbau die wichtigste Leistung (vgl. Kähler 1982). Vorherrschende Bauform der Kirche frühchristlicher Zeit ist die Basilika, die durch ein breites und hohes Mittelschiff mit einer runden Apsis am östlichen Ende und niederen Seitenschiffen bestimmt ist. Licht kommt durch die Fensterreihe im Obergaden des Mittelschiffs, oberhalb der Seitenschiffe. Diese Ausrichtung des Raums, in der das Mittelschiff wie eine lichterfüllte Straße zur Apsis führt, ist dabei das neue und charakteristische, was der Basilika das den Raum erfüllende Spannungsverhältnis gibt. Mit der Bezeichnung Basilika wurde in konstantinischer Zeit wohl wiederum die ursprüngliche Bedeutung „Königshalle" verbunden: Die Basilika war ein *dominicum*, ein Sitz des Herrn (Kähler 1982, 93).

Basilika

Das Vorbild für die christliche Basilika entstand in Rom: Auf einem römischen Hausgrundstück und auf dem planierten Gelände der Kaserne der *Equites Singulares* hatte Konstantin bereits 313/4 n. Chr. S. Giovanni in Laterano (damals *Basilica Constantiniana*) als Dank für die siegreiche Schlacht am Pons Milvius errichten lassen. Die fünfschiffige Kirche besteht aus zwei niedrigen Seitenschiffen zu beiden Seiten des Mittelschiffs, die von 21 schlanken Säulen auf Sockeln, die die oberen Wände trugen, voneinander abgetrennt waren; das hohe Mittelschiff mit den Fenstern war von jeweils 15 massiven Säulen aus Rosengranit getragen. Das Langhaus wurde im Osten durch Türen vom Atrium her, einem der Kirche vorgelagerten Säulenhof, betreten. Vorher gab es keine Kirche in Form einer Basilika, was vielleicht auch damit zusammenhängt, dass der Lateran die römische Bischofskirche war, wo der höchste Bischof amtierte, also wohl auch die entscheidenden Entwicklungen im kirchlichen Zeremoniell stattfanden, die in einer stärkeren Trennung von Klerus und Laien bestanden beziehungsweise einer verstärkten Heraushebung der Klerus in der halbrunden Apsis, wo auch der Altar steht. Alle in der Folge von Konstantin gestifteten Kirchen (St. Peter und St. Paul in Rom, die Palastkirche in Konstantinopel, die Ge-

S. Giovanni in Laterano

burtskirche in Bethlehem, die Grabeskirche in Jerusalem) waren Basiliken. Der erste Bau der St.-Peter-Basilika im Vatikan in Rom begann kurz nach 324 n. Chr., wie zum einen aus Ziegelstempel aus dem Mauerwerk der Apsis hervorgeht; zum anderen nennt der *Liber Pontificalis*, die Papstchronik des 6. Jahrhunderts n. Chr., Konstantin als Stifter und Urheber großer Landschenkungen für Unterhalt von Basilika und Klerus aus der östlichen Reichshälfte, über die Konstantin erst nach Sieg über Licinius im September 324 n. Chr. verfügen konnte.

Sta. Costanza 337–351 n. Chr. ließ Konstantins Tochter Konstantina in den Jahren ihrer Witwenschaft auf ihrem Landgut an der Via Nomentana die Kirche St. Agnese fuori le mura errichten. Nach Konstantinas Tod wurde 354 n. Chr. das Mausoleum, die heutige Kirche Sta. Costanza, angefügt (der Name der Kirche ist wohl von der ebenfalls überlieferten Namensform Constantia abgeleitet). In den Ambulatorien sind die originalen Mosaiken aus dem 4. Jahrhundert n. Chr. erhalten, die in schöner Weise zeigen, wie populär der heidnische Gott Dionysos und die dionysische Bilderwelt in der Spätantike blieben, auch in christlicher Umgebung. Als Gott einer aus dem Osten kommenden Mysterien- und Erlösungsreligion hatte Dionysos zahlreiche Berührungspunkte mit dem Christentum, und christliche und heidnische Sehnsüchte waren nicht sehr verschieden. Die Mosaiken zeigen hübsche kleine Eroten beim Keltern, Ranken, Girlanden, spielende Putti und Tiere – die heitere, friedliche Welt des Dionysos, die aber auch in einer Religion, deren Stifter gesagt hatte „ich bin der wahre Weinstock" (Joh. 15,1; 15,5) rezipiert werden konnte.

Kirchen in Konstantinopel 324 n. Chr., gleich nach dem Sieg über Licinius, hatte Konstantin an der Stelle des alten Byzanz Konstantinopel, gegründet, das zur Hauptstadt der östlichen Reichshälfte wurde. Am 11. Mai 330 n. Chr. wurde die Stadt offiziell eingeweiht. Die Stadt unterscheidet sich nicht von anderen Städten der Kaiserzeit: Sie hatte einen regelmäßigen Grundriss mit einem vom Zentrum ausgehenden Straßenraster, eine Abfolge von Plätzen und öffentlichen Bauten, und als Besonderheit eine riesige Residenz mit einer ganzen Abfolge von Palästen von Osten nach Westen. Der Ausbau wurde natürlich auch unter Konstantins Nachfolgern in großem Maße fortgesetzt. Viele Kirchenbauten wurden in byzantinischer Zeit dem Stadtgründer zugeschrieben, was aber historisch nicht belegt ist.

Große Bauherren waren in der Folgezeit vor allem das Kaiserpaar Justinian I. und Theodora. Justinians Bautätigkeit wird in den *Aedificia* (*Bauten*), einem Spätwerk des Prokop von Caesarea (geb. um 500 n. Chr., gest. nach 555 n. Chr.) verherrlicht und in geographischer Ordnung beschrieben; das erste Buch enthält die Bauten von Konstantinopel: 533–537 n. Chr. erfolgte der Wiederaufbau der im Nika-Aufstand (532 n. Chr.) völlig zerstörten zweiten Kirche der Hagia Sophia, die Einweihung am 27. 12. 537 (Prokop, *Aedificia* I 1, 22 f.). St. Sergios und Bakchos ließen 536 n. Chr. Justinian und Theodora gemeinsam erbauen (Prokop, *Aedificia* I 4, 3 f.).

Kirchen in Ravenna Im Jahre 404 n. Chr. siedelte der westliche Kaiserhof unter Honorius endgültig nach Ravenna und machte damit die Stadt zur weströmischen Residenzstadt, wofür sie durch ihre strategisch günstige Lage – Nähe zum Meer (der Kriegshafen war bereits unter Augustus ausgebaut worden), Schutz durch die Sumpfgebiete im Westen – geeignet war. Von diesem Zeitpunkt an begann ein umfassendes Ausbauprogramm der Stadt. Nach dem Ende des weströmischen Kaisertums wurde Ravenna 476 n. Chr. Residenzstadt des Königs Odoaker, 493 n. Chr. der Ostgoten. 540 n. Chr. wurde Ravenna von den byzantinischen Truppen unter Belisar eingenommen und blieb in der Folge wichtiges Verwaltungszentrum. Seit 546 n. Chr. amtierte hier der bedeutende Bischof Maximian aus Pola, der zahlreiche Kirchen und liturgische Geräte stiftete und weihte und den Reliquienkult förderte. 547 n. Chr. weihte er San Vitale, zwei Jahre später die von 535–549 n. Chr. erbaute Kirche San Apollinare in Classe. Auf diese Weise wurde Ravenna zum letzten bedeutenden Zentrum christlich-antiker Kunst im lateinischen Westen, das zugleich an der Schwelle zum zunehmend germanisch geprägten Frühmittelalter steht, da bereits einige Jahrzehnte zuvor der Herrschaft des Ostgotenkönigs Theoderichs des Großen die Kirche San Apollinare Nuovo (ursprünglich S. Salvatoris) und das Theoderich-Mausoleum verdankt werden.

C. Schluss: Vom Sinn und Zweck der Chronologie

Wozu Chronologie? Artet die Beschäftigung mit Daten und Datierungen letztlich nicht ebenso wie die Stilanalyse zu einer losgelösten und selbstgenügsamen Spielerei aus? Grundsätzliche Kritik in dieser Richtung kam vor allem seit den 70er Jahren des 20. Jahrhunderts von seiten der „New archaeology", die Chronologie als wenig relevant für einen breit angelegten sozialwissenschaftlichen Ansatz ansieht und die der traditionellen Zeitrechnung vorwirft, sie vertrete ein zu modernes und der Antike fremdes Konzept von Zeit, das soziale Kontexte und Praktiken, die Zeit konstituierten, außer Acht lasse. Doch auch die New Archaeology benutzt die traditionelle Chronologie als Referenzrahmen.

Kritik an der traditionellen (und auch im vorliegenden Buch angewandten) Methode formulierte vor allem Snodgrass 1987, 36–66, der die These vertritt, zwischen Archäologie und Geschichte gebe es wenige Berührungspunkte, oder, wie er es zugespitzt formulierte (a. a. O. 37), „die griechische Archäologie ist mit ... der falschen Art von Geschichte verheiratet". Historische Ereignisse, die von den antiken Schriftstellern für wichtig gehalten würden, hinterließen im archäologischen Material oft keine Spuren, weil das Alltagsleben davon unberührt weitergegangen sei. Die Klassische Archäologie sei Opfer einer positivistischen Täuschung („positivist fallacy") geworden, die archäologische Prominenz und historische Bedeutung zu nahezu austauschbaren Begriffen mache. Was sichtbar sei, werde gleichgesetzt mit dem, was wichtig sei. Doch archäologische Daten seien keine historischen Daten: Die meist unvollständigen Ausgrabungen, die Mehrdeutigkeit und Komplexität der archäologischen Befunde erlaube keine eindeutigen historischen Interpretationen. Dies habe meist dazu geführt, dass geschichtliche Abläufe und Daten als Vehikel für archäologische Befunde gebraucht worden seien, um endgültig und eindeutig aussehende Resultate zu bekommen.

Kritik an der traditionellen Chronologie

In der Tat sind einige von Snodgrass' Einwänden nicht von der Hand zu weisen. Auf die Gefahr von Zirkelschlüssen ist in den vorausgehenden Kapiteln immer wieder hingewiesen worden. Die Versuchung ist groß, bei einem archäologischen Befund nach dem nächsten, ungefähr „passenden" historischen Ereignis zu suchen, damit den Befund zu interpretieren und diesen dann für einen Beleg für das entsprechende Ereignis zu halten. Aber ein Krieg, sogar die Eroberung einer Stadt, muss nicht unbedingt Spuren in der Stratigraphie hinterlassen haben, wenn die Einnahme auf keinen oder nur wenig Widerstand stieß und der Sieger den Ort und seine Gebäude für eigene Zwecke nutzen wollte (vgl. dazu z. B. Kapitel IV).

Gefahr von Zirkelschlüssen

Berechtigt ist auch der Einwand, dass die Verbindung von Archäologie und historischen Abläufen fast nur – oder jedenfalls weitaus am besten – in den zentralen Epochen der griechischen und römischen Geschichte funktioniert, und zwar in der Regel in den sowohl chronologisch wie geographisch zentralen (Snodgrass 1987, 39): Je mehr man sich vom zentralen und südlichen Griechenland des 5. und 4. Jahrhunderts fortbewegt, vor allem zu erheblich früheren und abgelegeneren Epochen, desto spärlicher wird die historische Dokumentation, und desto mehr wird von der Archäologie erwartet, dass sie die Lücken ausfüllt. Ein ähnliches Phänomen ergibt sich, wenn man sich von Rom wegbewegt, namentlich in die Provinzen. Diese Unausgewogenheit wird im vorliegenden Buch auf den ersten Blick deutlich, wo in den ersten Kapiteln auf einzelne Orte oder sogar Einzelmonumente und die damit verbundenen Probleme ausführlich eingegangen wurde, während in den Kapiteln VIII–X (klassische, hellenistische und römische Zeit) angesichts der Fülle des Materials und der Dokumentation nur noch exemplarisch gearbeitet werden konnte.

Ungleichmäßige Überlieferung

Sowohl das archäologische Material wie auch die historischen Quellen sind für verschiedene Gegenden beziehungsweise Epochen sehr ungleichmäßig erhalten, und meist auf gewisse Zentren beschränkt. Daher sind Listen von datierten Kunstwerken, wie sie die Verfasserin selbst schon erstellt hat (DNP 16, 2003, 519–524), tatsächlich trügerisch, denn sie vermitteln auf den ersten Blick ein Bild von Einheit und Kontinuität, die es so nie gegeben hat. Erst auf den zweiten Blick wird bei solchen Zusammenstellungen klar, dass die angeführten Monumente aus verschiedensten Gattungen und teilweise weit auseinander liegenden Orten und Kontexten stammen. In gewissem Maß hat dazu aber auch die archäologische und historische Forschung selbst beigetragen, da sie lange Zeit die Peripherie der antiken Welt als „Randgebiete" sehr stiefmütterlich behandelte. Insofern liegt der von Snodgrass hervorgehobene Missstand nicht nur an den historischen und archäologischen Quellen selbst. Die teilweise erst in jüngster Zeit intensiver betriebene Erforschung sowohl der schriftlichen wie der materiellen Kultur von Spätantike einerseits und „Randgebieten" andererseits wird wohl im Laufe der Zeit zu einem ausgewogeneren Bild der gesamten antiken Welt führen, in der sich auch das chronologische Netz weiter spannen lässt.

Ziel der Chronologie

Trotz aller Einwände und berechtigten Warnungen vor zuviel naivem Positivimus kann aber keine Rede davon sein, dass Archäologie und Geschichte in verschiedenen Realitäten stattfänden und sich nur selten überschneiden (Snodgrass 1987, 40f.). C. Renfrew (1973, 121) lieferte den nüchternen Grundsatz: „A good objective chronology does not say *what* happened in the … past, only *when* it happened." Die Chronologie soll ja auch keine Interpretationen liefern, wohl aber die unentbehrlichen Grundlagen, die sie ermöglichen: Die Frage nach dem Wann kann schon ein Stück der Antwort auf die Frage nach dem Warum geben. Zwei konkrete Beispiele mögen dies veranschaulichen:

Gräber in Attika

Ein Beleg für die Armut im Attika der frühgeometrischen Zeit war der Inhalt der Gräber, nicht nur das Fehlen von Metall, sondern vor allem das Vorhandensein von Objekten, die als erheblich älter als der übrige Grabinhalt erkannt werden konnten. Bei diesen „Erbstücken", die offenbar über Generationen gepflegt wurden, handelte es sich auch um relativ einfache Objekte, wie etwa gravierte Siegel. Chronologisch lässt sich feststellen, dass man sie zur Zeit, als die Gräber angelegt wurden, offenbar nicht mehr herstellen konnte.

Amphorenstempel

Sobald es möglich wurde, Amphorenstempel zu datieren (s. o. S. 116f.) und damit auch die Herkunft der Amphoren zu bestimmen, gewann man völlig andere Vorstellungen vom antiken Handel. Bei Handel und Export hatte man vorher fast nur an bemalte, prachtvolle Vasen gedacht, nun konnten die in großen Mengen gehandelten Konsumgüter für den täglichen Bedarf ermittelt werden. Die Amphorenstempel ermöglichten die Kenntnis, wann aus welchen Orten welche Produkte wohin exportiert wurden, und in welcher Menge. Dies ermöglichte einen enormen Erkenntniszuwachs für die Sozial- und Wirtschaftsgeschichte der Antike.

Erst die Kenntnis des Anlasses der Errichtung eines Bauwerks oder eines Monuments ermöglicht die Interpretation seiner Form und seiner Dekoration. Symbolische Deutungen künstlerischer Darstellungen gehen ohne sichere Datierung und genaue Kenntnis des historischen Kontextes meist in die Irre (vgl. z. B. Kap. VII). Ein weiteres Beispiel für die Wichtigkeit einer möglichst genauen Datierung ist die Nike von Samothrake (s. o. S. 152), die zuerst mit Demetrios Poliorketes (4./3. Jh. v. Chr.) in Verbindung gebracht wurde. Erst die richtige Datierung (190 v. Chr.) und damit die Einbindung in den historischen Ablauf der Ereignisse erklärt, warum teilweise rhodischer Marmor für das Kunstwerk vewendet wurde und die Siegesgöttin auf einer Prora, einem Schiffsvorderteil steht. Auch Analysen von Erscheinungen wie Stilpluralismus, Archaismus, Klassizimus (s. o. S. 28 f.) sind überhaupt erst möglich vor dem Hintergrund der gleichzeitigen politischen Situation und damit meist auch der Kenntnis von Auftraggeber und Anlass eines Kunstwerkes. Das Interessante, die interpretatorische Herausforderung, ist oft gerade die (scheinbare?) Widersprüchlichkeit von Form und Inhalt: Wie konnte eine so schöne, erotische Frauenfigur mit durchscheinenden, im Wind flatternden, an den Körper gedrückten Gewändern für einen militärischen Sieg, einen gewonnenen Krieg geschaffen werden? Erst die Chronologie macht die Auseinandersetzung mit solchen ästhetischen Fragen fruchtbar.

Von aller Kritik bleibt jedoch die Warnung bestehen, dass man sich davor hüten sollte, die materielle Überlieferung als bloße „Illustration" zur schriftlichen oder umgekehrt diese vorschnell als bloße Erläuterung zu den Monumenten zu verstehen. Von Fall zu Fall ist ein sorgfältiges Abwägen nötig; aber erst die Verbindung der verschiedenen Arten von Überlieferung (die sich auf diese Weise gegenseitig „befruchten") macht eine chronologische Einordnung und damit eine plausible Interpretation überhaupt möglich.

Datierung Grundlage für Interpretation

Bibliographie

Allgemeines

Boardman, SVA: J. Boardman, Schwarzfigurige Vasen aus Athen (Mainz 1977).
Boardman, RVA 1: J. Boardman, Rotfigurige Vasen aus Athen. Die archaische Zeit (Mainz 1981).
de Boor: C. de Boor, Theophanes Confessor. Chronographia, 2 vol. (Leipzig 1883–1885).
FGrHist: F. Jacoby, Die Fragmente der griechischen Historiker, 3 Teile in 14 Bd. Berlin 1923–1958 (1: Leiden ²1957).
fr. Radt: St. Radt, Tragicorum Graecorum Fragmenta, Bd. 4: Sophocles, 2. Aufl. (Göttingen 1999).
GGM: Geographi Graeci Minores, ed. C. Müller (Paris 1855).
IDélos: Inscriptions de Délos, ed. F. Durrbach (Paris 1926–1937).
IG: Inscriptiones Graecae (Berlin 1873 ff.).
ILLRP: A. Degrassi (Hrsg.), Inscriptiones Latinae Liberae Rei Publicae (2 Bd., Göttingen 1957–63; Ndr. 1972).
Knigge 1991: U. Knigge, The Athenian Kerameikos. History – Monuments – Excavations (Athen).
Lullies – Hirmer: R. Lullies, Griechische Plastik. Von den Anfängen bis zum Beginn der Römischen Kaiserzeit. Aufnahmen von M. u. A. Hirmer (München ⁴1979).
Overbeck: J. Overbeck, Die antiken Schriftquellen zur Geschichte der bildenden Künste bei den Griechen (Leipzig 1868, Ndr. Hildesheim 1959).
K. Randsborg (ed.): Absolute chronology. Archaeological Europe 2500–500 BC (Acta Archaeologica Suppl. Vol. I, Kopenhagen 1996).
Travlos 1971: J. Travlos, Bildlexikon zur Topographie des antiken Athen (Tübingen).
Hinweis: Zu weiteren Abkürzungen vgl. das Abkürzungsverzeichnis in Band 1 des Neuen Pauly/DNP (Stuttgart 1996).

A. Relative Chronologie

I. Stratigraphie

Biers 1992: W. R. Biers, Art, Artefacts and Chronology in Classical Archaeology (London/New York).
Daniel 1982: G. Daniel, Geschichte der Archäologie (Köln; englisch London 1981).
Graepler 1997: D. Graepler, Tonfiguren im Grab: Fundkontexte hellenistischer Terrakotten aus der Nekropole von Tarent (München).
Siebler 2001: M. Siebler. Troia. Mythos und Wirklichkeit (Stuttgart).

II. Stil

Bäbler 1999: B. Bäbler, Epochenbegriffe III: Klassische Archäologie, DNP 13, 1999, 1001–1008.
Borbein 2000: A. H. Borbein, Formanalyse, in: ders. – T. Hölscher – P. Zanker, Klassische Archäologie. Eine Einführung (Berlin).
Brahms 1994: T. Brahms, Archaismus. Untersuchungen zu Funktion und Bedeutung archaistischer Kunst in der Klassik und im Hellenismus (Frankfurt).
Brendel 1990: O. J. Brendel, Was ist römische Kunst? (Köln, urspr. Yale 1990) [*Brillante Synthese, die sich mit ästhetischen, historischen und terminologischen Aspekten des Problems befasst*].
Himmelmann 1960: N. Himmelmann, Der Entwicklungsbegriff der modernen Archäologie, Marburger Winckelmann-Programm 13–40.
Hofter 2003: M. R. Hofter, Stil, Stilanalyse, Stilentwicklung, DNP 15/3, 289–297.
Jucker 1950: H. Jucker, Vom Verhältnis der Römer zu bildenden Kunst der Griechen (Frankfurt).
Knell 1993: H. Knell, Die Anfänge des Archaismus in der griechischen Architektur (Xenia 33, Konstanz).
Krumeich 2002: R. Krumeich, „Euaion ist schön". Zur Rühmung eines zeitgenössischen Schauspielers auf attischen Symposiongefäßen, in: S. Moraw – E. Nölle (Hrsg.), Die Geburt des Theaters in der griechischen Antike (Mainz) 141–145.
Leibundgut 1989: A. Leibundgut, Künstlerische Form und konservative Tendenzen nach Perikles. Ein Stilpluralismus im 5. Jahrhundert v. Chr.? (10. Trierer Winckelmann-Programm).
Martini 1993: W. Martini, Der Wandel der Frauenmode in der Zeit der Perserkriege, Wissenschaftliche Zeitschrift Rostock, 75–80.
Miller 1997: M. C. Miller, Athens and Persia in the Fifth Century BC. A Study in Cultural Receptivity (Cambridge) [*Grundlegende und umfassende Studie über die gegenseitige Beeinflussung zweier meist in erster Linie als Feinde wahrgenommener Mächte*].
Neudecker 1999: R. Neudecker, Kopienwesen, DNP 6, 726–728 [*mit Lit.*].

Robertson 1988: M. Roberston, The State of Attic Vase Painting in the Mid-Sixth Century, in: Papers on the Amasis Painter and his world (Malibu), 13–28.

Schmaltz 1983: B. Schmaltz, Griechische Grabreliefs (Darmstadt).

Taplin 1993: O. Taplin, Comic Angels and other Approaches to Greek Drama through Vase-Paintings (Oxford).

Wegner 1972: M. Wegner, Gleichzeitiges – Ungleichzeitiges, in: R. Stiehl – G. A. Lehmann, Antike und Universalgeschichte. Festschrift H. E. Stier (Münster), 72–87.

Zanker 1974: P. Zanker, Klassizistische Statuen. Studien zur Veränderung des Kunstgeschmacks in der römischen Kaiserzeit (Mainz).

Zanker 1987: P. Zanker, Augustus und die Macht der Bilder (München).

B. Absolute Chronologie und „chronologisches Netz"

I. Einleitung

Grafton 1993: A. Grafton, Joseph Scaliger. A Study in the History of Classical Scholarship. II: Historical Chronology (Oxford) [*Umfassende Forschungsgeschichte*].

Holford-Strevens 2005: L. Holford-Strevens, The History of Time. A Very Short Introduction (Oxford).

Nesselrath 1999: H.-G. Nesselrath, Herodot und Babylon. Der Hauptort Mesopotamiens in den Augen eines Griechen des 5. Jahrhunderts v. Chr., in: J. Renger (Hrsg.), Babylon: Focus mesopotamischer Geschichte, Wiege früher Gelehrsamkeit, Mythos in der Moderne. 2. Internationales Colloquium der Deutschen Orient-Gesellschaft 24.–26. März 1998 in Berlin (Saarbrücken 1999), 189–206.

Vogtherr 2001: Th. Vogtherr, Zeitrechnung. Von den Sumerern bis zur Swatch (München) [*Kurze Einführung, v. a. zu den Kalendern*].

II. Naturwissenschaftliche Methoden

Grosser 1978: D. Grosser, Dendrochronologische Altersbestimmungen, in: Hrouda 1978, 125–138.

Hollstein 1980: E. Hollstein, Mitteleuropäische Eichenchronologie (Trierer Grabungen und Forschungen XI. Trier).

Hrouda 1978: B. Hrouda, Methoden der Archäologie. Eine Einführung in ihre naturwissenschaftlichen Techniken (München).

Rauert 1978: W. Rauert, Die Kohlenstoff-14-Datierungsmethode, in: Hrouda 1978, 111–124.

Renfrew 1973: C. Renfrew, Before Civilisation. The Radiocarbon Revolution and Prehistoric Europe (London).

Stöckli 1986: W. E. Stöckli, Einleitung, in: Chronologie. Archäologische Daten der Schweiz (Basel) 8–18.

Warren 1996: P. Warren, The Aegean and the Limits of Radiocarbon Dating, in: Randsborg 1996, 283–290.

Weiner 1978: K. L. Weiner, Thermolumineszenz, in: Hrouda 1978, 151–161; ders., Obsidian-Datierung, in: ebda., 162–174.

III. Antike Chronologiesysteme

Feeney 2007: D. Feeney, Caesar's Calendar. Ancient Time and the Beginnings of History (Berkeley).

Leschhorn 1993: W. Leschhorn, Antike Ären. Zeitrechnung, Politik und Geschichte im Schwarzmeerraum und in Kleinasien nördlich des Tauros (Historia Einzelschriften 81, Stuttgart).

Meister 1999: K. Meister, Marmor Parium, DNP 7, 938.

Rüpke 2006: J. Rüpke, Zeit und Fest. Eine Kulturgeschichte des Kalenders (München).

Samuel 1972: A. E. Samuel, Greek and Roman Chronology (HdA I 7, München).

IV. Griechische Keramik im Vorderen Orient (Geometrische und Archaische Zeit)

Bikai 1978: P. M. Bikai, The Pottery of Tyre (Warminster).

Cook 1969: R. M. Cook, A Note on the Absolute Chronology of the Eigth and Seventh Centuries B.C., The Annual of the British School at Athens, 6413–15.

Forsberg 1995: S. Forsberg, Near Eastern Destruction Datings as Sources for Greek and Near Eastern Iron Age Chronology. The cases of Samaria (722 B.C.) and Tarsus (696 B.C.) (Uppsala).

Kempinski 1989: A. Kempinski, Megiddo. A City-State and Royal Centre in North Israel (Materialien zur Allgemeinen und Vergleichenden Archäologie 40, München).

Waldbaum – Magness 1997: J. C. Waldbaum –

J. Magness, The Chronology of Early Greek Pottery: New Evidence from Seventh-Century B.C. Destruction Levels in Israel, American Journal of Archaeology 101, 23–40.

V. Gründungsdaten griechischer Kolonien und ihre Bedeutung für die Chronologie der korinthischen Keramik

Amyx 1988: D. A. Amyx, Corinthian Vase-Painting of the Archaic Period (London).
Bowden 1991: H. Bowden, The Chronology of Greek Painted Pottery, Hephaistos 10, 49–59.
Coldstream 1968: J. N. Coldstream, Greek Geometric Pottery (London) [Rezension dazu: J. Boardman, Gnomon 42, 1970, 493–503].
Compernolle 1960: R. van Compernolle, Etudes de chronologie et d'historiographie siciliotes (Brüssel) [Einflussreiche, aber im Ansatz verfehlte Studie].
Dehl 1984: Ch. Dehl, Die korinthische Keramik des 8. und frühen 7. Jahrhunderts. v. Chr. in Italien. Untersuchungen zu ihrer Chronologie und Ausbreitung (Berlin).
Dehl-von Kaenel 1995: Ch. Dehl-von Kaenel, Die archaische Keramik aus dem Malophoros-Heiligtum von Selinunt (Berlin).
Descoeudres 1976: J.-P. Descoeudres, Eretria V. Funde und Forschungen (Bern) [Von Compernolle 1960 beeinflusst].
Ducat 1962: J. Ducat, L'archisme à la recherche de points de repère chronologiques, Bulletin de correspondance hellénique 86, 165–184.
Dunbabin 1948: T. J. Dunbabin, The Western Greeks (Oxford) [Im Hinblick auf das archäologische Material veraltete, aber sonst immer noch vorzügliche Einführung, v. a. 434–486 zu Thukydides' Angaben].
Fittschen 1969: K. Fittschen, Untersuchungen zum Beginn der Sagendarstellung bei den Griechen (Berlin).
Friis Johansen 1923: K. Friis Johansen, Les vases sicyoniens (Kopenhagen).
Miller 1970: M. Miller, The Sicilian Colony Dates (Albany, N.Y.).
Morris 1996: I. Morris, The absolute chronology of the Greek colonies in Sicily, in: Randsborg 1996, 51–59.
Neeft 1987: C. W. Neeft, Protocorinthian Subgeometric Aryballoi (Amsterdam).
Neeft 1989: C. W. Neeft, Studies in the chronology of Corinthian Pottery (Amsterdam).

Payne 1931: H. G. Payne, Necrocorinthia. A Study of Corinthian Art in the Archaic Period (Oxford) [Wichtige, aber teilweise überholte Rezension dazu: E. Langlotz, Gnomon 10, 1934, 418–427].
Ridgway 1992: D. Ridgway, The first Western Greeks (Cambridge) [Zu den Ausgrabungen von Pithekussai].
Vallet – Villard 1952: G. Vallet – F. Villard, Les dates de fondation de Megara Hyblaea et de Syracuse, Bulletin de correspondance hellénique 76, 289–346.
Vallet – Villard 1958: G. Vallet – F. Villard, La date de fondation de Sélinonte: Les données archéologiques, Bulletin de correspondance hellénique 82, 16–26.
Villard 1992: F. Villard, La céramique archaique de Marseille, in: Marseille grecque et la Gaule. Études massaliètes 3 (Actes du Colloque international Marseille 1990) 163–170.
Wentker 1956: H. Wentker, Die Ktisis von Gela bei Thukydides, Mitteilungen des Deutschen Archäologischen Instituts, Römische Abteilung 63, 129–139.

VI. Archaische Zeit in den griechischen Kerngebieten

1. Vasenmalerei: Frühattische Keramik

Bentz 1998: M. Bentz, Panathenäische Preisamphoren. Eine athenische Vasengattung und ihre Funktion vom 6.–4. Jh. v. Chr. (Basel).
Cook – Dupont 1988: R. M. Cook – P. Dupont, East Greek Pottery (London).
Corbett 1960: P. E. Corbett, The Burgon and Blacas Tombs, The Journal of Hellenic Studies 80, 52–60.
Develin 1989: R. Develin, Athenian Officials 684–321 B.C. (Cambridge).
Schattner – Dürring 1995: T. Schattner – N. Dürring, Zur Apries-Amphora, Jahrbuch des Deutschen Archäologischen Instituts 110, 65–93.
Weber 1995: M. Weber, Zu einer datierten ionischen Henkelamphora aus Ägypten, Archäologischer Anzeiger, 163–170.

2. Fest datierte Architektur außerhalb Athens

Amandry 1988: P. Amandry, A propos des monuments de Delphes: questions de chronologie, Bulletin de correspondance hellénique 112, 591–609.
Bammer – Muss 1996: A. Bammer – U. Muss, Das

Artemision von Ephesos. Das Weltwunder Ioniens in archaischer und klassischer Zeit (Mainz).
Childs 1993: W. A. P. Childs, Herodotos, Archaic Chronology and the Temple of Apollo at Delphi, Jahrbuch des Deutschen Archäologischen Instituts 108, 399–441.
Ekschmitt 1996: W. Ekschmitt, Die Sieben Weltwunder. Ihre Erbauung, Zerstörung und Wiederentdeckung (Mainz, 10. Auflage).
Hannestad 1996: L. Hannestad, Absolute Chronology: Greece and the Near East c. 1000–500 BC, in: Randsborg 1996, 39–49.
Kaletsch 1958: H. Kaletsch, Zur lydischen Chronologie, Historia 7, 1–47.
Kleine 1973: J. Kleine, Untersuchungen zur Chronologie der attischen Kunst von Peisistratos bis Themistokles (Tübingen).
Langlotz 1920: E. Langlotz, Zur Zeitbestimmung der strengrotfigurigen Vasenmalerei und der gleichzeitigen Plastik (Leipzig) [*Grundlegend für die chronologische Verbindung der beiden Gattungen*].
Muss 1994: U. Muss, Studien zur Bauplastik des archaischen Artemisions von Ephesos (Wien).

3. Das spätarchaische Athen

MacDowell 1959: D. MacDowell, Leogoras at Ennea Hodoi, Rheinisches Museum 102, 376–378.
Parker 1994: V. Parker, Zur absoluten Datierung des Leagros Kalos und der „Leagros-Gruppe", Archäologischer Anzeiger, 365–373.
Shapiro 1989: H. A. Shapiro, Art and Cult under the Tyrants in Athens (Mainz).
Tölle-Kastenbein 1983: R. Tölle-Kastenbein, Bemerkungen zur absoluten Chronologie spätarchaischer und frühklassischer Denkmäler Athens, Archäologischer Anzeiger, 573–584.
Welter 1939: G. Welter, Datierte Altäre in Athen, Archäologischer Anzeiger, 23–38.
Williams 1996: D. Williams, Refiguring Attic Red-Figure. A Review Article, Revue archéologique, 241–252.

4. Die persische Zerstörung Athens und ihre Folgen

Bäbler 2001: B. Bäbler, Die archaischen attischen Grabstelen in der themistokleischen Stadtmauer: Grabschändung oder Apotropaion?, Philologus 145, 3–15.
Hurwit 1989: J. M. Hurwit, The Kritios Boy: Discovery, Reconstruction and Date, American Journal of Archaelogy 93, 41–80.
Lindenlauf 1997: A. Lindenlauf, Der Perserschutt der Athener Akropolis, in: W. Hoepfner (Hrsg.), Kult und Kultbauten auf der Akropolis. Int. Symp. 7.–9. Juli 1995 in Berlin (Berlin) 46–115.
Martini 1990: W. Martini, Die archaische Plastik der Griechen (Darmstadt).
Mersch 1995: A. Mersch, Archäologischer Kommentar zu den „Gräbern der Athener und Plataier" in der Marathonia, Klio 77, 55–64.
Shear 1993: T. L. Shear, The Persian Destruction of Athens. Evidence from Agora Deposits, American Journal of Archaeology 62, 383–482.
Steskal 2004: M. Steskal, Der Zerstörungsbefund 480/79 der Athener Akropolis: eine Fallstudie zum etablierten Chronologiegerüst (Hamburg).

VII. Die Francis-Vickers-Chronologie

Cook 1989: R. M. Cook, The Francis-Vickers Chronology, The Journal of Hellenic Studies 109, 164–170.
Francis 1990: E. D. Francis, Image and Idea in Fifth-Century Greece. Art and literature after the Persian Wars. Ed. by M. Vickers (London).

VIII. Klassische Zeit

Brommer 1985: F. Brommer, Die Akropolis von Athen (Darmstadt).
Brunnsåker 1971: S. Brunnsåker, The Tyrant-Slayers of Kritios and Nesiotes. A critical study of the sources and restorations (Athen).
Finkielsztejn 2001: G. Finkielsztejn, Chronologie détaillée et révisée des eponymes amphoriques rhodiens, de 270–108 av. J.-C. environ: Premier bilan (BAR International Series, 990. Oxford).
Foss 1975: C. Foss, A bullet of Tissaphernes, The Journal of Hellenic Studies 95, 25–30.
Gauer 1968: W. Gauer, Weihgeschenke aus den Perserkriegen, Istanbuler Mitteilungen, Beiheft 2.
Gauer 1980: W. Gauer, Das Athenerschatzhaus und die marathonischen Akrothinia in Delphi, in: Forschungen und Funde, Festschrift B. Neutsch (Innsbruck) 127–136.
Grace 1961: V. R. Grace, Amphoras and the Ancient Wine Trade (Princeton).
Grace 1985: dies., The Middle Stoa dated by Amphora Stamps, Hesperia 54, 1–54.
Hölscher 1974: T. Hölscher, Die Nike der Messenier und Naupaktier in Olympia, Jahrbuch des Deutschen Archäologischen Instituts 89, 70–111.
Knell 1979: H. Knell, Perikleische Baukunst (Darmstadt).

Knell 1990: ders., Mythos und Polis. Bildprogramme griechischer Bauskulptur (Darmstadt).

Lang 1990: M. L. Lang, The Athenian Agora XXV: Ostraka (Princeton).

Maaß 1993: M. Maaß, Das antike Delphi. Orakel, Schätze und Monumente (Darmstadt).

Schneider – Höcker 2001: L. Schneider – Ch. Höcker, Die Akropolis von Athen. Eine Kunst- und Kulturgeschichte (Darmstadt).

Scholl 1998: A. Scholl, Die Korenhalle des Erechtheion auf der Akropolis. Frauen für den Staat (Frankfurt).

Stolba – Hannestad 2005: V. F. Stolba – L. Hannestad (Hrsgg.), Chronologies of the Black Sea Area in the Period c. 400–100 BC (Aarhus).

IX. Hellenismus

Andreae 1989: B. Andreae, Fixpunkte hellenistischer Chronologie, in: H.-U. Cain – H. Gabelmann – D. Salzmann (Hrsg.), Festschrift für N. Himmelmann (Mainz) [*Die Liste 240–243 ist nur mit Vorsicht zu benutzen, da die „äußeren Kriterien" zur Datierung oft die Meinung des Autors darstellen*].

Boiy 2007: T. Boiy, Between High and Low. A Chronology of the Early Hellenistic Period (Frankfurt).

Engels 1998: J. Engels, *Funerum sepulcrorumque magnificentia*. Begräbnis- und Grabluxusgesetze in der griechisch-römischen Welt mit einigen Ausblicken auf Einschränkungen des funeralen und sepulkralen Luxus im Mittelalter und in der Neuzeit (Stuttgart).

Enklaar 1985: A. Enklaar, Chronologie et peintres des Hydries de Hadra, Bulletin antieke Beschaving 60, 106–151.

Hekler 1962: A. Hekler, Bildnisse berühmter Griechen (Mainz).

Himmelmann 1996: N. Himmelmann, Sperlonga. Die homerischen Gruppen und ihre Bildquellen (Nordrhein-Westfälische Akademie der Wissenschaften, Vorträge G 340).

Hintzen-Bohlen 1992: B. Hintzen-Bohlen, Herrscherrepräsentation im Hellenismus. Untersuchungen zu Weihgeschenken, Stiftungen und Ehrenmonumenten in den mutterländischen Heiligtümern Delphi, Olympia, Delos und Dodona (Köln–Weimar–Wien).

Knell 1995: H. Knell, Die Nike von Samothrake (Darmstadt).

Knell 2000: H. Knell, Athen im 4. Jahrhundert v. Chr. – eine Stadt verändert ihr Gesicht (Darmstadt).

Kunze 1990: M. Kunze, Neue Beobachtungen zum Pergamonaltar, in: B. Andreae et al., Phyromachos-Probleme. Mit einem Anhang zur Datierung des Großen Altars von Pergamon (Mainz), 123–139.

Matheson 1994: S. B. Matheson (Ed.), An Obsession with Fortune. Tyche in Greek and Roman Art (Yale).

Pinkwart 1973: D. Pinkwart, Weibliche Gewandstatuen aus Magnesia am Mäander, Antike Plastik XII (Berlin) 149–159, Taf. 49–66.

Pollitt 1986: J. J. Pollitt, Art in the Hellenistic Age (Cambridge).

Radt 1988: W. Radt, Pergamon. Geschichte und Bauten, Funde und Erforschung einer antiken Metropole (Köln).

Scholl 1994: A. Scholl, POLYTALANTA MNHMEIA [POLYTALANTA MNEMEIA]. Zur literarischen und monumentalen Überlieferung aufwendiger Grabmäler im spätklassischen Athen, Jahrbuch des Deutschen Archäologischen Instituts 109, 239–271.

Schmidt 1990: Th.-M. Schmidt, Der späte Beginn und der vorzeitige Abbruch der Arbeiten am Pergamonaltar, in: Andreae et al. (s. o.), 141–162.

Smith 1991: R. R. R. Smith, Hellenistic Sculpture (London).

Von den Hoff 1994: R. von den Hoff, Philosophenporträts des Früh- und Hochhellenismus (München).

X. Römische Zeit

Collis 194: J. Collis, Data for Dating, in: J. Casey – R. Reece, Coins and the Archaeologist (British Archaeological Reports 4, London).

Cüppers 1967: H. Cüppers, Vorrömische und römische Brücken über die Mosel, Germania 45, 1967, 60–69.

Delbrueck 1929: R. Delbrueck, Die Consulardiptychen und verwandte Denkmäler (Leipzig).

Helen 1975: T. Helen, Organization of Roman brick production in the first and second centuries A.D. (Helsinki).

Horster 2001: M. Horster, Bauinschriften römischer Kaiser. Untersuchungen zu Inschriftenpraxis und Bautätigkeit in Städten des westlichen Imperium Romanum in der Zeit des Prinzipats (Stuttgart).

Kähler 1964: H. Kähler, Das Fünfsäulendenkmal für die Tetrarchen auf dem Forum Romanum (Köln).

Kähler 1982: H. Kähler, Die frühe Kirche. Kult und Kultraum (Berlin).

Kiilerich 1993: B. Kiilerich, Late fourth century classicism in the plastic arts. Studies in the so-called Theodosian renaissance (Odense).

Künzl 1988: E. Künzl, Der römische Triumph. Siegesfeiern im antiken Rom (München).

Laubscher 1975: H. Laubscher, Der Reliefschmuck des Galeriusbogens (Berlin) [*Rezension: H. Meyer, GGA 230, 1978, 211–222, mit Ergänzungen und neuen Deutungsvorschlägen*].

Leveau 1996: Ph. Leveau, The Barbegal watermill in its environment: archaeology and the economic and social history of antiquity, Journal of Roman Archaeology 9, 137–153.

Liebighaus 1984: Spätantike und frühes Christentum. Katalog der Ausstellung im Liebighaus, Museum alter Plastik 1984, hrsg. von H. Beck und P. C. Bol (Frankfurt).

Mielsch 2001: H. Mielsch, Römische Wandmalerei (Darmstadt).

Richardson 1992: L. Richardson, A New Topographical Dictionary of Ancient Rome (Baltimore) [*Chronologische Liste der Monumente 445–458*].

Scheithauer 2000: A. Scheithauer, Kaiserliche Bautätigkeit in Rom. Das Echo in der antiken Literatur (Stuttgart).

Todd 1982: M. Todd, Dating the Roman Empire: the Contribution of Archaeology, in: B. Orme, Problems and Case Studies in Archaeological Dating (Exeter) 35–56.

Trier 1984: Landesmuseum Trier (Hrsg.), Kaiserresidenz und Bischofssitz. Die Stadt in spätantiker und frühchristlicher Zeit (Mainz).

C. Schluss

Snodgrass 1987: A. M. Snodgrass, An Archaeology of Greece. The Present State and Future Scope of a Discipline (Berkeley).

Index

Abrechnungsurkunden 33. 127. 128
Actium 31. 44. 160
Aemilius Paullus 153f. 171
Agora in Athen 21. 39. 98. 100. 102f. 111. 116.
    123. 134. 149. 164
Aischylos 135f.
Akragas 56. 73. 78. 136
Akropolis in Athen 16. 29. 30. 33. 38. 43. 101f.
    106. 111. 113. 127f. 147
Alexander d. Gr. 43. 59. 65. 119. 138. 149
    Porträt 141f.
Amazonen (Amazonomachie) 36. 121. 128. 145
Amphora 21. 67. 86. 116. 192
    Panathenäische Preisamphoren 30. 83f. 115f.
        113. 115f.
Andromeda 36
Antenor 95. 123
Antiochos von Syrakus 76f.
Antoninus Pius 171f. 174
Aquaedukt 162. 165. 166
Ara Pacis 32. 165
Archaisch, Archaik 43. 122. 123
Archaismus 29f. 193
Aristophanes 29. 95
Aristoteles 29. 32. 94. 118
Aryballos 65. 73. 77. 82
Assyrer, assyrisch 62. 63. 64. 66
Augustus 31. 40. 44. 161. 163f. 165. 168. 174.
    180

Barbaren 36. 53. 151. 155. 164
Basilika 163. 178. 187
Brunnen(schächte) 17. 102f. 153

Caesar 39. 47. 161. 163. 165
Chaironeia 133. 143
Cicero 23. 40. 58. 146. 159
Colosseum 166
columnae caelatae 89f. 96

Daochos-Weihgeschenk 22. 133f. 143
Delos 16. 41. 143. 155. 156f.
Demosthenes 141. 149
Diadochen 119. 138. 141
Diocletian 12. 60. 167. 170. 175. 177
    diocletianisch 44
dorisch 19. 38. 125. 128. 166
Drabeskos (Schlacht) 99f.

Ehrenbögen 167–169
eponym 57. 76. 120
Erechtheion 129

Euripides 135f. 147
Eusebius 47. 56. 65. 74. 79. 80. 82. 83

Flinders Petrie, W. M. 18
Forum Romanum 164f. 167. 173. 181
Frontinus 12

Galerius 169f. 182
Gallier 150f. 155
    Gallien 176
Gela 73. 78. 80
Generation 27. 28. 56. 76
Geologie 13. 47
Giganten 35. 92. 96. 110. 129. 154f.
Grab, Gräber 17f. 74. 77. 81. 86. 108. 116. 171
Grabluxus(gesetz) 104. 145f.
Grabstelen 20. 33. 101. 111. 130f.
    – des Dexileos 132f.

Hadrian 165. 167. 170. 174
Hellenismus, hellenistisch 43. 108. 115. 119. 120.
    138f. 147. 179
Herodot 48. 57. 69. 70. 80. 89. 91. 92f. 95. 98.
    101. 102. 105. 109f. 111. 122
Herrscherporträt 31. 119. 142. 160f.
Holz 11. 50f. 180f.

Ionisch 19. 38. 70. 87. 91. 121. 128. 154. 166
    Ionier 68. 98
Istros (Histria) 79. 86. 88. 145

Jefferson, Thomas 13

Kalender 47. 56
Kamarina 73. 75
Kapitell 19. 20. 33. 87. 89. 91. 173
Karyatide 91. 110. 130
Katane 78
Kentauren 36
Kerameikos 25. 100. 101. 104. 105f. 111. 117.
    130f. 146
Klassik, klassisch 43. 122
Klassizismus 31. 193
    klassizistisch 44. 156
Konstantin 44. 51. 122. 149. 168. 170. 181. 183.
    187
Konstantinopel 122. 171. 172. 184. 186. 187
Kontrapost 25
Kopie 40. 123. 130
Kore (Korai) 30. 38. 95. 101. 102. 111
Korinth 39. 83. 86. 118
    korinthisch 19. 39. 135. 166. 167. 173. 176

Kotyle 73
Kroisos 89f. 109f.
Künstlersignatur 33. 86. 96
Kuros (Kuroi) 20. 25. 101. 106

Lehmziegel 11. 70
Leontinoi 73. 75. 77. 78. 80
Licinius, Licinier 183f. 188
Lucius Valerius Flaccus 158f.
Lykurg 135
Lysikratesmonument 134. 146
Lysippos 22. 134. 136. 148

Marc Aurel 172
Marmor Parium 57f. 95. 123
Massalia 80
Mausoleum 137. 174f.
Megara Hyblaia 72f. 74. 80
Milet 67. 80. 86. 88. 100. 121
Münzen 15. 118f. 141. 149. 160f. 162. 176. 180
Mykene, mykenisch 52f.
Mylai 78
Mythos 34f. 37. 85. 128. 179

Naxos 77. 78. 80
Nero 12. 166. 174. 176
Nike 121. 124. 126f. 152f. 193

Octavian s. Augustus
Olbia 11. 17. 80
Olympia 56. 126. 134. 137. 143. 148. 171
   Heratempel 19
   Zeustempel 125f.
Olynth 15. 119
Omridendynastie 62. 64
Ostrakon (Ostraka) 63. 100. 103. 113. 117f.

Parthenon 26f. 35. 36. 128f.
Pausanias 92. 103f. 121. 122. 125. 133. 137. 147
Peisistratos 16. 85. 91. 94. 97
– der Jüngere 97f.
Pergamon 138f. 150f. 176
   Pergamonaltar 35. 44. 154f.
Perikles 29. 127f. 134
Perser 35. 38. 70. 100. 101. 102. 103. 106. 110. 111f. 120. 123. 128
Perspektive 22
Pherekydes 83f.
Phidias 23. 31. 126. 129
Philipp II. 15. 119. 133. 143. 149
Philosophenporträt 141
Phlyakenvasen 37
Pindar 70. 73. 94. 147

Pithekussai 74. 79. 81. 109
Plinius d. Ä. 22. 43. 89. 109. 149. 154. 165
Polis 43. 141. 146. 169
Polyklet 23. 29. 31. 41
Propyläen 129f.
Ptolemäer 138f. 141

Rhodos 41. 66. 67. 86. 116. 140
Rom 138. 152. 155. 160. 163. 171. 174. 180. 186f.

Säule 19. 88. 89. 109. 115. 165. 167. 187
Sardes 35. 86. 91. 121
Sarkophag 34. 87. 162. 175
Satyr(spiele) 36f.
Schicht 11f. 14. 61. 68
Selinus 74. 75f. 81.
Septimius Severus 169. 181
Siegessäulen 171–173
Sintflut 13f.
Siphnierschatzhaus 26. 27. 36. 91–93. 96. 110
Sizilien 40. 72. 77
Skarabäus 54. 78. 79. 108f.
Skyphos 73f.
Smyrna 68f. 109
Sokrates 136
Soldatenkaiser 44. 161. 181
Sophokles 135f. 147. 156
Spätantike 44. 162
Sperlonga 140f.
Stratigraphie, Stratum 11f. 65. 103
Sybaris 79. 80
Syrakus 72f. 74f. 78. 80. 118

Taras (Tarent) 79. 86
Terminus ante quem 15
Terminus post quem 15. 139. 155. 162. 163
Tetrarchen, Tetrarchie 44. 182f.
Theater 36. 134. 146. 181
Theodosius 56. 171. 172f. 184
Thrasyllos-Monument 146f.
Thukydides 72. 74f. 76. 80f. 82. 95. 97. 100. 101. 105. 108. 111. 122. 131
Timaios von Tauromenion 56. 80
Tocra 71. 76. 81
Tonlampen 21
Trajan 12. 162. 169. 170. 178
   Trajansbogen 169
   -säule 25f. 171. 175
   Tropaeum Traiani 25f.
Trier 51. 178. 180f.
Troja 14. 35. 47. 54. 129
Tyche 147f.
Tyrannenmördergruppe 95. 106. 123f.

Vasenmalerei 21. 32. 36. 86. 95f.
Varusschlacht 162. 169. 176
Vulkanausbruch 11. 48. 54

Wagenlenker von Delphi 41. 124
Wasserspiegel 11
Wheeler, R. 14f.
Winckelmann, J. J. 23. 29. 43

Zankle 78. 80
Zerstörung 11. 15. 48. 61f. 66. 68. 71. 101–103. 119. 157
Ziegel(-stempel, -mauern) 164. 168. 177f.

Abbildungsverzeichnis

Abb. 1: Panathenäische Preisamphore, sog. Burgon-Amphore (London, British Museum B 130): a) Vorderseite (Athena Promachos) b) Rückseite (Wagenrennen).

Abb. 2: Inschriftenreste vom archaischen Artemis-Tempel in Ephesos (London, British Museum B 16, B 32).

Abb. 3: Säulenrelief vom archaischen Artemistempel in Ephesos (London, British Museum B 121).

Abb. 4: Gigantenkampf vom Nordfries des Siphnier-Schatzhauses in Delphi (Delphi, Museum; Hirmer Fotoarchiv, München Nr. 561.0617).

Abb. 5: Kritiosknabe (Athen, Akropolis-Museum Nr. 698; Foto DAI Athen Neg. 19.72/2938).

Abb. 6: Urkundenrelief der Spartokiden (Athen, Nationalmuseum 1471; DAI Athen Nat.Mus. 2593).

Abb. 7: Amphorenstempel „Herakleides astynomou Kallisthenou" (Athen, Agora-Museum SS 11813; Foto American School of Classical Studies at Athens: Agora Excavations).

Abb. 8: Ostrakon des Themistokles, Sohn des Neokles (Athen, Agora-Museum 1317 L; Foto American School of Classical Studies at Athens: Agora Excavations).

Abb. 9: Wagenlenker von Delphi (Delphi, Museum Inv. Nr. 3484 und 3540; Hirmer Fotoarchiv, München Nr. 561.060).

Abb. 10: Nike des Paionios (Olympia, Museum; Hirmer Fotoarchiv, München Nr. 561.0636).

Abb. 11: Grabstele des Dexileos (Athen, Kerameikos-Museum P 1130; Hirmer Fotoarchiv, München Nr. 562.0559).

Abb. 12: Lysikrates-Denkmal (Foto DAI Athen, Bauten 583 B).

Abb. 13: Tyche von Antiochia (Paris, Louvre BR 4453; Foto H. Lewandowski).

Abb. 14: Galliergruppe Ludovisi (Rom, Museo Nazionale Romano Inv. 8608; Hirmer Fotoarchiv, München Nr. 561.1095).

Abb. 15: Nike von Samothrake (Paris, Louvre MA 2369; Foto G. Blot, H. Lewandowski).

Abb. 16: Statuen des Dioskurides und der Kleopatra von Delos (Hirmer Fotoarchiv, München Nr. 521.0707).